高等职业教育工学结合系列教材·汽车类

汽车 4S 店运营与管理

主　编　赵海宾　王爱兵
副主编　李富松　李　民　宗明建

北京理工大学出版社
BEIJING INSTITUTE OF TECHNOLOGY PRESS

内 容 简 介

本书共包括七个项目,以学习任务为导入,根据汽车4S店运营与管理中的岗位能力要求进行知识和技能的整合,遵循高等教育知识必需、够用的原则,强调工作岗位业务处理和实践动手能力的训练,以培养学生运用专业知识解决实际问题的能力。

本书内容通俗易懂,具有很强的操作性,既可作为高职高专院校汽车检测与维修专业、汽车服务与营销专业、汽车运用技术等交通运输类专业的教材,也可以作为汽车销售和服务企业,特别是汽车4S店从业人员的业务培训教材和在职人员的工作实践指导用书。

版权专有　侵权必究

图书在版编目（CIP）数据

汽车4S店运营与管理/赵海宾,王爱兵主编. ——北京:北京理工大学出版社,2019.3（2025.1重印）
ISBN 978-7-5682-6783-0

Ⅰ.①汽… Ⅱ.①赵… ②王… Ⅲ.①汽车-专业商店-经营管理-高等学校-教材 Ⅳ.①F717.5

中国版本图书馆CIP数据核字（2019）第036008号

责任编辑：王俊洁	**文案编辑**：王俊洁
责任校对：周瑞红	**责任印制**：李志强

出版发行 / 北京理工大学出版社有限责任公司
社　　址 / 北京市丰台区四合庄路6号
邮　　编 / 100070
电　　话 / （010）68914026（教材售后服务热线）
　　　　　　（010）63726648（课件资源服务热线）
网　　址 / http://www.bitpress.com.cn
版 印 次 / 2025年1月第1版第3次印刷
印　　刷 / 廊坊市印艺阁数字科技有限公司
开　　本 / 787 mm×1092 mm　1/16
印　　张 / 15
字　　数 / 346千字
定　　价 / 46.00元

图书出现印装质量问题,请拨打售后服务热线,负责调换

前　言

　　企业发展的成败，关键在于企业生产经营管理者经营理念和管理素质的高低。目前，中国汽车产销量居世界前列，汽车维修业发展迅速，各汽车品牌的 4S 店亦如雨后春笋般地在全国各地建立起来。从事汽车 4S 店管理的人员越来越多，为了满足企业发展的需要，培养汽车专业复合型、实用型人才，本书基于汽车 4S 店中岗位的技能要求，以企业的不同岗位为模块，以学习任务为导向，为高职高专院校汽车检测与维修专业、汽车服务与营销专业、汽车运用技术等交通运输类专业培养企业急需的管理类人才而编写。

　　本书的特点主要体现在以下几个方面：

　　（1）配合校企合作，从生产实际出发。本书在内容选取上从现代汽车 4S 店的业务流程出发，满足汽车 4S 店管理技能的需要，注重内容组织与工作过程的一致性。

　　（2）体系的完整性。本书共分为七个项目，系统地讲解了现代汽车 4S 店管理的一般知识，包括汽车 4S 店的基本知识（管理概述）、汽车 4S 店中的 4S 管理（即销售管理、售后服务管理、配件管理及信息反馈管理）和汽车 4S 店的运营管理（人力资源管理和财务管理）。通过学习，学生可以较为系统而完整地掌握汽车 4S 店管理岗位所需的相关知识。

　　（3）内容的实用性。本书注重理论与实践相结合的原则，从汽车 4S 店经营与管理的实际业务出发，以工作任务为引导，注重汽车 4S 店管理的实际业务操作，旨在培养汽车专业复合型高技能人才，使学生切实掌握汽车 4S 店管理的业务能力。

　　（4）教材的实用性。本书立足实际、适应新情，内容简明扼要、博采众长，具有新颖性和实用性。

　　本书共分七个项目，由河北交通职业技术学院赵海宾、王爱兵担任主编，由河北交通职业技术学院李富松、李民和宗明建担任副主编。具体分工如下：赵海宾负责全书的总纂定稿，并编写项目一、项目六和项目七中的任务一至四；王爱兵编写项目七中的任务五和六；李民编写项目二和项目三；李富松编写项目四和项目五；宗明建编制了文中的部分图表。

　　本书在编写过程中参考和借鉴了大量的文献资料，在此特向资料的作者们表示诚挚的敬意和衷心的感谢！同时，本书在编写过程中受到各界同仁的大力支持和帮助，在此一并表示感谢！

　　由于编者水平有限，书中难免有疏漏和不足之处，恳请读者批评指正。

编　者

目　　录

项目一　汽车4S店管理概述 ··· 1

任务一　企业管理概述 ··· 3
一、企业与企业管理 ·· 3
二、企业管理的基本任务 ··· 4
三、企业管理的基本职能 ··· 5

任务二　汽车4S店运行的要素 ··· 8
一、管理 ·· 8
二、人力资源 ·· 10
三、市场 ·· 10
四、资金 ·· 11
五、技术 ·· 11
六、设备 ·· 12
七、配件 ·· 12
八、信息 ·· 13

任务三　汽车4S店管理的意义 ··· 13
一、汽车4S店管理的作用 ·· 13
二、汽车4S店管理的内容 ·· 14

任务四　汽车4S店的相关知识 ··· 14
一、汽车4S店的含义 ··· 14
二、汽车4S店的品牌特征 ·· 15
三、汽车4S店的运行特点 ·· 16
四、汽车4S店的设立条件 ·· 18
五、汽车4S店的组织结构 ·· 18

项目二　汽车4S店销售管理 ·· 25

任务一　汽车4S店销售目标管理 ··· 27
一、销售目标的内容 ··· 27
二、销售目标值的确定方法 ·· 27
三、销售目标的分解 ··· 30

任务二　汽车4S店销售预测方法 ·· 30
　　一、销售预测的含义 ··· 30
　　二、汽车销售预测程序 ·· 32
　　三、销售预测方法 ··· 32
任务三　汽车4S店销售配额与预算管理 ·· 36
　　一、销售配额的作用与确定程序 ·· 36
　　二、销售配额的类型与分配方法 ·· 38
　　三、销售费用预算管理 ·· 41
任务四　汽车4S店销售组织管理 ·· 42
　　一、销售组织的含义 ··· 42
　　二、建立销售组织的步骤 ··· 44
　　三、销售团队建设 ··· 45
任务五　汽车4S店销售流程管理 ·· 49
　　一、销售准备管理 ··· 49
　　二、销售接洽管理 ··· 51
　　三、销售陈述管理 ··· 54
　　四、处理异议管理 ··· 56
　　五、促成交易管理 ··· 59
　　六、售后服务管理 ··· 61

项目三　汽车4S店售后服务管理 ·· 67

任务一　汽车4S店售后服务管理概述 ·· 69
　　一、汽车4S店的售后服务组织机构 ·· 69
　　二、售后服务工作的内容 ··· 69
　　三、汽车维修服务流程 ·· 70
　　四、保险车辆维修流程 ·· 73
任务二　维修预约服务 ·· 74
　　一、预约服务的类型 ··· 74
　　二、预约工作流程与标准 ··· 74
　　三、预约电话的技巧 ··· 76
任务三　接车服务 ·· 79
　　一、接车服务的主要内容 ··· 79
　　二、接车服务要点 ··· 81
　　三、接车服务的流程 ··· 82
　　四、维修接待的技术服务要求 ··· 82
任务四　维修服务 ·· 84
　　一、维修和质量检验流程 ··· 84
　　二、维修质量检验的内容与方法 ·· 85

任务五　交车服务 ·· 89
　　　　一、交车服务内容 ·· 89
　　　　二、交车服务流程 ·· 90
　　　　三、交车前的准备工作 ·· 91
　　　　四、交车服务要求 ·· 92
　　任务六　保修业务管理 ·· 94
　　　　一、保修的意义与保修条件 ·· 94
　　　　二、汽车保修索赔业务流程 ·· 95
　　　　三、保修费用结算单的申报程序 ··· 97
　　　　四、汽车三包常识 ·· 97

项目四　汽车4S店配件管理 ·· 101

　　任务一　汽车4S店配件管理业务概述 ·· 103
　　　　一、汽车配件的基本知识 ·· 103
　　　　二、汽车配件部门组织机构 ··· 104
　　　　三、汽车4S店的配件业务管理规定 ·· 107
　　　　四、配件仓库的基本设施与管理内容 ·· 108
　　任务二　汽车配件管理流程 ·· 113
　　　　一、配件的盘点 ··· 113
　　　　二、配件计划 ·· 115
　　　　三、配件采购 ·· 116
　　　　四、汽车配件提货 ·· 117
　　　　五、汽车配件入库程序 ·· 118
　　　　六、配件库存管理程序 ·· 119
　　　　七、汽车配件出库 ·· 119
　　　　八、汽车配件零售 ·· 120
　　　　九、旧件回收与管理 ··· 120
　　　　十、汽车4S店索赔配件的处理 ·· 121
　　　　十一、汽车配件报损管理办法与申报流程 ··· 122
　　　　十二、汽车4S店特别订货管理 ·· 123
　　　　十三、到期未取走的零件的处理 ·· 124

项目五　汽车4S店信息反馈管理 ·· 129

　　任务一　信息反馈管理概述 ·· 130
　　　　一、信息反馈的含义 ··· 130
　　　　二、汽车4S店信息反馈的不足 ·· 131
　　　　三、信息管理的创新 ··· 132
　　　　四、汽车4S店对信息化的认识 ·· 132

五、信息的收集 …………………………………………………………… 134
　　六、反馈信息的执行 ………………………………………………………… 135
任务二　汽车4S店的客户管理 …………………………………………………… 137
　　一、客户管理的对象 ………………………………………………………… 137
　　二、客户管理的内容 ………………………………………………………… 137
　　三、客户管理的方法 ………………………………………………………… 137
　　四、客户跟踪服务 …………………………………………………………… 139
　　五、处理客户投诉 …………………………………………………………… 140
　　六、客户满意分析 …………………………………………………………… 144
　　七、数据统计分析工作 ……………………………………………………… 146
　　八、汽车4S店客户服务部的工作职责 …………………………………… 146

项目六　汽车4S店人力资源管理 ……………………………………………… 151

任务一　人力资源管理的基本知识 ……………………………………………… 152
　　一、人力资源管理的基本概念 ……………………………………………… 153
　　二、人力资源的特性 ………………………………………………………… 153
　　三、人力资源管理的发展阶段 ……………………………………………… 155
　　四、人力资源管理的基本原理 ……………………………………………… 156
　　五、人力资源管理的目标与任务 …………………………………………… 157
任务二　汽车4S店的人员配置 …………………………………………………… 158
　　一、部门设置及其职责 ……………………………………………………… 158
　　二、汽车4S店的人员设置 ………………………………………………… 161
任务三　汽车4S店人员招聘 ……………………………………………………… 165
　　一、员工聘用的基本条件 …………………………………………………… 165
　　二、员工聘用的基本原则 …………………………………………………… 165
　　三、员工招聘的基本程序 …………………………………………………… 166
　　四、员工招聘的形式 ………………………………………………………… 168
　　五、招聘注意的问题 ………………………………………………………… 169
任务四　汽车4S店人员培训 ……………………………………………………… 171
　　一、员工培训的必要性 ……………………………………………………… 171
　　二、员工培训的形式 ………………………………………………………… 172
　　三、汽车4S店员工培训的内容 …………………………………………… 173
任务五　汽车4S店的绩效考评 …………………………………………………… 177
　　一、绩效考评的作用 ………………………………………………………… 177
　　二、绩效考评的内容 ………………………………………………………… 178
　　三、绩效考评的方法 ………………………………………………………… 179
　　四、绩效考评的程序和步骤 ………………………………………………… 181

任务六　报酬与激励···183
　　　　一、报酬···184
　　　　二、激励···185

项目七　汽车 4S 店财务管理···193

　　任务一　汽车 4S 店财务管理概述···194
　　　　一、汽车 4S 店的资金运动···194
　　　　二、汽车 4S 店的财务关系···195
　　　　三、汽车 4S 店财务管理的内容、特点···································195
　　　　四、汽车 4S 店财务管理的目标···196
　　任务二　汽车 4S 店的资金筹集和营运资金管理·····························197
　　　　一、汽车 4S 店的筹资动机···197
　　　　二、汽车 4S 店的筹资渠道和筹资方式···································198
　　　　三、营运资金的概念与特点··199
　　　　四、营运资金管理的基本要求··200
　　任务三　汽车 4S 店货币资金和应收账款管理·······························201
　　　　一、置存货币资金的原因··201
　　　　二、货币资金管理··202
　　　　三、应收账款管理··203
　　任务四　汽车 4S 店存货与固定资产管理···································205
　　　　一、存货管理··205
　　　　二、固定资产管理··207
　　任务五　汽车 4S 店营业收入管理···211
　　　　一、营业收入的含义··211
　　　　二、营业收入管理的要求··211
　　　　三、利润预测方法··212
　　　　四、汽车 4S 店需要缴纳的税金···214
　　任务六　汽车 4S 店成本和费用管理·······································216
　　　　一、成本、费用及其分类··216
　　　　二、经营成本··217
　　　　三、期间费用··218
　　　　四、成本、费用管理··219

参考文献···225

项目一
汽车4S店管理概述

汽车 4S 店运营与管理

 项目导入

　　几年前,小张买了一辆品牌轿车,他家楼下就有这个品牌汽车的 4S 店 A,每次去这个店保养的时候,小张发现需要保养修理的车辆必须预约排队。而他单位附近也有这个品牌汽车的 4S 店 B,小张偶尔去做保养,发现该店冷冷清清,车辆很少。同一品牌不同的 4S 店,生意为何差距巨大? 这引起了小张的好奇,通过观察和询问,小张发现 4S 店 A 虽然生意较多,人员来往复杂,但是车间和接待室总是整洁干净,车间布局和物品摆放合理,接待人员热情,维修人员礼貌谦让,得到了顾客的一致好评;反观 4S 店 B,接待室卫生较差,车间布局和物品摆放混乱,工作人员漫不经心。由此可见,完善的企业管理是企业发展必不可少的。

　　那么,一个完善的汽车 4S 店的管理应该包括哪些方面呢?

 项目要求

1. 了解企业管理的基本内容。
2. 熟悉汽车 4S 店的含义。
3. 熟悉汽车 4S 店的组织机构和职责。
4. 掌握汽车 4S 店管理的要素。
5. 熟悉汽车 4S 店的经营思想。

 相关知识

　　自改革开放以来,特别是我国加入世界贸易组织(World Trade Organization,WTO)之后,我国汽车业出现了突飞猛进的增长。世界知名汽车制造企业大量涌入我国投资,开办合资企业,受此影响,我国的汽车销售和服务市场格局也发生了翻天覆地的变化。据国务院发展信息中心信息网报道,中国汽车销量从 2000 年的 200 多万辆,发展到了 2006 年的 700 多万辆,到 2015 年中国汽车产销分别完成 2 450.33 万辆和 2 459.76 万辆,创历史新高,比 2014 年分别增长 3.3% 和 4.7%,连续七年蝉联全球第一,汽车消费已成为拉动经济增长的主要力量。根据公安部交管局的相关数据,截至 2015 年年底,我国机动车保有量达 2.79 亿辆,其中汽车 1.72 亿辆,新能源汽车 58.32 万辆。我国汽车业能有这样惊人的发展速度,除了国家利好政策的影响外,作为汽车销售主流模式的汽车 4S 店(以下简称 4S 店)功不可没。

　　我国汽车贸易活动的活跃和各品牌汽车销售活动的竞争日益激烈,汽车 4S 店管理的重要性越来越明显,直接关系到汽车企业的兴衰成败,成为汽车企业经营管理的主要内容和工作重点。

任务一 企业管理概述

一、企业与企业管理

（一）企业与企业管理的概念

所谓企业，是指为了满足社会需求、从事商品生产和商品经营（即流通或服务）等经济活动，并获取利益的基本经济组织。在社会主义市场经济条件下，企业也是具有法人资格、享有民事权利并承担民事义务、依法自主经营、自负盈亏、自我发展、自我约束的独立经济核算单位。

人类的管理活动源远流长，它是随着人类的共同劳动而产生的。人类的管理活动范围很宽，凡是有许多人在一起相互配合、共同劳动的地方都需要有管理，甚至是凡有人群的地方都需要有管理。例如，有七八个人一起抬石头，为了使这七八个人统一行动，就需要有人用吹号实施管理，当然这是最原始的管理。但倘若将这种管理应用于企业，便是企业管理。企业管理是社会化大生产的客观要求和直接产物，它是随着人类共同劳动的产生而产生的。

从人类进行物资生产的发展过程看，自从出现企业后，便出现了企业管理。只是由于当时企业的生产力水平很低（大多属于分散的或个体的生产活动，特别是当企业主直接参加劳动时），似乎还谈不上企业管理；到后来，由于企业中人员越来越多，企业中或企业之间的劳动力也有了明确分工，于是便产生了最初的企业管理——劳动力管理。

企业管理者对企业中的劳动力实施管理是原始企业管理的中心内容。但随着企业规模的不断扩大和由产品经济向商品经济的发展过渡，现代工业企业的生产要素不但包括人力、财力、物力，而且包括信息、时间、空间等。为了提高企业的生产效率和经济效益，就出现了企业管理。所谓企业管理，就是企业管理者对企业中的人力、财力、物力、信息和时空实施统一管辖与治理的全过程。

企业管理，一是要管（即管辖），二是要理（即治理）。其中，"管"是指管辖权限；"理"是指在管理权限范围内的管理职能（如计划、组织、指挥、控制、协调、领导等）。管理的实质就是企业管理者通过其管理权限执行其管理职能，从而有效利用企业中的人力、财力、物力、信息和时空，实现企业既定生产经营目标的全过程。由于企业管理直接决定企业中人力、财力、物力、信息和时空等诸多要素的有机组合，因此它是有效开展企业生产经营管理活动，并最终决定企业生产效率和经济效益的重要保证。企业越大，就越需要依靠企业管理，因为企业越大，企业人员的步调一致就比企业人员的个人能力更重要，这也就是人们常说的"三分技术、七分管理"。

虽然企业管理的客体对象可能是事物或者人，但企业管理的主体则一定是人。管理事物最终离不开人的管理。因此，企业管理属于人类活动，企业的管理活动必须有人员参与。对于人的管理乃是企业管理中最重要的要素，企业管理的效率直接取决于对人的管理效率。企业管理者的职业素质不但要敢于管辖、敢于治理（用于衡量企业管理者的管理态度），而且体现在要善于管辖、善于治理（用于衡量企业管理者的管理水平）。

企业管理属于软技术。它虽然不属于发展企业生产力的具体物质要素，但却是充分发挥企业生产力的重要前提。因此，从这个意义上说，企业管理也是生产力，或者说加强企业管理可以使企业产生新的生产力，企业管理是间接的生产力。

（二）企业管理的两重性

企业的生产过程也是企业生产力和生产关系的统一过程。为了保证企业生产过程的正常进行，企业管理者需要发挥两项基本职能：既要合理组织企业的生产力，也要维护好企业的生产关系。

根据企业管理上述两项基本职能，企业管理便具有了两重性。

（1）不管社会制度如何，若要发展企业生产力，所有的企业管理都必须具有合理组织劳动和统一指挥生产的共性职能或一般职能，这是企业管理的自然属性。

（2）对于不同社会制度下的企业管理，还必须维护和完善与其社会制度相适应的生产关系，从而具有个性职能或特殊职能，这是企业管理的社会属性。

正是由于现代工业企业管理的两重性（即自然属性和社会属性），因此人们要善于学习借鉴和消化吸收国内外先进企业的管理模式与管理经验（是指企业管理的自然属性），但由于国情或厂情的不同，决不能照搬其管理模式和管理经验（是指企业管理的社会属性）。只有将先进的资本主义管理技术与优越的社会主义制度相结合，才能以我为主、博采众长、融合提炼、自成一家，从而形成具有社会主义特色的我国工业企业的现代管理方式。

二、企业管理的基本任务

企业是生产和经营商品的基本单位，也是发展社会生产力和实现技术、经济进步的主导力量。由此决定了企业的基本任务主要包括以下几点：在国家计划、经济、行政与法律的管理、监督、指导和调节下，为社会进行商品生产和商品经营，从而为社会提供价廉物美的适销产品或工业劳务，以满足社会和人民日益增长的物质文化需要；在为国家积累资金的同时，为企业的自我发展作出贡献，从而把企业建设成为具有高度精神文明和高度物质文明的社会主义现代化企业。

汽车维修企业管理的基本任务主要包括以下几点：为满足汽车制造业和汽车运输业发展的需要，根据汽车维修市场和用户的需求，采用先进的技术和装备，以增强本企业的汽车维修能力，努力提高汽车维修质量，从而高质量、低消耗、短周期地维修好汽车；同时为国家和企业不断提供更多的盈利，以扩大积累，从而把汽车维修企业建设成为具有高度物质文明和精神文明的社会主义现代化企业。

评判汽车维修企业管理状况好坏的标准如下：

（1）看这个企业是否最充分有效地利用了企业中的人力、物力、财力、信息和时空，而没有闲置的人力、物力、财力、信息和时空。

（2）看企业是否取得了最好的经济效益。

（3）看企业是否取得了最好的社会效益，从而为社会的需求和进步作出贡献。

三、企业管理的基本职能

企业管理的基本职能如下：根据社会化大生产的客观规律，通过企业的计划、组织、指挥、控制、协调和领导等管理职能，合理而严密地规范和组织企业中的生产经营管理活动，从而最有效地利用企业中的人力、物力、财力、信息、时间和空间，以提高企业的经济效益和实现企业的预定目标。

（一）计划

企业计划工作的目的，就是按照并实施既定计划目标而进行计划管理的全过程。

为了搞好企业计划工作应注意以下几点：首先，要在制订计划之前做好市场调查研究，并预测未来市场或未来用户的变化，从而确定适用于企业生产经营管理活动发展的目标和方针。企业计划既不能定得太高，以至于经过努力仍然不能完成而成为空头计划；但也不能定得太低，以至于不需要通过努力就能达到，起不到促进企业生产经营管理活动发展的作用。其次，要在制订计划时将长远计划逐步划短、大计划逐步划小，也就是要将企业的各项计划指标都能层层分解落实到各级、各部门、各个人。不但要使各级、各部门、各个人都能明确各自的工作目标，而且便于企业管理者实施组织、考核和控制，以确保企业计划的全面实现。因此，企业计划工作的内容应包括以下几点：

（1）调查和研究未来市场的发展变化，作出正确的市场预测。

（2）决定企业的计划目标、经营方针和经营政策。

（3）为完成计划目标而编制必要的生产经营计划和各项专业行动计划。

（4）根据计划的具体实施情况，修正、检查与评价原定计划。

这里所说的编制计划，实际上就是预先决定以下四个问题：

①做什么？

②如何做？

③何时做？

④谁去做？

企业的计划工作可以按时间或空间进行分类，如企业的中长期发展规划、阶段性发展计划（如年度计划及月度计划）等。其中，企业的中长期发展规划是指企业在一个较长时期内的发展方向和奋斗目标；而年度计划及月度计划则是企业为了实现企业的中长期发展规划所确定的阶段性（年度或月度）奋斗目标。这些阶段性奋斗目标以及为实现这些目标所采取的具体措施贯穿于整个企业管理过程中。

企业的计划工作还通常按照其计划项目进行分类，如生产作业计划（产品销售计划或汽车维修计划）、技术措施计划、产品和服务质量计划、配件供应计划、设备购置计划、职工培训计划、企业财务及成本计划等。

企业计划是全企业进行生产经营管理活动的行动纲领，因此应该保持企业计划的严肃性。企业计划一旦确定，决不能朝令夕改；即使需要调整，也要经过实践论证并通过既定修订程序后才能修改。

（二）组织

企业的组织工作，就是将企业生产经营管理活动中的各个要素和各个环节，在上下左右的相互关系上，在对内对外的相互往来上，合理地组织企业人员，从而有效地实施企业计划目标的全过程。其内容主要包括以下几点：

（1）按照企业的计划和目标要求，建立合理的组织机构。

（2）按照业务性质进行各部门职责范围的合理分工。

（3）按照各部门所承担的责任给予相应的权利。

（4）明确各部门之间的领导和协作关系。

（5）配备适当的业务人员。

汽车维修企业的组织工作，不仅包括机构设置和人员配备，还包括明确各机构、各岗位的业务范围与职责权限（也包括办事程序和规章制度等）。当然，对于点多、面广、规模小的汽车维修企业而言，在进行机构设置和人员配备时，更要本着精简和高效的原则，因事设人而不要因人设事。因此，在具体组织时，要明确汽车维修企业的业务量，根据其业务量适当分类，建立必需的业务机构，配备必需的业务人员；并明确其各自的业务范围与职责权限。由于企业管理的组织工作将直接涉及个人利益，因此也是企业管理中最重要且最难办的事。由此可知，不但要采用岗位竞聘的办法真正地选用能人，而且要用实绩考核，使人员能上能下，适时适当地进行调配或调整。

（三）指挥

为了确保企业生产经营管理活动的顺利进行，以实现企业既定的经营目标，在企业内部必须建立高度集中的生产经营管理指挥系统，而企业管理可以有机地组织企业内部的各项业务工作，使企业内部的各部门、各岗位、各工序和各工种相互配合、协调发展。

要在企业管理中实施日常的指挥（如领导、管理和考核等），通常可借用"指示""命令""动员""启发"等手段。但在现代企业管理中，为了能实施以人为本的原则，调动企业职工的工作积极性，应该多用"动员"和"启发"，而少用"指示"或"命令"。

为了确保企业生产经营管理中指挥的有效性和权威性，需要做好以下几方面的工作：

（1）在企业内部建立逐级负责的岗位责任制度，以严格执行逐级管理、逐级负责的原则，使指挥或命令畅通无阻。

（2）加强企业职工的政治思想工作，既要强调执行命令的组织性与纪律性，以确保指挥或命令实施的有效性；也要强调在逐级管理、逐级负责的原则下的相互合作。

（3）各级生产指挥者在指挥之前必须深入实际、调查研究。既要预见各种可能发生的问题，及时果断地作出判断和决定；也要充分发扬民主，认真听取群众的意见和建议，正确处理民主与集中、自由与纪律的关系，以确保指挥或命令实施的正确性，避免脱离实际情况的瞎指挥。

（四）控制

所谓控制，就是用一定的标准检查计划实施的进展情况，以保证其实施结果符合原定计划所要求的过程。所谓企业管理的控制，就是根据预定的计划目标对企业执行计划的全过程实行控制，从而将企业计划的任务和目标转化为现实。由此可知，计划是实施控制的依据，控制是实现计划的保证。

要实施企业管理的控制，不但要求相应地建立健全各项合理的规章制度（例如，相应地建立健全岗位责任制度，以及各种安全技术操作规程、工艺规范、技术标准和技术经济定额等），而且要求有严格的检查制度和精确的经济核算制度，以便有最充分的客观依据实施最有效的控制。

控制相当于监督，但比单纯的监督更主动和积极。它要求企业管理者能积极主动地检查和监督企业计划的执行情况，倘若发现偏差，就要及时分析原因，并立即采取对策及时纠正，以保证企业目标的最终实现。因此，要搞好控制，需要遵循以下三个基本条件：

（1）必须建立工作标准，这是进行控制的依据。
（2）必须监督、检查和测定实际工作结果，以便掌握实际结果与标准结果之间的偏差。
（3）必须有采取相应措施纠正偏差的可能。

（五）协调

在企业实际的生产经营管理活动中，要完成各项计划任务，还需要企业内部和企业外部多方面的相互联系与相互配合。但由于种种原因，有时会出现各种各样的人际矛盾，结果使原来的工作程序发生脱节，破坏了原有计划的相互协调，最终影响企业既定目标的实现，这时就需要进行协调（协调有时也称为调节）。这种协调既包括企业内部关系的协调（例如，上下级之间的纵向关系协调、部门之间的横向关系协调等），也包括企业外部关系的协调。

协调的常用方法有以下几种：

（1）利用现场办公，在现场揭露矛盾，解决彼此之间的矛盾。
（2）调整人事结构，平衡纵横关系。
（3）加强思想政治工作，搞好公共关系等。

（六）领导

由于企业管理不仅要管事，还要管人（管人一般称之为领导）。因此，企业的生产经营管理者（即企业领导）不但要具备企业管理的理论知识和实际技能，而且要具备领导者的风度和艺术。也就是说，只要是牵涉到管人的企业管理，所依靠的就不仅仅是管理技术，更重要的是领导艺术。

虽然管理并不等于领导，但领导必须要管理。管理与领导的区别如表1-1所示。

由于领导艺术一般都具有经验性、灵活性、创造性、鼓动性和不确定性等特征，因此它主要依赖于领导者个人的素质，依赖于领导者本身的管理经验、管理能力（如判断决策能力等）和影响能力。而领导者的影响能力通常取决于领导者的地位和职权、品德和威望、知识和专长、技能和艺术等。因此，要当一个称职、勇于改革、敢于开创新局面的企业领导，就要注意以下几点：

表 1-1 管理与领导的区别

项目	管理	领导
管理对象	事	人
管理目标	企业的生产经营目标	企业的思想政治工作
管理手段	业务知识或业务技术	个人素质与领导艺术
管理范畴	依靠生产技术处理生产经营业务,解决生产、技术与经济问题	依靠公关艺术,做好人的工作,解决人事与组织问题
管理目的	处理人力、财力、物力、时间、空间的关系,以利用和挖掘各种物质资源的潜力	处理人际关系尤其是上下级关系等,以利用和挖掘各种人力资源的潜力

（1）要重视自身的气质和形象。

（2）要注重自身的领导艺术（例如，善于做人的政治思想工作，并善于培养、选拔和使用人才等）。

（3）要制定完善的企业管理制度（如职工的待遇和奖惩制度等）。

上述企业管理的各项职能彼此之间相互联系、相互制约，既不可缺少，也不可偏废。因此，企业领导者应当学会全面运用。

任务二 汽车 4S 店运行的要素

一、管理

管理被称为企业的命脉，可见管理在企业中的重要性。管理的内容很多，现代汽车维修企业尤其应注意的是坚持管理制度化、管理规范化的原则，并注重细节，这样企业才能做大做强。

（一）管理制度化

古人云："没有规矩不成方圆"。汽车维修企业应有一系列的管理制度，如劳动纪律、员工守则、配件采购制度和财务管理制度等，这些是企业的基础管理。

有了规章制度，企业所有员工均要按照规章制度办事。在有些企业，管理者的文化素质偏低，他们也制定了一系列管理制度，但他们的管理不是依靠规章制度，而是依据家族式管理，在制度面前讲人情，讲血缘关系，不能对员工一视同仁，从而影响员工的积极性。

企业要做大做强，靠家族式管理、靠人情、靠讲血缘关系是行不通的。企业的管理制度是约束每个人的，包括企业老板。只有一切按制度办事，企业才能强盛。

【案例1-1】车主A的帕萨特正在某维修厂维修，他想外出办事，便找业务经理借车，此时维修厂的车外出办事，短时间不能回厂，车主A见车辆竣工区停放着一辆已竣工的帕萨特车（车主为B），便说我开此车，一会儿就回来，业务经理说厂里有规定，不能私自动用客户的车。车主A又找到维修厂老板，老板感觉开一下客户的车是小事，便忘记了规章制度，答应了他的要求。车主A外出办事闯了红灯，也没有向维修厂交代。车主B将车开回的第二天收到一张违章罚款单，说他某时在某地闯了红灯，车主B一看就愣了，他算了一下时间，闯红灯时他的车正在某修理厂。车主B非常气愤，找到维修厂理论。维修厂老板一听也懵了，急忙到交通管理部门对此事进行了妥善处理。但车主B的愤怒一时无法平息，维修厂从此也失去了一位老客户。

（二）管理规范化

管理要按照规范进行，管理规范化应贯穿于维修服务的全过程。企业的行为规范是指企业群体所确立的行为标准，行为规范以企业全体人员整体行为的一致性和制度化作为表现形式，它以个体的行为表现出整体的行为，即个体行为的规范化导致整体行为的一致化。接听电话的方式、与客户见面的问候语、企业员工的仪容仪表，甚至员工递名片的姿势、倒茶水的动作，都要有规范。

企业的服务流程管理是企业最重要的管理内容之一，一个清晰、简练、规范的服务流程，带给员工的是方便和快捷、责任和方向，带给企业的是形象和效益。

世界上一些著名的汽车生产商都十分注重服务流程的建设，大众公司推出了"服务核心流程"，丰田公司推出了"关怀客户七步法"。

【案例1-2】丰田公司"关怀客户七步法"提高了客户满意度，为汽车销售提供了良好的保障。"关怀客户七步法"的内容如下：第一步，预约；第二步，接待；第三步，写下修理要求，估计费用、交车时间；第四步，监督工作进度；第五步，交车前的最后检查；第六步，交车时的维修工作说明；第七步，跟踪服务。

（三）细节决定成败

在市场竞争日益激烈的今天，你可能已发现，你的维修技术水平提高了，而你的竞争对手也提高了；你的服务水平提高了，而你的竞争对手也提高了；你的价格降低了，而你的竞争对手也降低了。这时细节就显得尤其重要。老子说过："天下难事，必作于易；天下大事，必作于细。"目前，很多企业十分重视细节，很多汽车维修厂的墙上挂了这样一条标语"100-1=0"，一个细节没有处理好，会影响整个维修工作，进而影响客户满意度。

【案例1-3】一家广汽本田4S店在工作中作了很多细节上的工作，如在维修时要经常拆下蓄电池电缆，使整车断电，但这时车载数字调频的收音机记忆会消失，维修后重新调试，客户原来设置好的频道就会发生改变。因此，他们在工作中增加了一个细节：在拆卸蓄电池电缆前，将收音机各频道的位置做好记录，等维修完毕后，再按原记录将收音机各频道重新调试好。这个小的细节获得了客户的一致好评。

二、人力资源

人力资源被称为企业的心脏。在市场经济条件下，人力资源管理呈现出新的特点，为管理带来了新的问题。

（一）企业劳动力的素质发生根本变化

维修汽车的高科技化要求企业劳动力的素质也随之提高，而目前我国大多数维修企业管理人才和技术人才短缺，企业之间相互出高价争夺人才。传统的维修管理人才和技术人才由于知识老化、技术落后，已无法适应现代汽车维修企业的需要。他们中的一部分被淘汰，一部分经过专业培训、加快知识和技术更新，跟上企业发展的需要。另外，将掌握先进维修诊断技术的大中专毕业生充实到维修队伍中，他们中的一部分人经过一段时间的实践，也会成为企业优秀的管理人才和技术人才，从而使企业劳动力的素质发生根本变化。

（二）人际关系发生新的变化

现代企业内部的人际关系是一种沟通关系，老板和员工之间应是沟通、合作的关系。员工通过企业发挥自己的才能，实现自己的价值。老板要通过自己的投资与员工的劳动获得利润，员工和老板是一种新型的双赢关系。目前，在很多地方的汽车维修企业出现了老板出让部分股份给员工的现象。

（三）人力资源管理需要人性化

人具有自然属性和社会属性，企业要建立符合人性化的管理，创造适合人性的工作氛围，培植满足人性发展的土壤。企业管理者要开诚布公、互相理解、倾听意见、关心员工、加强沟通，使企业成为富有人情味的机构，让员工发挥最大的潜能。

【案例1-4】海尔企业文化的成功运行离不开管理制度与企业文化的紧密结合。海尔管理运行的过程如下：首先，员工提出理念与价值观；其次，推出典型的人与事；最后，在员工理念与价值观的指导下，制定让模范人物和事件不断涌现的制度和机制。正是这种制度和机制，使海尔获得了稳定发展。

三、市场

市场是企业的目标，汽车售后市场一直被经济学家称为汽车产业链上最大的利润"奶酪"，很多人将目光聚集于此。企业更需要在管理和服务方面下功夫，努力达到一流水平，这样才能在市场竞争中立于不败之地。在市场经济条件下，现代汽车维修企业要树立以下几方面的新观念：

（一）市场观念

树立一切以市场为导向，为市场提供服务，向市场要效益的观念。目前，现代汽车维修市场经营范围广泛，竞争日益激烈。现代汽车维修企业已不是传统意义上的汽车修理厂，它被赋予了新的内涵，业务范围又有了新的拓展，汽车售后市场所涉及的内容应是现代汽车维修企业经营的项目。

（二）竞争观念

竞争是市场经济贯彻优胜劣汰法则的主要手段。现代汽车维修市场经营范围广泛，利润可观，越来越多的人从事这一行业。汽车维修已进入一个更新换代的时代，市场竞争日益激烈，企业要生存，就要按照市场规律运行，用市场规律指导日常经营活动。

（三）风险观念

在市场经济条件下，企业要承受风险，因此企业的经营管理过程事实上就是风险管理过程。企业在日常经营过程中主要受到市场风险、社会风险、自然风险的干扰，这些风险因素会对企业的经营活动造成很大的影响。企业管理的一项重要功能就是分析风险可能的干扰程度，采取积极的避险措施，追求风险收益。树立风险意识，就是要求企业管理者具有危机意识，能够认识风险，并合理回避风险。

除以上三种观念外，现代汽车维修企业还应有创新观念、效益观念、全局观念和时间观念等。

四、资金

资金是企业的血液，离开了血液，企业就无法生存。

业内专家认为，目前的汽车修理厂、汽车4S店（特约维修站）等仍无法满足汽车业的飞速发展，汽车快修业、汽车连锁店等多种经营形式将迅速进入人们的眼帘。现代汽车维修企业的资金组成呈现多元化，国有、集体、民营、股份制、中外合资、外资等多种形式并存。

五、技术

技术是企业的大脑，一个优秀的企业应是一个技术领先的企业。企业的技术领先表现在以下几个方面：

（一）掌握先进的汽车维修技术

目前，人们维修的汽车已发展成为由几十个电脑、传感器组成，是集电子计算机技术、光纤传导技术、新材料技术等先进技术为一体的高科技集成物，现代汽车维修有大量的故障是要处理计算机控制方面的问题，世界上的车型有几千种，电脑控制形式有几百种，控制电脑有发动机电脑、自动变速器电脑、ABS电脑、牵引力控制电脑、安全气囊电脑、防盗电脑、空调电脑等，其他卫星导航系统、车载电话等高科技产品也已经或正在装到车上。这些高端产品需要掌握先进技术的人才进行诊断和维修，这种人才要有文化、懂英文、通原理、会仪器、会电脑，还要有一定的实践经验，国外把这种人才称为汽车维修工程师和汽车维修技师。

（二）具有先进的维修体制

现代汽车维修技术要求维修体制跟上高科技发展的需要，原来机修工、电工的划分已无法适应高科技维修发展的需要，目前需要的是机电一体化的维修作业组织。只掌握机修或只掌握电工，已无法满足现代新技术发展的需要。

六、设备

汽车技术的发展日新月异，汽车维修也从过去传统的机械维修、经验判断转变为电控技术维修。因为现代汽车维修主要是以仪器检测诊断为主的高科技维修，所以设备在现代汽车维修中发挥着越来越重要的作用。

设备的选择、使用呈现出以下几方面的特点：

（一）重视使用先进的仪器

大多数企业已经认识到现代汽车维修是高科技维修，应借助先进的检测仪，依靠过去简单的耳听、手摸、眼看的传统方式，已不可能生存下去。企业愿意在仪器设备上投资，过去的"一把锤子、一把钳子、几把扳手"就能开修理厂的想法已经成为历史。

（二）不再贪大求全、耗费巨资

先进的检测仪、维修资料价值很高，需要企业用科学的方法选择、购置、管理、使用。过去一些修理厂在设备选购方面，为了在设备规模上压倒本地同行，不惜花费巨资购置大量设备，贪大求全。结果，很多设备被闲置，造成资金积压、周转困难。目前，很多汽车维修企业认识到设备最关键的作用是为客户解决问题，否则设备投资再大也是徒劳。

（三）高科技设备需要高技术人才

维修的高科技需要掌握先进技术的技师进行诊断和维修，借助的工具是先进的检测仪、维修资料等。掌握先进技术的维修技师需要科学地使用这些仪器，以发挥其最大的作用，同时他们为企业带起一批优秀的员工。

（四）计算机管理已必不可少

企业运用计算机进行管理，可以节约人力，提高效率，堵塞漏洞，提高企业形象，在客户面前展现一个依靠科技进行管理的形象。

七、配件

由于汽车质量的不断提高及汽车上使用的电子产品不断增多，传统的维修项目（如水泵修理、刮水器电动机修理等）将逐步减少或消失，取而代之的将是以换件为主的修理模式。客户对汽车维修质量要求的提高，以及现代高效率、快节奏的发展，要求配件管理也必须跟上汽车维修发展的步伐。

对汽车维修企业来说，零配件销售在汽车维修产值中占60%~70%，是企业获利的主要来源。零配件的备料速度、采购速度、准确度,直接关系到车辆维修工期,影响客户满意度和企业的效益。

目前,随着维修市场车型的不断增多,各种车型的配件数量不计其数,任何一个企业不可能拥有所有的配件,即使是单一车型的配件也很难做到。因此,在客户满意度、企业的效益和配件库存之间将产生矛盾,而科学的配件管理是解决这一矛盾的关键。

八、信息

信息是企业的神经,市场信息瞬息万变,企业管理者必须牢固树立信息观念,重视信息的及时性、充分性和有效性,将信息管理放在企业经营管理的重要位置。只有紧盯市场信息,不放过任何一个可供利用的市场机会,才能在市场竞争中立于不败之地。

信息对企业管理者的决策有极其重要的作用,张瑞敏曾说过:"厂长要有三只眼:一只眼看外,一只眼看内,一只眼看政府。"这句话说的就是信息的重要性。一只眼看外是看外部信息,一只眼看政府是看政府的政策法规信息。

随着现代电子信息技术在各个行业的广泛应用,汽车维修企业的管理也有了大幅度提高,商务信息、互联网技术已成为汽车维修企业管理者的强大助手,车辆的进出厂记录、维修过程、客户档案、材料管理、生产现场管理、财务管理、人事管理已逐步实现微机化,使管理水平不断提高。通过管理,可提高客户满意度,降低费用,激励员工工作的积极性,实现企业利润的最大化。

任务三 汽车 4S 店管理的意义

一、汽车 4S 店管理的作用

汽车 4S 店作为一个相对独立的经济实体,具有决策权,企业的这种独立性和决策权是搞活企业、提高企业经济效益所必需的。企业必须自觉地研究市场规律和价值规律的作用,在竞争环境下学会自主经营的本领。作为一个相对独立的决策者,它还必须对经营方向、经营目标、经营战略、经营计划作出符合实际的决策。

企业具有自己对国家承担的经济责任以及与之相适应的经济利益,这种责任和利益构成了企业发挥经营积极性的外部压力和内在动力,使企业经营成果与其物质利益发生了直接联系。这就要求企业要千方百计地学会经营,提高企业的经济效益。

企业制定的经营目标必须建立在对市场需求的准确预测和企业生产能力的精确计算的基础上,每个企业的生产活动都要与市场发生直接关系。目前,我国市场竞争激烈,要求企业必须及时准确地掌握市场动态,根据用户的需要提供适当的服务,提高企业的竞争能力。在社会主义市场经济体制下,汽车 4S 店作为一个汽车产品的销售和服务者,只有制定正确的经营战略和经营策略，扬长避短，发挥优势，才能在竞争中立于不败之地。因此，对汽车4S店而言，管理的地位和作用十分重要。

二、汽车4S店管理的内容

总体来看，汽车4S店与一般企业一样，其全部活动是由生产活动和经营活动两大部分组成的。生产活动是基础，具有内向性，其基本要求是充分利用和合理组织企业内部的各种资源（人、财、物和技术），用最经济的方法，向用户提供满意的产品和服务；经营活动是与企业外部环境相联系的活动，具有外向性，它的基本要求是让企业的经营活动适应外部环境的变化，根据汽车维修市场的需求、竞争者的状况和其他条件的变化，制定企业的经营战略、目标和计划，以保证企业取得良好的经济效益。

汽车4S店经营管理的内容十分广泛，涉及企业的各个方面，贯穿于企业整个生产经营活动的全部过程。归纳起来，对企业的经营者而言，汽车4S店管理的内容主要有以下三项：

1. 市场调查与预测

通过市场调查与预测，及时掌握市场变化，把握其发展方向，为正确地规划经营战略、制定经营方针、确定企业的经营目标提供坚实可靠的依据。

2. 正确决策

正确决策是指对企业经营管理过程中涉及的企业发展方向、发展目标、经营策略等重大问题进行正确决策。

3. 建立企业经营体系

建立行之有效的企业经营体系，为企业的一切经营活动能全面准确地实施和开展提供可靠的保证。

在管理活动中，按照职责分工，汽车4S店管理的具体活动包括汽车销售管理、汽车售后服务管理、备件供应管理、信息反馈管理、人力资源管理、财务管理、质量管理等管理活动。

任务四 汽车4S店的相关知识

一、汽车4S店的含义

汽车4S店是1998年以后逐步由欧洲传入中国的舶来品，是随着对国外先进汽车产品和技术的引入，同时带来的一种先进的汽车销售和服务模式。自上海通用汽车和广州本田汽车率先引进汽车4S店模式后，因其与各个厂家之间建立了紧密的产销关系，具有购物环境优美、品牌意识强等优势，一度被我国国内诸多厂家所效仿，于是各种品牌的汽车4S店如雨后春笋般出现，并逐渐成为我国汽车销售和服务行业的主要力量。截至2015年4月，我国汽车4S店（不包括微型车）有25 000多家，2016年年末达到30 000多家。

汽车4S店是集汽车销售、维修、备件供应和信息服务于一体的汽车品牌销售店。汽车4S店是一种以"四位一体"为核心的汽车特许经营模式，包括整车销售、零配件供应、售后服务、信息反馈。它拥有统一的外观形象、统一的标识、统一的管理标准以及只经营单一品牌等特点。

特许经营已成为我国汽车4S店的一种主要经营形式。特许经营起源于美国，目前这种经营形式已运用于世界各国许多行业，在我国，最初是几个国际知名汽车公司将这一经营方式用于汽车的销售和服务机构，形成汽车产品的4S店。如今，我国绝大多数的汽车4S店采用的是4S店的经营方式。

二、汽车4S店的品牌特征

（一）汽车4S店的特征

作为品牌汽车特许专营的一种业务模式，汽车4S店要按照品牌汽车厂家的要求实施一体化经营，因此其具有共性特征，主要包括以下几个方面：

（1）专一品牌汽车的用户（服务对象）。
（2）专一的技术、设备和工艺。
（3）用专一的生产厂家提供的配件。
（4）有标准化、系列化的建筑风格，以及统一化、标准化的标识系统。
（5）承担免费的或部分免费的专一车辆的首次维护作业。
（6）承担专一车辆的质量担保事宜。
（7）承担专一车辆的一切正常维护与服务。
（8）建立全面的、专一的客户车辆档案，与生产厂家联网、互通信息。
（9）接受生产厂家的政策、监督和指导。
（10）对生产厂家负有责任，受其约束。

（二）汽车4S店的义务

作为汽车特许经销商，汽车4S店应承担以下几方面的义务：

（1）必须维护特许人的商标形象。在使用特许人的经营制度、秘诀，以及与其相关的标记、商标、司标和标牌时，汽车4S店应当积极维护特许人的品牌声誉和商标形象，不得有降低特许人商标形象和损害统一经营制度的行为。

（2）在参加特许经营系统统一运营时，汽车4S店只能销售特许人的合同产品；只能将合同产品销售给直接用户，不得批发；必须按特许人要求的价格出售；必须从特许人处取得货源；不得跨越特许区域进行销售；不得自行转让特许经营权。

（3）履行与特许经营业务相关的事项。例如，随时和特许人保持联系，接受特许人的指导和监督；按特许人的要求，购入特许人的商品，积极配合特许人的统一促销工作；负责店面装潢和定期维修。

（4）应当承担相关的费用，如加盟金、年金、加盟店包装费等。

三、汽车4S店的运行特点

(一) 汽车4S店的优势

汽车4S店是一种个性突出的有形市场,具有统一的文化理念,在提升汽车品牌、汽车生产企业形象方面具有明显的优势,具体体现在以下几个方面:

1. 在信誉度和企业形象方面

汽车4S店在企业形象方面,可以享有特许人的汽车品牌及该品牌所带来的商誉,可以借助特许人的商号、技术和服务等,采用统一的企业识别系统、统一的服务设施、统一的服务标准,使其在经营过程中拥有良好的企业形象,给顾客以亲切感和信任感,提高企业的竞争实力。汽车4S店有一整套客户投诉、意见和索赔的管理系统,给车主留下良好的印象,而普通的汽车销售和维修店由于人员素质、管理等问题,经常出现问题找不到负责人,相互推诿,互相埋怨,给车主留下非常恶劣的印象。以前汽车4S店不经营汽车用品,车主是没有选择的,只有去零售店、改装店,现在汽车4S店经营这方面的业务,汽车4S店必然是车主的第一选择。

2. 在专业方面

由于汽车4S店只针对一个汽车生产厂家的系列车型,拥有特定汽车厂家的系列培训和技术支持,在销售的汽车性能、技术参数、使用和维修方面非常专业,能够做到"专而精"。而普通的汽车用品经销商虽然接触的车型多,但对每一种车型都不是非常精通,只能做到"杂而博",在一些技术方面只知其一,不知其二。因此,在改装一些需要技术支持和售后服务的产品方面,汽车4S店有很大的优势。

3. 在售后服务保障方面

汽车4S店以前是以卖车为主业的,但随着竞争的加剧,汽车4S店越来越注重服务品牌的建立,并且因汽车4S店的后盾是汽车生产厂家,因此在售后服务方面可以得到保障。特别是汽车电子产品和影音产品在改装时要改变汽车原来的电路,汽车4S店在改装时能够对车主承诺保修,这可以消除车主的后顾之忧,因此在改装技术含量更高的汽车产品时,汽车4S店成为车主的首选。

4. 在人性化方面

汽车4S店能够让车主体会到上帝的感觉,汽车4S店有专供客户使用的休息室,有水吧、杂志、报纸、上网等各项免费服务,如果急需用车,还有备用车供车主使用。整个服务流程由专门的服务人员为车主打理,不用自己操心就可以轻松完成。

(二) 汽车4S店的劣势

1. 汽车4S店完全是汽车厂家的附庸,基本没有话语权

汽车4S店在参加特许经营系统统一运营时,只能销售特许汽车厂家的合同产品;只能将合同产品销售给直接用户,销售价格也由厂家控制,因此在整个过程中,汽车4S店唯厂家马首是瞻,一切经营活动都在为生产厂家服务,为把汽车及配套产品快速而有效地从生产厂家流通到消费者手中而努力,为维护生产厂家的信誉和扩大销售规模而勤劳工作。在当前的市场形势下，汽车经销商没有实力像电器经销商一样与厂家平等对话，处于绝对的弱势地位。

2. 没有自身的品牌形象

作为厂家的汽车4S店，其建筑形式和店内外所有的CI（企业识别系统）形象均要严格按照厂家的要求进行装饰与布置，经销商自身的品牌形象则无处体现，厂家也不允许体现，仅集团式的汽车经销商具有一定的品牌形象。

3. 完全靠汽车品牌"吃饭"

汽车4S店经营状况90%依赖于所经营的品牌。品牌好，就赚钱；品牌不好，就不赚钱，甚至赔钱。同时，同一品牌不同的汽车4S店的经销商还得依赖本店经营者与厂家的关系，关系越好，厂家给予的相关资源就越多，利润空间也就越大。

4. 经营成本过高，利润低

汽车4S店因为需要投入大量的资金，按照汽车厂商的要求建造4S店，每年还要投入大量的经营费用，以及与同城的竞争对手争取客户的促销费用等，其成本少则几千万元，多则上亿元。同时，由于产品自身发展的阶段性，目前汽车销售已经进入微利时代，售后维修保养也因汽车4S店的价格高昂，致使很多客户在进行首保后都转而选择价格低廉的维修厂进行维修保养，售后利润也在降低。

【案例1-5】以一家面积达2 000平方米的标准汽车4S店进行计算。在成本方面：汽车4S店的建设费用（钢架结构、落地玻璃）约为300万元（一般按15年折旧）；购买厂家相关设备和资料费用约为200万元（设备按10年折旧）；每月的流动资金约为200万元；再加上员工工资（按70人计算）每月18万元、土地租金（按每平方米60元计）12万元、广告费用，还有隐性的公关成本等，每个汽车4S店每月的经营费用约为50万元。在利润方面：每月销售毛利为250 000（100×2 500）元；维修毛利为337 500（1 500×500×45%）元，两者合计为587 500元。

综上所述，一家汽车4S店每月大约有8万元的利润。

5. 专业的人才队伍素质不高，团队不稳定

因为前几年汽车市场异常火爆，大量资本进驻汽车行业，导致汽车4S店、汽车大卖场大大饱和，互相之间过度竞争，专业人才缺乏，专业的人才队伍素质不高，各汽车4S店人才流动性较大，团队不稳定。

6. 4S店的经营重销量、轻售后和美容加装

一方面，汽车市场需求的不稳定性引起的价格失真误导很多企业以销售为中心开展企业的各项经营活动；另一方面，因厂家注重销量，并且制定了与完成销量直接相关的返利激励政策，因此4S店重销量而轻服务。

7. 汽车4S店自身可控制的经营因素有限，难以体现差异化经营

汽车厂家出于自身品牌利益的考虑，对汽车4S店的经营管理模式、业务流程、岗位设置等都有标准的规定和要求，对产品价格、促销政策、销售区域、零配件和工时的价格均硬性确定、强硬控制。即使是广告的表现形式，厂家也会指手画脚，使汽车4S店的经营模式十分僵化，经营弹性范围狭窄，经营模式和服务同质化。

四、汽车4S店的设立条件

设立汽车4S店除了设立企业必需的注册资本、工商行政部门审批等条件外,还必须按照汽车特许经营的契约要求,具备特许人(汽车制造厂家)提出的要求。由于每个品牌的汽车4S店加盟方法都不一样,要求也会有所不同,下面是大部分特许人对汽车4S店的基本要求:

(1) 完成制定的汽车销售任务。
(2) 完成制定的配件销售任务。
(3) 完成保质期内的车辆索赔任务。
(4) 反馈车辆信息,为厂家提供改进建议。
(5) 保证一定比例的客户满意度。
(6) 作为厂家和客户沟通的桥梁,为客户服务,完成厂家的各项计划。
(7) 利用第三方公司,对下属汽车4S店进行检查、整改。
(8) 售后服务必须按厂家的规定使用专用工具。
(9) 定期按照特许人的要求安排人员参加培训,合格后方能上岗。
(10) 使用特许人规定的服务系统,记录客户信息,并且上传给特许人。
(11) 利用特许人授权的特殊系统,完成售后车辆的防盗等系统解锁工作。
(12) 按照特许人制定的标准建立标准展厅。
(13) 按照特许人制定的标准服务核心流程进行工作。
(14) 汽车4S店的行为要合乎国家和行业的规定。

五、汽车4S店的组织结构

不同品牌汽车4S店的组织结构不尽相同,但大多包括七个部门,常见的汽车4S店组织结构如图1-1所示。

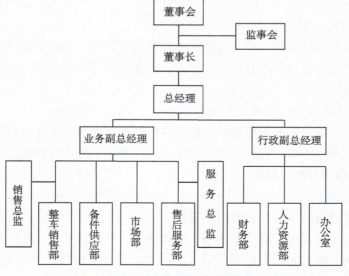

图1-1 常见的汽车4S店组织结构

扩展阅读

汽车4S店真的是穷途末路吗？

汽车4S店，就是指将整车销售、零配件供应、售后服务、信息反馈四项功能集于一体的汽车服务企业。这种服务方式的演化基本上走的是与发达国家相同的道路。1999年，上海通用、广州本田等率先引进4S店模式，代理商按照制造商的标准和要求全资承建，代理商需要向制造商交纳保证金，以全额车款提车。尽管知名的汽车厂商对4S店有非常苛刻的要求，但紧俏汽车的厂家征集经销商的消息还是一呼百应，国产宝马当初打算在我国挑选24家经销商，但竞争者达到3 000余家。2000—2004年，4S店在我国的发展达到顶峰，有人称这几年4S店处于暴利时代。

与国内如火如荼兴建4S店的现象正好相反，美国、欧洲的专营店网络正因为各种原因不断缩水，这种专营方式正受到消费者的质疑。庞大的经销网络消耗了巨额运营成本，而最终却需要消费者买单；欧洲的专营网络则是害了自己，销售网点过于密集，利润空间逐年减少，经销商无利可图，只能合并或者破产。

中国的汽车4S店具有选择性、排他性和垄断性三个特性。在买方市场下，4S店面临一系列挑战。据调查，一个大品牌4S店的固定资产投资为1 000万～2 000万元，流动资金要求为1 000万元。由于近年来汽车销售市场逐渐萎缩，一些小品牌的4S店已经开始退缩，随着竞争的加剧和投资的逐步增大，市场销量有限的车，其4S店根本不足以支撑其成本。新建4S店的前期投入正在不断加大，虽然规模加大，但利润却在缩水。现实的市场是新品种不断增多，各种车型价格纷纷跳水，而这些都直接导致4S店的市场利润不断降低。

那么，4S店真的是穷途末路吗？4S店路在何方？

据行业专家介绍，在整个汽车获利的过程中，整车销售、配件供应、维修的获利比例结构为2∶1∶4，维修服务的获利才是汽车获利的主要部分，汽车4S店前期靠汽车销售赢得利润，后期靠服务赢得源源不断的利润，这是4S店长期发展之路。4S店若能坚持做到这一点，应该说是前途无量的。

项目小结

汽车4S店是一种以"四位一体"为核心的汽车特许经营模式，包括整车销售、零配件供应、售后服务、信息反馈，是具有专一品牌汽车的用户，有专一的技术、设备和工艺，用厂家提供的配件，统一标准化的标识系统，承担免费的或部分免费的专一车辆的首次维护作业，承担专一车辆的质量担保事宜，承担专一车辆的一切正常维护与服务，建立全面、专一的客户车辆档案，与生产厂家联网、互通信息，接受生产厂家的政策、监督和指导，对生产厂家具有责任约束等特征的企业。汽车4S店虽然在信誉度和企业形象方面、专业方面、售后服务保障方面和人性化方面具有较强的优势，但在与厂家的合作关系中处于弱势地位，几乎没有话语权。

对企业的经营者而言，4S店管理的主要内容有市场调查与预测、正确决策、建立企业经营体系。在管理活动中，按照职责分工，汽车4S店管理的具体活动包括汽车销售管理、汽车售后服务管理、备件供应管理、信息反馈管理、人力资源管理、财务管理、质量管理等管理活动。现代汽车维修企业经营应具备市场观念、竞争观念、风险观念、创新观念、效益观念、全局观念和时间观念等。

复习思考题

1. 什么是汽车4S店？汽车4S店有哪些特征？
2. 汽车4S店的经营现状和优势有哪些？
3. 什么是企业管理？汽车4S店运行管理包括哪些内容？
4. 汽车4S店至少应具备哪几种经营思想？
5. 通过实地调研和搜集资料，分析目前汽车4S店经营管理的现状。

知识拓展

丰田汽车公司的战略实施

一、丰田汽车公司的基本概况

（一）公司的简介

丰田汽车公司（トヨタ自動車株式会社，Toyota Motor Corporation）简称"丰田""丰田公司""丰田汽车"，创始人为丰田喜一郎，是一家总部设在日本爱知县丰田市和东京都文京区的汽车工业制造公司，前身为日本大井公司，隶属于日本三井产业集团。丰田汽车是世界十大汽车工业公司之一、日本最大的汽车公司，创立于1933年。丰田汽车隶属于丰田集团。丰田集团是以丰田佐吉创立的丰田自动织机为母体发展起来的庞大的企业集团，2006年仅丰田汽车的关联结算收入就达210 369亿日元，营业额为20 873亿日元，净利润为13 721亿日元。截至2007年11月，员工总数达到30.9万人，丰田汽车自2008年开始逐渐取代通用汽车公司而成为全世界排行第一位的汽车生产厂商。2012年共销售973万辆汽车，2013年共销售1 013.3万辆汽车，是第一个达到年产量千万台以上的汽车公司。其旗下品牌主要包括雷克萨斯、丰田等系列高中低端车型。

（二）公司的发展历程

1896年，29岁的丰田佐吉（丰田喜一郎的父亲）发明了"丰田自动织机"。

1929年年底，丰田喜一郎亲自考察欧美的汽车工业；1933年，在"丰田自动织布机制造所"设立汽车部。

1934年，丰田喜一郎决定创立汽车生产厂。

1937年，丰田喜一郎成立了丰田汽车工业公司，地址在爱知县举田町，初始投入资金为1 200万日元，员工有300多人。

1936年年底至1937年年初，丰田制造的卡车因质量差，销售一直不景气。日本发动了侵华战争后，陆军大批采购卡车，丰田公司的所有库存一售而空，丰田公司扭亏为盈。

1950年4月，丰田汽车销售公司成立。1950年6月，朝鲜战争爆发，美军46亿日元的巨额订货使丰田迅速发展起来。

1974年，丰田与日野、大发等16家公司组成了丰田集团。

1981年，对美出口轿车自主限制协议生效，丰田决定与美国通用汽车公司进行合作生产。

1982年7月，丰田汽车工业公司和丰田汽车销售公司合并，正式更名为丰田汽车公司。

1983年，为了与本田的雅阁系列轿车争夺北美市场，丰田推出了佳美（CAMRY）车系。

1993年，其总销售额为852.83亿美元，位居世界汽车工业公司第5位。全年生产汽车445万辆，占世界汽车市场的9.4%。

1997年，普锐斯（PRIUS）（混合动力汽车）投产上市。

1999年，位于美国印第安纳州的独资生产厂家（TMMI）和西维吉尼亚州的独资生产厂家（TMMWV）建成投产。

1999年，在纽约和伦敦证券市场分别上市，这一年，其国内累计汽车产量达到1亿辆；位于印度的生产厂家（TKM）建成投产。

2000年，中国四川丰田汽车有限公司建成投产。

2001年，位于法国的独资生产厂家（TMMF）建成投产。

2002年，与中国第一汽车集团公司就全面合作达成协议，后中国天津丰田汽车有限公司（现天津一汽丰田汽车有限公司）建成投产。

2004年，中国广州丰田汽车有限公司成立。

2005年，雷克萨斯（LEXUS）品牌在中国第一家经销店开业，全新皇冠（CROWN）轿车实现中国制造；第一款在中国生产和销售的混合动力车普锐斯（PRIUS）下线。

2006年，广州丰田汽车有限公司国产凯美瑞（CAMRY）轿车下线；雷克萨斯品牌三款重量级车型ES350、IS300、LS460登陆中国。

2006年，天津丰田的卡罗拉下线。

2009年，丰田混合动力车型累计销售超过200万台。

2014年3月19日，美国司法部宣布，丰田汽车公司同意支付12亿美元，以了结有关其未及时披露车辆意外加速问题的刑事调查。丰田承认对两个导致车辆意外加速的安全问题进行隐瞒并做虚假陈述，从而误导了美国消费者。

2014年10月20日，丰田汽车公司在美国召回24.7万辆轿车、SUV和皮卡，因为车辆安装的由日本高田公司生产的气囊充气机可能破裂并造成金属碎片飞溅，从而对乘客造成严重伤害。

（三）旗下品牌

丰田汽车旗下有丰田（TOYOTA）、雷克萨斯（LEXUS）、皇冠（CROWN）、锐志（REIZ）、普锐斯（PRIUS）、卡罗拉（COROLLA）、花冠（COROLLA）、威驰（VIOS）、陆地巡洋舰（LAND CRUISER）、普拉多（PRADO）、柯斯达（COASTER）、汉兰达（HIGHL ANDER）、普瑞维亚（PREVIA）等。

二、丰田汽车公司的外部环境分析

（一）宏观环境分析

1. 政治环境

（1）从近期看，中日关系还有不稳定因素，从中长期看，取决于中日双方的根本利益和日本未来是否走和平发展道路。

（2）中日两国各方面合作密切，雷克萨斯进入中国豪华车市场，丰田在中国的各项事业全面展开。

（3）因为汽车产业是日本支柱产业的第一大产业，所以丰田汽车作为日本第一大汽车公司，得到日本政府的大力支持，使丰田公司在发展中有了强有力的助推器。

2. 经济环境

（1）2008年，在遭受能源危机、金融危机的沉重打击后，全球汽车行业全面告急，各大巨头纷纷将低能耗的小型车和新能源汽车作为生存、发展的救命稻草。

（2）买方市场（中国市场）经济政策的推助。

①国家出台汽车产业振兴规划。

②国家出台支持汽车产业发展优惠政策。

③国家大力支持汽车节能减排。

3. 社会环境

丰田小型车的研究和发展，对我国汽车工业进程启发意义重大。国务院发展研究中心预测，预计到2020年，我国汽车消耗石油为2.56亿吨，约占我国石油总消耗的67%，届时，我国石油进口比例将高达60%。

4. 技术环境

早在20世纪90年代，丰田公司在对全球汽车市场现状和未来发展趋势进行深入研究之后，认为低油耗的小型车是轿车发展的必然方向。在此背景下，丰田汽车在欧洲率先推出了第一代雅力士，这也是其世纪战略平台上的首款车型。

（二）行业环境分析

1. 供应商议价

供应商主要通过提高投入要素价格与降低单位价格的能力，影响行业中现有企业的营利能力与产品竞争力。进口汽车供应商力量的强弱主要取决于它们所提供给买主的投入要素的优劣，当供应商所提供的投入要素其价值构成买主产品总成本的极大比例，对买主产品生产过程非常重要，或者严重影响买主产品的质量时，供应商对买主的潜在讨价还价力量就大大增强，因此丰田让核心零件供应商持股，通过规模采购达到好的议价，并帮助供应商提高效率，降低成本。

2. 购买商议价

购买商主要通过其压价与要求提供较高的产品或服务质量的能力，影响行业中现有企业的营利能力。

（1）为了吸引客户，各厂商竞相降价并给予折扣。

（2）客户在相当程度上可以对售价、担保和其他服务项目进行讨价还价。

（3）公司管理者逐渐采用服务等级衡量销售绩效，这些等级常常用于决定经销授权的机会、获得广告基金和其他经济优惠的标准。

3. 新进入者的威胁

（1）汽车产业有较高的技术含量，需要很长的学习时间。

（2）产业壁垒大，进入和退出成本及障碍都很高，国家或者地方政府都会扶持民族或地方产业而限制其他进入者。

（3）产业吸引力一般。汽车产业是一个受经济周期波动特别严重的产业，经济衰退时，可能引起整个行业的亏损；汽车行业的平均利润一般在5%以下，较其他资讯科技行业的利润较低，因此新兴的汽车企业对丰田的威胁很小，但是现有竞争对手研发节能车型对丰田会产生巨大威胁。

4. 替代品的威胁

汽车的主要替代品有摩托车、自行车、火车、地铁、飞机、轮船、汽艇等。这些交通运输工具虽有一定的替代效果，但是并不具有完全替代效果，因此替代品的威胁比较小。全球汽车行业目前面临的最大挑战是研发价格合适且款式吸引人的环保型汽车。

5. 行业现有的竞争状况

1）主要的汽车制造商

对于整个汽车行业，丰田汽车公司面临的主要竞争者有通用汽车、戴姆勒－克莱斯勒、福特、宝马、菲亚特、大众、雷诺、本田、日产、三菱、现代汽车、大宇等，以及其他发展中国家的汽车公司。

2）现有竞争方式和状况

(1) 以产品开发、全球化、水平整合为策略方向。
(2) 以速度和低成本为竞争基础。
(3) 以合并与联盟作为最重要的发展方式。
(4) 发展中国家的国家扶持和市场壁垒明显。

三、丰田汽车公司战略目标的制定

（一）丰田的企业愿景

以生产物品和技术个性为基础，热情地建设富裕的社会。丰田的企业愿景可以从以下四个方面具体理解：

(1) 以对地球友善的技术拉动地球的再生。
(2) 生产安全、安心、舒适的汽车，建造汽车社会。
(3) 在世界各地进一步展示汽车的魅力，扩大丰田迷的队伍。
(4) 作为世界的企业，争取受到世界上所有人的爱戴。

（二）丰田的核心价值观

1. 杜绝浪费

丰田生产方式视所有业务过程中消耗了资源而不增值的活动为浪费。为了发现并杜绝浪费，丰田公司信奉"毛巾干了还要挤"的彻底合理化精神。丰田公司自发展以来不断开展合理化运动，杜绝各个环节各个方面的浪费，节约成本，提高效率。例如，为了杜绝浪费，丰田公司内部使用的信封都是旧信封，它们在用过的信封上贴一张白纸，在上面填写收件人的地址和姓名，重复使用，仅这一项每年就为丰田公司节约了近10万日元。

2. 保证质量

降低成本的前提是不降低产品的质量，通过技术研发提高质量。丰田的质量管理就是要使所有生产环节一旦出现质量问题，就立即停止生产，杜绝生产出大批不合格品的现象，从而保证每个环节生产产品的质量，最终保证成品的合格化。

（三）战略目标

2011年3月9日，丰田汽车发布了未来十年规划，并制订了2015年中期过渡计划和战略，总裁丰田章男当时表示，在2015年将其全公司的销量由2010年的870万辆提升至1 000万辆，市场收益率超过20%，其中新兴市场销量占全部销量比重的一半，丰田的战略重心将向新兴市场转移。并将加大在节能环保型汽车方面的投入，在2015年之前发布十款以上的混合动力和电动汽车。现在看来，当时的计划都已实现。

在2020年规划中，2015年中期计划占据重要位置。2015年中期过渡目标分为区域市场销售组合策略、产品策略、雷克萨斯战略三个部分。

项目二
汽车 4S 店销售管理

项目导入

赵小姐打算买辆轿车,她来到一家汽车展示店,销售人员小王热情地向她介绍不同性能、各种颜色的轿车。赵小姐随口说:"今天是我的生日,我想买一辆黑白相间的轿车。"小王听闻后,忙说:"对不起,请您稍候,我去去就来。"十分钟后,只见小王手捧一束玫瑰,满面笑容地向赵小姐说:"祝你生日快乐。"赵小姐很受感动,她万万没有想到,因为自己随便的一句话,竟会得到如此温馨的祝福。赵小姐愉快地买了辆轿车。其实,这家展示店并没有赵小姐想要的黑白相间的轿车,是那束玫瑰使她改变了主意。

从一束玫瑰与一辆轿车的这件事中,销售人员可以得到两条宝贵的经验:首先要善于倾听。认真听客户的每一句话就是对客户的尊重。有些4S店的销售人员一副冷面孔,态度傲慢,对客户不屑一顾,客户询问商品性能,一问三不知;有的与同行在一旁谈笑风生,对客户爱理不理,甚至出言不逊,结果生意萧条,门可罗雀。

销售人员不仅要认真听,而且要会听,最好能听出言外之意。可见,完善的销售管理是企业发展必不可少的。

 **项目要求**

1. 熟悉汽车4S店销售目标的内容和确定方法。
2. 了解汽车4S店销售预测的含义、程序和方法。
3. 了解汽车4S店销售配额的作用、类型和分配方法。
4. 熟悉汽车4S店销售费用的预算管理办法。
5. 了解汽车4S店销售组织建设的步骤,熟悉销售团队建设的方法。
6. 掌握汽车4S店的销售流程。
7. 掌握汽车4S店的销售准备管理、销售接洽管理、销售陈述管理、异议处理管理、交易促成管理、售后服务管理的工作内容。

 相关知识

整车销售是汽车4S店的核心业务之一,销售管理工作对汽车4S店的发展至关重要,可以说销售管理工作是促进企业进步的重要因素。在汽车流通环节中,销售观念是否正确、销售工作是否到位、销售管理是否完善、销售目标是否合理、销售预测是否准确、销售组织是否健康等,都直接关系着汽车4S店的生存与发展。

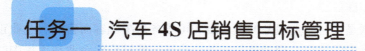

任务一 汽车4S店销售目标管理

一、销售目标的内容

（一）销售目标管理的定义

销售目标管理，就是指企业通过设定合理的销售目标，并对其进行合理的分解，通过合适的手段予以实施和监控，并关注最终结果和评估的一种管理过程。

在销售管理中，制定销售目标相当重要。一个好的销售目标必须与公司的整体营销目标相配合，要有利于实现公司的经营方针、经营目标和发展计划。好的销售目标能指导销售行为，激励销售人员，降低销售成本，增加企业利润，提高管理效率。正因为如此，销售目标管理成为汽车销售管理活动的有效手段。

（二）销售目标的内容

销售目标是在企业营销目标的基础上确定的，一般来讲，企业的销售目标应包括以下几方面的内容：

1. 销售额指标

销售额指标包括部门、地区、区域销售额，销售产品的数量，以及销售收入和市场份额等。

2. 销售费用的估计

销售费用包括差旅费用、运输费用、招待费用，各种费用占净销售额的比例，以及各种损失等。

3. 利润目标

利润目标包括每个销售人员所创造的利润、区域利润和产品利润等。

4. 销售活动目标

销售活动目标包括访问新顾客数、营业推广活动、访问顾客总数、商务洽谈等。

销售目标可以按销售团队、销售人员、销售时间段等分成各个子目标，在设定这些目标时，必须结合本企业的销售策略。

二、销售目标值的确定方法

销售目标（销售目标值）往往是在销售预测的基础上，结合本企业的营销战略、行业特点、竞争对手的状况和企业的现状确定的。

作为一个以获得利润最大化（或效益最大化）为经营目的的汽车4S店，其销售收入

（销售额）的大小就是企业经营好坏的最好标志，因此确定销售收入目标是确定整个企业销售目标的核心。确定销售收入目标时需要考虑到三项因素，即与市场的关联、与收益性的关联、与社会性的关联等。

与市场的关联是针对企业服务的顾客层和可服务多少顾客而言的。企业正是根据这个构想确保企业在市场中的地位，即销售目标的大小必须能够确保企业在市场中的地位，而企业为了确保其市场地位，务必对市场展开最佳的活动，使最终成果明显体现在市场占有率方面。在与收益性的关联方面，销售收入目标必须能够确保企业生存与发展所需的一切利益，也就是企业需要从事足以获得收益的活动。

在确定销售收入目标值时，应统筹考虑上述因素，不可仅凭销售预测值而随意决定销售收入目标值。

确定销售收入目标值的方法主要有以下几种：

（一）根据销售增长率确定

销售增长率是本年度销售业绩与上一年度销售业绩之差同上一年度销售业绩的比率。其计算公式如下：

销售增长率 =（本年度销售业绩 − 上一年度销售业绩）÷ 上一年度销售业绩 × 100%

有时企业决定的销售增长率极为简单，如最高层经营者下达指标——明年的销售收入额需增长 20%。此时就不需要任何计算，使用上述数值即可。

但若想求出精确的销售增长率，就必须从过去几年的销售增长率着手，利用趋势分析推定下一年度的销售增长率，再求出平均增长率。此时所用的平均增长率并非以期数（年数）去除销售增长率，因为每年的销售收入是以几何级数增加的，应该用计算几何平均数的方法来计算平均增长率。

下一年度的销售收入目标值 = 本年度销售业绩 ×（1 + 销售增长率）

（二）根据市场占有率确定

市场占有率是企业销售额占业界（本地区）总销售额的比率。其计算方法如下：

市场占有率 = 企业销售额 ÷ 本地区总销售额 × 100%

使用这个方法，首先要通过需求预测的方法预测出本地区各家汽车公司总的销售收入的预期值。销售收入目标值为：

下一年度的销售收入目标值 = 本地区总的销售收入预期值 × 市场占有率目标值

（三）根据市场增长率确定

这是根据企业希望其市场的地位扩大多少来确定销售收入目标值的方法。如果企业想保住本公司的市场地位，其销售增长率就不能低于业界市场的平均增长率。其计算公式如下：

下一年度的销售收入目标值 = 本年度销售额 ×（1 + 市场增长率）

（四）根据损益平衡点公式确定

当销售收入等于销售成本时，就达到了损益平衡。损益平衡对应的销售收入计算公式如下：

$$销售收入 = 成本 + 利润$$
$$销售收入 = 变动成本 + 固定成本 + 利润$$
$$销售收入 = 变动成本 + 固定成本（利润为零时）$$

变动成本随销售收入（或销售数量）的增减而变动，故可通过变动成本率计算损益平衡点上的销售收入。

$$固定成本 = 销售收入 - 变动成本率 \times 销售收入$$

可利用上述公式导出下列损益平衡点公式：

$$损益平衡点上的销售收入 = 固定成本 \div (1 - 变动成本率)$$

（五）根据销售人员确定

1. 根据销售人员人均销售收入确定

这是以销售效率或经营效率为基数求销售收入目标值的方法，其中最具代表性、最简易的方法是运用如下公式计算：

$$销售收入目标值 = 每人平均销售收入 \times 人数$$

每人平均销售收入与人数的乘积就是下一年度的销售收入目标值。另外，以过去趋势做单纯的预测或以下一年度增长率为基准进行预测均可以。

2. 根据人均毛利确定

这是根据每人平均毛利额计算销售收入的方法。其计算公式如下：

$$销售收入目标值 = 每人平均毛利 \times 人数 \div 毛利率$$

3. 根据销售人员申报确定

这是逐级累积一线销售人员申报的销售收入预测值，借以计算企业销售收入目标值的方法。

由于一线销售人员最了解销售情况，因此经过他们估计而申报的销售收入必然是最能反映当前状况的，并且是最有可能实现的销售收入。如果一线销售人员的总预测值和经营者的预测一致，则最理想。当采用该方法时，务必注意下列三点：

（1）申报时尽量避免过分夸大或保守。预估销售收入时往往会产生过分夸大或极端保守的情形，此时销售人员应依自己的能力申报可能实现的销售收入。身为一线领导者的业务经理务必使每个销售人员都明白这一点。

（2）检查申报内容。销售管理者除应避免过分夸大或保守外，还需要检查申报内容的市场性，即检查申报内容是否符合过去的市场趋势和市场购买力。

（3）协调上下目标。由于销售人员的申报是"由下往上分配式"的，一线销售人员往往过于保守，其销售收入目标一般定得较低，不能达到公司总的销售收入目标要求。因此，销售经理还要采用下达销售收入目标的"由上往下分配式"，以调整销售收入目标，并做好协调工作。

在确定了销售收入目标值之后，再确定其他销售目标，如利润目标、活动目标、费用目标等。

三、销售目标的分解

在确定销售目标（总销售目标）后，就要对销售目标进行分解。企业进行销售目标分解时应将公司的年度总销售目标和部门目标分解到每一层、每一个岗位。对汽车4S店来讲，其销售目标可以分解为三种层级。销售目标分解如图2-1所示。

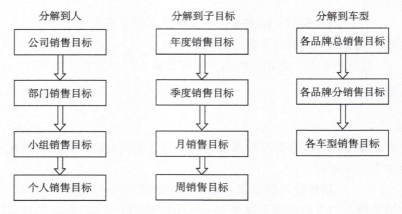

图2-1　销售目标分解

在销售管理中，应该结合每个销售员的实际情况进行适度调整，而不能平均分解任务目标。

大成功是由小目标积累的，要达到目标，必须一步一个台阶走上去，将大目标分解为多个易于达到的小目标，并一步步脚踏实地地去实现，才能实现最终的目标，即企业的总体目标。

任务二　汽车4S店销售预测方法

汽车销售预测是企业进行各项决策的基础，几乎每个年度的销售报告都包括下一年度的销售预测。

一、销售预测的含义

销售预测是指对未来特定时间内全部产品或特定产品的销售数量与销售金额进行估计。销售预测是在充分考虑未来各种影响因素的基础上，结合本企业的销售实际，通过一定的分析方法提出切实可行的销售目标。

销售预测在企业管理中具有重要作用，它不但为寻求市场机会和制定营销策略提供依据，而且是制订销售计划和目标的前提，同时还影响和决定着企业其他工作的安排。

虽然影响企业销售预测的因素很多，但是人们可以根据已有的数据，对可能产生的情况进行分析，然后制订不同情况下的行动计划，进行销售预测应考虑以下几方面的因素：

（一）外界因素

1. 消费者需求的动向

消费者需求是外界因素中最重要的一项，如汽车消费流行的趋势、车主的爱好变化、生活形态的变化、人口的流动等，均可成为汽车需求质与量方面的影响因素，因此必须加以分析与预测，平时应尽量收集有关对象的市场资料、市场调查机构的资料、购买动机调查资料、消费者认可程度等统计资料，以掌握市场的需求动向。

在通常情况下，应首先对市场需求进行预测。市场需求决定销售潜力，销售潜力通常是一个公司最大可能的销售量，而销售预测值是以销售潜力为基础确定的。由此可知，需求预测非常重要，需求预测有利于销售经理从整体上把握市场状况，使销售预测更加客观准确。

2. 经济发展态势

销售收入深受经济变动的影响，尤其是近几年来汽车技术与生产的迅速发展，使无法预测的影响因素越来越多，导致企业销售收入发生波动。因此，为了正确地进行销售预测，需要特别注意资源的未来发展趋势、汽车及相关行业的发展趋势、GDP（国内生产总值）增长率等指标的变动情况。

3. 同业竞争的动向

销售收入深受同业竞争的影响。古人云："知己知彼，百战不殆。"为了企业的生存与发展，必须时刻掌握竞争对手的动向，如注意竞争企业经营规模的变动、促销与服务体系的变化等。

4. 政府政策与法律的动向

政府的各种经济措施、政策与法律均对企业销售产生影响，因此应及时了解这方面的信息，以便准确地作出销售预测。

（二）内部因素

1. 营销活动策略

公司的产品策略、价格策略、销售渠道策略、广告和促销策略等的变更均会对销售额产生影响。

2. 销售政策

销售政策的变动，如变更市场管理、交易条件或付款条件、销售人员报酬方式、销售方法等，均会对销售额产生影响。

3. 销售人员

销售活动是一种以人为核心的活动，因此人为因素对销售额的实现具有相当深远的影响。

4. 经营的品牌汽车的生产状况

应该考虑汽车产量和供应是否能够满足销售活动的要求、生产技术水平的变动、产品质量，以及是否更新换代等生产方面的因素。

二、汽车销售预测程序

汽车销售预测程序是指进行销售预测的一系列过程，它始于预测目标的确定，止于销售预测结果的使用。

1. 确定预测目标
确定的预测目标要合理。

2. 初步预测
初步预测将来的销售量，主要确定预测应涉及哪些变量，如销售量市场占有率、利润率等。

3. 选择预测方法
根据公司的内外环境因素选择预测方法。

4. 依据内外部因素调整预测
（1）需要考虑的内部问题主要包括同过去比预测期间的工作将有什么不同、整个营销战略是否有改变、是否有新产品推出、价格策略如何、促销费用如何安排、销售渠道有无变化等。

（2）需要考虑的外部问题主要包括一般经济环境是否改善、是否有重要对手加入、竞争对手的营销策略动向等。

5. 将销售预测与公司目标进行比较
比较销售预测和公司的营销目标是否一致。当预测无法满足目标时，是降低目标值还是进一步采取措施实现原来的目标。

6. 检查和评价
销售预测不是固定不变的，随着内外部环境的变化，销售预测会发生改变。应及时对销售预测进行检查和评价，并建立反馈制度，使一些重大的变化能够在销售预测和决策中反映出来。

三、销售预测方法

一般的汽车市场销售预测，多数是以已有车辆的短期预测为主的。已有车辆是指以现有的市场为对象，对从过去到现在以至于未来的可持续销售下去的车辆而言，因此，该预测资料大多以过去的业绩为依据。一般来讲，销售预测方法分为定性预测方法和定量预测方法两种，实际销售预测的方法可细化成更多种，既可通过统计方法甚至运用计算机进行，也可凭直觉或经验进行估算。至于何者为佳，则无一定的标准可循。但有一点需要特别留意，就是不要拘泥于某一种销售预测方法，而应视实际情况进行预测。

定量预测法是借助数学和统计学的分析工具，在通过对以往的销售记录分析的基础上，作出对未来的预测；而定性预测法不需要太多的数学和统计分析工具，主要是根据经验判断。常用的汽车销售预测方法如表 2-1 所示。

表 2-1　常用的汽车销售预测方法

分类	说明	方法
定量预测法	根据过去的业绩进行客观分析和统计	时间序列预测法
		相关分析预测法
定性预测法	主管分析和推测	顾客意向调查法
		销售人员综合意见法
		高级管理人员估计法
		专家意见法

（一）时间序列预测法

时间序列预测法又称趋势外推预测法或历史延伸预测法，具体是指将历史资料和数据，按照时间顺序排列成一系列，根据时间序列所反映的经济现象的发展过程、方向和趋势将时间序列外推或延伸，以预测经济现象未来可能达到的水平。时间序列是指把反映某种市场现象的某一统计指标（如某地区的工业增加值、某种商品的销售量或销售额等）在不同时间上的数值按先后顺序排列而形成的数列，又称动态数列或动态序列。时间序列反映的是某一经济现象在时间上的发展变化过程。

在分析汽车销售业绩时，通常都将销售业绩按照年、月的次序进行排列，以观察其轨迹。采用时间序列预测法进行汽车销售预测，就是分析汽车销量随时间变化的动向，从而预测未来汽车销量的一种方法，具体的应用方法包括平均预测法、指数平滑预测法、数学模型法等。

（二）相关分析预测法

如同事物变化时彼此之间都存在直接或间接的关系一样，汽车销量也会随某种变量的变化而发生变化。例如，消费者的收入一旦增加，汽车的需求量必然上升；汽车数量一旦增加，维修保养的服务量也会随之增加；等等。相关分析预测法正是通过统计寻求汽车销量与影响因素之间的关系，并借此进行预测的方法。

（三）顾客意向调查法

顾客意向调查法是根据购买者的意见进行销售预测的方法。许多企业在对产品的市场无法把握的情况下往往采用这一方法，能达到很好的效果。

1. 优点

销售预测本是一种在假设的条件下，预估购买者将来可能的消费行为的一种艺术。这也表明最有用的情报来源是购买者本身，在实际调查中，企业一般根据购买者（包括潜在顾客）的名单接近他们（有时是面对面），询问他们在某一特定情况下，在未来的某一时间计划购买哪些特定车型的汽车产品，也请他们说明愿意从某一特定厂商处购买的数量占其总购买数的比例，或有什么因素影响他们对汽车产品的选择。假定厂商可以获得这些情报，同时这些情报也很可靠，那么厂商便可据此预测其未来的销量。

2. 缺点

虽然这一方法比较好，但在实际操作上有许多限制。

1）意愿问题

在许多情况下，购买者是不会表露出他们的购买意向的，即使消费者在回答调查者时说愿意购买某产品，实际上他也并不一定会购买该产品。另外，购买者有时可能出于某种原因敷衍调查者，这会直接影响调查结果的准确性。

2）能力问题

顾客意向调查法的第二个缺点是消费者是否有能力回答调查中提出的问题，即在消费者（购买者）合作的前提下，这个方法的准确性仍然要基于消费者（购买者）是否有能力以明确、系统的方式表明其意向，因为对汽车性能等方面的知识比较熟悉的消费者并不是很多。

3）成本与收益问题

调查是要付费的，因此运用此方法时要考虑其成本与收益问题，即要考虑把调查所获得的情报的价值与收集它的成本进行比较，看是否值得。一般来讲，企业为降低成本，往往采用部分概率抽样的调查方法代替百分之百的调查（全查），或以电话或邮寄问卷的方式代替亲自访问，但此时若抽样不全或方法不当，就会影响调查的精确度。

3. 顾客意向调查法的科学性问题

企业对汽车消费一般使用抽样调查，并且问卷的设计通常是两分式的。

例如，你是否有意在近两年内购买一部汽车？□是　　　□否

运用这种调查方式，人们可以想象被调查者答"是"比答"否"的比例要高，因此调查的结果往往差强人意。因为回答"否"的购买者，也有购买的概率。另外，根据这些消费者购买意向调查的资料对短期内汽车的销售进行预测，虽然不是完全准确，但也具有一定的参考价值。

顾客意向调查法的适用前提主要包括以下几点：

（1）顾客很少。

（2）调查成本很低。

（3）顾客有明确的购买意向。

（4）顾客愿意吐露他们的意向。

（5）顾客有能力实现他们原先的意向。

（四）销售人员综合意见法

销售人员综合意见法是指公司根据销售人员对其服务区域内的销售量或顾客未来需求量的估计进行综合预测的一种方法。其程序是先由各个销售人员预测自己所在区域内顾客的潜在需求量，然后由销售经理总结与修正后上报给公司，公司在对各地区的销售估计值进行修正的基础上，得出总体估计数据。

1. 优点

销售人员综合意见法的优点主要有以下三个方面：

（1）各销售人员对实际的业务情况较为熟悉，并且比较接近顾客，对顾客的认识比较

深刻或更能看透市场发展趋势,特别是当产品技术含量高,而且技术创新快时,这一方法的优点更加明显,因此其所做的销售预测比较切合实际。

(2)由于参与销售预测,因此销售人员对其估计的结果比较具有责任感,也能接受公司下达的销售目标;同时他们对完成公司所提出的销售额具有较大的信心,更能鼓励他们完成目标。

(3)销售人员综合意见法是一个从基层向上预测的过程,便于公司进行销售分析和管理。

2. 缺点

对大部分销售人员的估计都必须进行调整,因为销售人员的观察可能会有所偏差,销售人员难免受普遍乐观或悲观心理的影响,或者受最近销售成败的影响,从而作出较为极端的判断。更有甚者,他们不了解宏观经济发展以及公司总的销售计划。他们也可能为使其下一年度的销售量能大大超过预测值,以获得奖金或升迁机会,而故意降低预测值,同时销售人员缺乏足够的学识与分析能力,或者没有时间做详细估计,或者根本没有兴趣或不太用心等,这些因素都可能使其作出的估计不太准确,因此要进行修正。

虽然有这些缺点,但销售人员综合意见法仍被许多 4S 店所应用,在我国大部分的汽车销售和服务企业中均使用此法。这是因为公司可根据销售人员的预测下达相应的销售配额,销售人员也比较容易接受任务。为了提高这一方法的准确度,公司可提供一些帮助或奖励的办法,以刺激销售人员做较佳的估计,如公司可提供给销售人员过去的预测与其实际销售的比较记录表,或提供些有关预测的资料,或将每个预测做成摘要,提供给所有的销售人员。某些销售人员的估计可能会过分保守,以压低公司给他们的销售配额,遇到此种情形,公司可根据他们所报的较低的预测值,配给较少的广告和推广费用,作为处罚。

销售人员综合意见法在下列条件范围内其适用性较佳。

(1)销售人员对情报来源非常了解。

(2)销售人员特别合作。

(3)销售人员无偏差,或他们的偏差是可以更正的。

(4)销售人员参与销售预测可以获得额外的利益。

(五)高级管理人员估计法

由于顾客意向调查法与销售人员综合意见法需要耗费大量的时间与成本,并且其所得的结果均需要经过公司高级经理人员的修正,因此有时由公司高级管理人员直接估计,可使所耗费的时间和成本减少,并且所得结果并不比前两种方法差。

高级管理人员估计法是指由公司高级管理人员各自根据其所获得的事实资料,独立估计下一期(或未来期间)可能的销售量,然后将此结果公布并请那些估计较为乐观者或悲观者说明其所持的理由,互相讨论之后,再请他们重做一次估计,如此重复估计,直到彼此间的估计值集中在一个很小的范围内,再取此范围的中值作为预测值。

1. 优点

简单明了,所做的估计值综合了各方面的意见。另外,有时各高级主管之间可能会坚持己见,以至无法获得一致的估计值,此时则适宜由总经理作出最后裁决。

2. 缺点

所得的最后预测值可能较不易被销售人员所接受。

（六）专家意见法

专家意见法是指根据专家意见作出销售预测的方法。专家既可以是厂商，也可以是技术人员和大学教授，专家意见既可能是调查购买者与供应商的结果，也可能是分析过去的统计资料所得出的结论。

高级管理人员的估计有时难免过于乐观或悲观，因此一些企业可能借助外部力量，即请专家作出销售预测。例如，汽车制造公司经常请求他们的经销商直接做销售估计，这种方法的优缺点和销售人员综合意见法的优缺点相同，如经销商不可能做特别细心的估计，对企业将来的发展可能看得不准确，也可能故意提供有偏差的估计数字以获取眼前的好处。

有时厂商会聘请外界科技人员、大学教授等来预测将来的市场需求量。事实上，厂商经常使用外界所提供的一般经济预测或特殊的工业预测，这也属于专家意见法。一些商业研究机构也经常发行或出售长短期商业情况的定期预测，也可以作为专家意见进行销售预测。

1. 优点

专家意见法的优点主要包括以下几点：

（1）预测能做得较快，并且费用较少。

（2）在预测过程中能引证并且协调各种不同的观点。

（3）假如基本资料较少，用其他的方法可能找不到答案，求教于专家是最好的方法，如新产品市场销售预测就可以应用专家意见法。

2. 缺点

专家意见法的缺点主要包括以下几点：

（1）其意见有时难以使人信服。

（2）责任分散，如得到好的和坏的预测值机会参半。

（3）用此方法所求得的地区、顾客、产品分类等预测值，没有总预测值那样可靠。

汽车4S店选择销售预测方法，需要结合实际情况将多种方法共同运用，以期互补，达到最佳预测效果。

任务三 汽车4S店销售配额与预算管理

一、销售配额的作用与确定程序

销售配额是指分配给销售人员的在一定时期内完成的销售任务，是销售人员需要努力实现的销售目标。销售配额是一把尺子，有利于有效地计划、控制、激励销售活动，以达到整个企业的销售目标。

（一）销售配额的作用

在企业的销售目标管理中，销售经理制定销售目标，安排销售进度，将销售目标分配到各销售班组、销售个人，然后协助其完成任务，最后对销售人员的销售成果进行评估与考核。在整个过程中，销售配额是销售经理对销售工作进行管理的最有力的措施之一，有助于销售经理规划每个计划期的销售量与利润，安排销售人员的行动。销售配额是销售经理为销售人员设置的目标，对销售经理和销售人员都具有重要作用，具体体现在以下几个方面：

1. 导引作用

完成销售配额就是销售人员工作的目标，量化的指标便于销售经理指导销售人员的工作，同时为销售人员的努力指明方向。销售经理通过比较销售配额的完成情况，可以发现销售组织的优势和劣势，销售人员从销售配额的完成情况中也可以识别市场上存在的问题与机会。好的销售配额可以使销售经理对各方面的工作进行总结。例如，不好销售的产品总是隐藏于好销售的产品中，如果按每种产品分配销售配额，就可以发现这种情况。按地域或消费者分配的销售配额也可以起同样的作用。

2. 控制作用

配额[①]一经确定，销售人员便有了衡量销售绩效的标准。配额的设置可以使销售人员积极参与公司的活动，如设置新客户访问配额、大客户销售配额、汽车展示配额等。

为了更有效地工作，配额的设置应涉及销售活动的各个方面，如开拓市场的前期工作，仅仅设置销售配额是不够的，还应对新客户拜访、准客户的确认和其他一些辅助性销售活动设置配额。因此，在设置配额前，销售经理一定要全面考虑销售人员应该参与的活动，并在配额设置上体现出来。

3. 激励作用

销售经理总是在不停地寻找保持销售人员士气的方法，如果销售配额的设置具有挑战性，就可以产生很大的激励作用。如果目标很容易实现，激励的作用就会减弱，销售人员可能因此而变得懒散，甚至一些较低的目标也无法实现。如果目标定得过高，可能不会有人为实现目标而努力，强迫销售人员实现不能实现的目标只能起反作用。也许销售人员无法完成销售目标，但结果却损害了与消费者的关系。因此，设置一个合理的销售配额，对销售经理、销售人员都会有很大的好处。

销售配额常常用于激励销售人员克服困难，如某些产品销路不畅、某些产品竞争加剧，可以通过设置销售配额来激励销售人员加强这方面的销售工作。

4. 评价作用

销售配额对评价销售人员的工作也提供了标准，销售配额设计得合理，有利于销售经理对销售人员的能力进行评估，当销售配额直接与销售人员的薪水或报酬有关时，其不但具有评价作用，而且其激励作用就会更明显地体现出来。销售经理在比较销售人员的实际成果与

---

① 此处的配额不仅仅是指销售配额，还有其他配额。

销售配额的差距后，可据此指导销售人员下一步的销售行为，以提高整体的销售绩效；销售人员也可以将自己的实际绩效与销售配额进行对比，找出销售工作中存在的不足和问题，从而不断提高销售效率。

（二）销售配额的确定程序

1. 确定程序

设置销售配额通常是一件困难的事情，需要认真对待。

（1）确定销售配额的类型，然后根据不同的类型确定相关的销售配额。

（2）确定销售配额基准，逐一制定任务标准。

（3）根据销售人员所在区域的情况进行调整。

2. 遵守的原则

销售配额的设置是销售管理的重要职能，设计销售配额时，必须使之能够激励销售人员完成个人和公司的销售目标。因此，必须遵守下列原则：

1）公平原则

销售配额应真实地反映销售的潜力。

2）可行原则

销售配额应可行并兼具挑战性，有些公司设定的基数较低，因此对销售人员起不到激励作用。

3）综合原则

与销售配额相关的各种其他销售活动配额应同时十分明确。

4）灵活原则

销售配额要有一定的弹性，要依据环境的改变而变化，只有如此，才能保持销售人员的士气。

5）可控原则

销售配额要有利于销售经理对销售人员的销售活动进行检查，同时要便于销售经理对偏离销售目标的行为采取措施。销售配额一般体现在销售计划和销售进度表中。

二、销售配额的类型与分配方法

（一）销售配额的类型

销售配额通常有五种类型，即销售量配额、销售利润配额、销售活动配额、综合配额和专业进步配额。对任何一项具体的销售工作，都可以选择那些与工作密切相关的销售配额。

1. 销售量配额

销售量配额是指销售经理希望销售人员在未来一定的时期内完成的销售量。销售量配额便于销售人员了解自己的任务。

销售量配额是汽车销售管理活动中最常用的也是最重要的配额，因为公司总是希望销售人员实现最大的销售量。销售量配额通常是在考虑市场潜力的情况下，以销售预测为基础制定的。

销售经理设置销售量配额时必须预测销售人员所在的销售区域的销售潜力。销售经理一般根据对现有市场状况的分析来估计不同地区的销售潜力，因此需要研究以下几方面的因素：

（1）区域内总的市场状况。

（2）竞争者的地位。

（3）现有市场的特点和市场占有率。

（4）市场涵盖的程度（一般取决于该市场销售人员的主观评价）。

（5）该地区过去的业绩。

2. 销售利润配额

企业在销售活动中往往重视销售量而忽略利润，设置销售利润配额就是为了避免这种情况。公司用销售利润配额可以控制销售费用，进而控制公司的毛利润和净利润。销售费用对公司的利润有很大的影响，销售费用的控制状况直接影响同一行业不同公司的利润率。销售利润配额与销售量配额共同使用，可以使销售人员明白收入与利润率都是公司关注的目标。例如，销售人员乐于把他的精力花在易销售的产品和熟悉的顾客身上，但是这些产品和顾客能给公司带来的利润可能很低，而花费的费用与销售那些困难的产品或把精力花在陌生的顾客身上却是一样的。因此，销售利润配额可以激励销售人员访问那些能给公司带来更大效益的客户，销售那些能给公司带来更高利润的产品。

销售经理通常希望通过经济手段激励销售人员控制费用，销售利润配额和销售量配额可以紧紧地与薪金分配联结起来，从而起到激励销售人员控制费用的作用。将销售津贴付给那些能将费用控制在一定水平上的销售人员，可以起到同样的作用。

（1）毛利配额，公司销售的汽车品牌或系列多，而销售每种品牌的汽车实现的利润是不同的，因此可以采用毛利配额。有时公司用这些指标替代销售量配额，强调毛利润的重要性。

设置毛利配额可以使销售人员集中精力提高毛利润，然而毛利润是很难控制的，通常销售人员销售汽车的价格调整权限有一定限制，在这种情况下，销售人员无法完全对销售毛利润负责。

（2）利润配额，很多经理认为利润配额是体现目标最好的形式。利润等于毛利润减去费用，利润配额与管理的基本目标直接相连。

利润配额也有一些缺点，销售人员无法控制影响利润的因素，在这种情况下，销售人员无法完全对自己的业绩负责，故以利润为依据评价销售人员的工作是不公平的，合理地计算销售人员创造的净利润是非常困难的。销售人员的净利润取决于所出售的产品、每种产品的毛利润、出售这些产品时所花费的费用，这些因素使利润配额的管理非常困难，需要大量的资料，而且取得这些资料需要花费大量的时间。在这种情况下，业绩的控制非常困难。

3. 销售活动配额

销售活动配额是用于指导销售人员其他销售活动的指标，这些活动主要包括以下几个方面：

（1）宣传企业及产品的活动。

（2）产品演示活动。

（3）吸引新客户，鼓励其成交。
（4）展示产品和其他促销工作。
（5）为消费者提供服务、帮助和建议。
（6）拜访潜在的客户。
（7）培养新的销售人员。

销售活动配额使销售经理便于控制销售人员的活动时间，即在不同销售活动中的时间分配，典型的销售活动包括销售访问、拜访准客户、拜访新客户、产品演示等，无论对公司还是对销售人员，这些活动的效果都不会立即显现出来，但是如果市场有足够的开发潜力，就必须不断努力。但遗憾的是，在很大程度上，这些活动的效果是由销售经理主观评价的，销售经理必须研究销售人员对基本客户所花费的时间和所做访问的记录，依靠主观判断估计销售人员在这些活动中的价值。

如同利润配额一样，销售活动配额是用于指导销售人员从事非产品推销性销售活动的指标。否则，销售人员有可能忽视将来的发展，而仅关心当前的利益。

有些销售活动虽然不能直接实现销售收入，但对将来的销售工作影响很大，如销售报告、客户调研等，因此有必要以销售活动配额来评价销售人员的业绩。

使用销售活动配额时也会遇到一些问题，如员工参与人数多，信息必须从销售人员报告中获得。而这些报告往往偏重数量而忽视质量，因此无法显示出工作实际状况。另外，由于这些销售活动无法直接实现销售收入，很难对销售人员产生激励作用。通常情况下，销售活动配额与销售配额共同使用并配以一定的津贴奖励，可以提高销售人员的积极性，促使其按规定完成销售活动配额。

4. 综合配额

综合配额是对销售量配额、销售利润配额、销售活动配额进行综合而得出的配额。综合配额以多项指标为基础，因此更加合理。设置综合配额远比设置销售目标复杂，因为它用到权重这个概念。权重是活动重要性的量化。

当使用一个综合配额时，其中的每个配额依照其重要性赋予权数，对每个配额的权数设定是非常重要的。在销售经理评价销售人员的业绩时，综合配额可以全面反映销售工作的状况。

5. 专业进步配额

专业进步配额是指涉及销售人员销售技巧和能力的配额。它不易量化，只能作为定性指标，因此很难设定和考核，一般用一些不可替代的相关指标（如与消费者的关系、顾客对销售和服务的满意度等）进行衡量。这种配额的确定主要是为了提高销售人员的素质和销售能力。

（二）销售配额的分配方法

1. 根据月份分配

即将年度目标销售额按一年12个月或4个季度平均分摊的方法。如果能将销售人员的业务能力、品牌特征与月份结合起来，效果会更好。

2. 根据业务单位分配

即在分配销售配额时，以小组或小区为单位进行分配。

3. 根据品牌分配

即根据业务员销售的品牌产品进行销售配额分配的方法。

4. 根据客户分配

即根据某品牌汽车所面对的客户多少和性质决定销售配额大小的一种方法。

5. 根据业务员分配

即根据业务员的能力大小分配销售配额的方法。

三、销售费用预算管理

汽车4S店在确定销售预算水平时需要考虑其销售费用，销售费用总是以实现利润为基础的，因此它存在一个容许的限度。企业了解了预测期销售收入、销售成本、消费费用和销售利润之间的关系，在确定销售预算水平时可以更加客观合理。

（一）销售费用预算

销售费用预算是指完成销售计划的每一个目标的费用分配，也就是销售预算。完成一定的销售量需要一定的销售费用，它在公司总费用中所占的比例较大。企业销售利润的增加一般是通过设置销售费用预算来实现的。

设置销售费用预算的目的是使销售人员从单一地强调销售量转变为注重费用控制和增加利润。它能对销售活动起到计划作用、协调作用和控制作用。

1. 计划作用

销售费用预算是销售管理过程中主要的计划和控制工具。它能对销售计划中不同项目的费用支出提供具体的数字化指导，使销售人员可以在一定的销售费用内实现销售目标，从而保证利润目标的实现。但是如果环境发生变化，销售经理就需要对预算进行调整，以保证公司长期目标的实现。

2. 协调作用

销售费用预算是销售管理过程中的一个主要协调管理工具。销售经理利用销售费用预算可以协调各个方面的活动，销售活动需要费用，而费用又是有限的，因此为了合理地使用有限的费用，需要协调各部门活动，使有限的费用发挥最大的作用，从而赚取最大的利润。

3. 控制作用

提高利润率的关键在于对销售费用的控制。销售费用预算总是与销售量配额一起使用，其目的是用于控制销售人员的费用水平。销售费用预算可以增加销售人员的责任感。通过销售目标与销售费用的对照可以衡量销售任务完成的质量，有助于销售经理评价销售计划的好坏，有利于销售经理发现问题并及时采取正确的措施。

（二）销售费用管理

编制销售费用预算的目的在于控制销售费用，销售经理要加强对销售费用预算的管理，以达到增加销售量和销售利润的目标。

进行销售费用管理，需要注意以下几点：

1. 要明确销售费用的构成

销售费用的构成如图 2-2 所示。

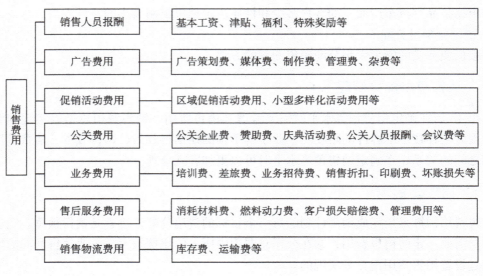

图 2-2 销售费用的构成

2. 要制定科学的销售费用预算

虽然制定销售费用预算并没有固定的财务公式，但有三种可用的方法：第一种方法是依销售额分配销售费用预算，即按销售额的百分比编制销售费用预算；第二种方法是经理判断法；第三种方法是依据销售人员的运作成本分配销售费用预算。

3. 要控制过多的费用

在编制销售费用预算时一定要注意，编制销售费用预算是为了控制过多的费用，而销售人员往往会高估他们的费用。另外，销售经理必须保证销售人员有足够的资源开展销售工作，因此销售经理在制定销售费用预算时要与上司、销售人员等协商，以得到各方的认可。

任务四 汽车 4S 店销售组织管理

一、销售组织的含义

所谓销售组织，是指企业销售部门的组织，具体是指企业为了实现销售目标而将具有销售能力的人、商品、资金、情报信息等各种要素进行整合而构成的有机体。销售组织能够使组织中的各种要素得到充分利用和发挥，对汽车销售企业而言，销售组织就是将经营的汽车商品销售给客户的销售部门的组织。

当一群人在一个团体内（如公司）为同一个目标而努力时，就会产生"组织"的需求。换句话说，组织就是员工在工作中的地位、职责和权利，以及对他们相互之间的关系进行明确规定。为了发挥最高效率并达到销售目标，必须组织一个强有力的销售队伍，这是对一个销售管理者的要求，销售队伍中的每一个销售员都是公司在某种条件下分派来的，如何把这些人组成一个团队，并使这个团队具有强大的战斗力，这是销售管理者首先要解决的问题。一般来说，销售队伍的组成比例是2∶6∶2，第一个2是指优秀的销售员，他们能完成整个销售额的50%；6是指一般的销售员，他们能完成整个销售额的40%；最后一个2是指落后的销售员，他们只能完成整个销售额的10%。

建立企业销售组织必须弄清四个重要概念，即分工、协调、授权、团队。

（一）分工

公司为了实现目标，必须在各部门之间进行分工合作，如分成市场分析、采购、仓储、促销、推销、收款等工作，只有通过专业的分工，企业才能最终获得效益。

产品的销售涉及促销、推销、售后服务等，客户分布在不同的区域，因此销售人员需要分工才能完成企业的销售任务。

分工导致企业销售组织的部门化与阶层化。所谓部门化，是指企业如何划分必须做的销售工作，经过划分的销售工作分配给哪一个单位（部门）去做，换句话说，销售组织的部门化，也就是对分配给各销售组织单位的工作种类、性质、范围等分别加以限定。阶层化是指不同的销售组织层次有不同的销售任务和工作。例如，销售组织高层的主要任务是销售战略管理，销售组织中层的分工是战术管理，而销售组织基层的分工是进行具体的销售活动。

（二）协调

分工虽然可以提高工作绩效，但也会产生若干问题，特别是实行了目标管理后，各部门人员对公司总体目标不能全盘了解，只能以部门目标为最终目标，"本位主义"妨碍了公司整体目标的实现，企业为了弥补销售分工带来的缺陷，就要运用协调这一方法，使部门与部门之间协调，人员彼此之间协调，相互了解沟通，消除冲突，整合资源，发挥各部门的力量，达成整体的销售效果。

销售工作是一项自由度较高的工作，销售人员分布在不同的地方，更需要协调，以按照企业的销售计划统一行动，销售经理需特别留意，要实施销售战略上的协调计划并在业务上进行联络、洽谈和情报交换，应特别注意与部属间意见的沟通，以免发生误会或不协调。总公司的销售部与分公司更要相互联络和协调，以免部门之间、上下之间出现对立或不协调。

（三）授权

所谓授权，是指将执行的权力授给下属或责任人，随着企业销售工作的发展与膨胀，企业内部的销售活动分工越来越细，销售组织层次不断增加，形成了公司销售管理层、部门销售管理层、一线销售管理层和销售作业层四个阶层，这四个阶层各负其责。当销售各部门间有分歧无法取得协调，或是销售上下级部门在执行的细节上无法协调时，公司的最大效益就无法得到保证。因此，企业为求得销售各部门之间、销售人员之间的协调，必须建立授权制度。

（四）团队

所谓团队，是指在特定的可操作范围内，为实现特定目标而共同合作的人的共同体。团队涉及销售队伍组织的策略问题，即销售人员以何种方式与目标客户接触，是独自一人工作，还是采用小组推销、推销会议或推销研讨会的方式。从目前发展的趋势来看，销售工作越来越需要集体活动，需要其他人员的支持与配合。因此，团队形式的小组推销越来越受到企业的重视和顾客的欢迎。

二、建立销售组织的步骤

（一）明确销售组织设立的目标

设立销售组织的第一步，是确定所有要达到的目标。最高管理阶层确定公司的整体目标，主管销售业务的负责人确定销售部门（销售组织）的目标。大部分销售组织的目标如下：

（1）完成一定的销售量。
（2）获得一定的净利润。
（3）扩大市场覆盖面。
（4）为客户服务，提高客户满意度。

短期特定的目标小而明确，能较好地提高销售管理效率。销售组织的人员与其他部门的人员一样，如果指派的目标明确，则工作将更加有效，可以避免浪费时间、精力与财力。

短期特定的目标应随时调整、修订。一般来讲，如果销售的外部环境没有大的变化，销售部门的基本组织也不需要变化。当销售情况或特定的目标发生变动时，销售组织应随之改变。

销售组织的长期目标决定着销售业务工作的总体方向，并且需要相当长的时间才能完成。

无论长期目标还是短期特定目标，都是销售政策建立的依据。总之，销售组织目标的确立是设计合理的销售组织的起点。

（二）进行销售岗位分析

要达到销售组织目标，首先应确定要完成何种销售活动，为了搞好企业的销售工作，任务、责任必须合理地分配到各销售业务岗位。因此，必须对销售活动进行分类，将不同的工作分派到不同的岗位，并采用高度专业化的组织。

另外，在实际销售活动中，为求得销售管理的经济性，常迫使一个职位负责多项工作，若设置职位较多时，凡属于相关的工作应归纳到一起，并设立相应的部门按照销售岗位配置人员。

根据销售活动的岗位要求，将任务分配到销售人员个人。因此，首先要确定不同销售岗位的人员任用资格条件，并建立相应的编制。在确立销售组织框架后，应找出适合的销售人员担任相应的岗位工作，使销售工作能顺利完成。企业甚至可以对这些销售人员进行培训后再让其上岗。

（三）制定协调与控制方法

销售活动分工复杂，人员之间也存在层次，因此需要协调和控制，以保证销售活动按照既定的目标前进。在管理销售活动时应有适当的授权，以推动销售工作。管理者应有足够的时间协调各种销售活动以及销售部门与其他部门之间的关系。

销售部门的销售人员应对销售组织图加以研究，以明白自己在组织内的位置、应对何人报告、与他人的关系如何以及如何与他人合作等。

（四）改进销售组织的工作

销售组织运作后，要定期检查其是否符合既定的销售目标，当实际绩效与目标有差距时应加以改进。

实践表明，企业为了应对竞争、服务于客户，往往需要进一步扩张销售区域、增加新部门等，此时应对原来的销售组织进行评估与改善，进而改进销售组织的工作。

三、销售团队建设

（一）销售团队的构成要素

一个运动队的队长要负责协调队员之间的配合，并最终对该队的成果负责。为了取得成功，队长必须充分利用每位队员的技能。销售经理的工作和运动队队长的工作毫无二致。他必须学会如何下放任务以及如何激励同事作出最大的努力，否则就达不到销售目的。团队推销能够帮助企业合理地安排内部力量，提供更高水平的客户服务，赢得更多具有竞争性的销售机会，带来更高的销售收入，减少拜访客户的次数并缩短销售周期。

任何组织团队都包含目标、定位、职权、计划和人员五个要素，销售团队（以下简称团队）的建设也不例外，因此销售经理应重点从这五个方面着手考虑销售团队的建设问题，这有利于抓住问题的关键。

1. 目标

目标是销售团队建设的第一要素。为什么要建立销售团队？你希望它是什么样的？它们是基于工作关系形成的天然团队，还是仅仅为完成某项具体的销售任务而组成的项目团队？他们能够发展成自我管理的团队吗？这些团队是短期存在，然后分崩离析，还是能够持续存在多年？这些都是建设销售团队需要考虑的问题。

尽管销售团队的具体目标各不相同，但所有的销售团队都有一个共同的目标，那就是把在销售工作上相互联系、相互依存的人组成一个群体，使之能够以更加有效的合作方式达成个人的、部门的和企业的目标，为顾客提供更好的服务。特别是对产品技术含量高的公司来讲，团队销售常常是提供解决客户问题所需要的集技术与营销技能于一体的最佳途径。

在确定是否采用团队销售时，销售经理必须对团队销售能够为公司的业务能力带来多大提高进行评估，然后把进行团队销售拜访的费用与单独进行销售拜访的费用进行比较，相关公式如下：

单次销售拜访的平均费用＝销售人员总费用÷销售拜访次数

单次销售拜访的销售支持人员费用＝销售支持人员耗费的小时数×每小时平均工资÷销售拜访次数

团队销售拜访费用＝单次销售拜访的费用＋销售支持人员的费用

团队销售费用率＝团队销售总额÷团队销售拜访费用

如果上述分析表明，进行团队销售带来的收益率高于单个销售的收益率，那么就应该考虑实施团队销售战略。

2. 定位

销售团队怎样融入现有的销售组织结构中，从而创造出新的组织形式呢？这是一个重要的问题。当然，这不单纯是画一个新的销售组织结构图的问题，而是要改造公司的思维方式，使其成为一个更具有合作性的工作场所，让来自销售组织不同部门的人员能够真正成为团队伙伴。这将打破传统的销售组织结构模式，使企业重新审视销售组织自身的结构问题。在进行销售团队的定位问题时，有必要重点考虑的问题是：由谁选择和决定销售团队的组成人员？销售团队对谁负责？如何采取措施激励团队及其成员？

在对销售团队目标、定位和其他相关问题进行讨论、作出回答后，接下来就可以制定团队规范、规定团队任务、确定团队应如何融入现有的销售组织结构中。在形成销售团队规划书或任务书时，应该尽可能仔细考虑，规划书应能传递公司的价值观和团队预期等重要信息。

3. 职权

一旦完成了上述工作，销售经理就可以把工作重点转向职权的划分。所谓职权，这里是指销售团队负有的职责和相应享有的权限。销售团队的工作范围是什么？它能够处理可能影响整个组织的事务吗？或者说，它的工作重点集中在某一特定领域吗？你愿意让你的销售团队作为主要顾问提出意见和建议吗？你希望你的团队真正采取实际行动，促成某种结果吗？你的团队是天然团队（成员来自组织内同一部门或工作领域）、混合团队（成员来自销售、技术、财务、生产等各个不同的部门），还是项目团队（为完成特定计划或项目而组建的临时性团队）？不同团队的界限是什么？各团队在多大程度上可以自主决策？这些问题直接影响销售团队实现既定目标的能力，必须引起高度重视。

这些问题实际上是销售团队确定目标和定位的延伸，销售经理的职权划分类似于制定一套职位说明书，大致确定销售团队中每位成员的职责和权限。在这方面，销售经理要解决的问题取决于销售团队的类型、目标和定位，也取决于组织的基本特征，如规模、结构和业务类型等。

4. 计划

销售团队的第四个要素是计划，它关系到每个团队的构成问题。销售团队应如何具体分配和行使组织赋予的职责与权限？换句话说，销售团队的成员分别做哪些工作？如何做？销售经理可能会决定把这些问题留给团队成员去决定，也可能提出一些指导原则。团队有多少成员比较合适？各团队都要有一位领导吗？团队领导的职位是常年由一人担任，还是轮换？各团队应定期开会吗？会议期间要完成哪些工作任务？销售团队或销售经理应对这些问题根据组织本身的特点和实际需要进行合理选择。

最后需要强调一点，对有些问题，销售组织尤其是一些规模较小或结构相对简单的销售组织，倾向于首先考虑人员问题，而不是优先考虑职权和计划问题。实际上，遵循以上建议的顺序似乎更明智，可以避免在决定团队如何发挥作用前选定团队成员而导致的一系列问题。

5. 人员

销售团队的最后一个要素是人员问题。销售团队是由人组成的。确定销售团队的目标、定位、职权和计划，都只是为销售团队取得成功奠定基础，最终能否获得成功则取决于人。

销售团队人员的选择非常重要。如果采取自愿原则，可选择的人员相对比较少；如果团队是跨部门的，就必须选择不同部门中较有代表性的人员。在选择团队人员时，销售经理或团队领导都应该尽可能多了解候选者，他们每个人都有哪些技能、学识、经验和才华，更重要的是，这些资源在多大程度上符合团队的目标、定位、职权和计划的要求，这些因素都是在选择和决定团队人员时必须认真了解的。销售团队并不是 5 名或 10 名最优秀的销售人员的简单集合，而是能够产生协同作用的人员的合理组合。

（二）销售团队领导的选择

1. 销售团队的特点

如果一个销售团队在实现目标方面取得了成绩，工作生机勃勃，那么它一定具有下述特点：

（1）销售团队的方针明确。

（2）在实行这一方针方面，销售领导头脑清醒，其领导作用得到了发挥。

（3）团队内部能够相互沟通。

为达到以上三点，在销售团队建设时应选择合适的团队领导。

2. 选择团队领导者的标准

（1）从个性上来说，团队领导应该是有勇气、正直、充满爱心的人。

（2）从素质上来说，团队领导应该是一个具有决断能力的人，是一个具有创造性的人，是一个能够系统地解决问题的人。

3. 一个称职的销售团队领导应该具有的素质

（1）意识到领导的责任。例如，不转嫁责任，不逃避责任，不一人独占成果，等等。

（2）发挥领导作用。例如，以公司的销售活动为中心发挥自己的领导作用，为下属解决问题、提建议、做指导等。

（3）加强管理。例如，根据原则管理团队，自己率先遵守规章制度等。

（4）彻底加强事前管理。例如，预算管理、人员管理、行动管理、计划管理等。

(5) 发挥领导的自主性和主导性。例如，有自己的想法，并提出自己的意见和建议，作出自己的判断等。

(6) 有领导应具备的行为特点。例如，努力使行动客观化，并加强信赖关系等。

(三) 销售团队的目标管理

1. 销售团队目标管理的步骤

所谓销售团队的目标管理，是指配合公司的销售策略制订销售目标、计划，决定方针，安排进度，切实执行，并使销售团队有效地达到目标，同时对其销售成果加以严格检查。

销售团队目标管理的步骤可分为以下几个方面：

(1) 设定销售团队的目标。

(2) 执行销售团队的目标。

(3) 评估与修正销售团队的目标。销售团队目标管理评价的对象可按照产品、部门、人员、经销商等进行划分。销售团队目标管理的评价可采用4W1H法。

①由谁评价（Who）。一般来讲，由领导、同事和顾客评价。

②为什么评价（Why）。评价目的一般包括改善业务、改善团队等。

③评价什么（What）。一般有对结果的评价和对过程的评价。

④在哪里评价（Where）。

⑤如何评价（How）。评价方法有绝对评价和相对评价等。

(4) 目标管理的奖惩。销售团队目标管理应搭配奖惩办法，以激发团队成员个人的工作潜能和销售士气，奖励方式可分为精神奖励与物质奖励两种，奖励内容可区分为目标奖励、团体奖励与个人奖励。

2. 树立团队精神的要点

销售团队目标管理的关键是树立团队精神，其要点主要包括以下几点：

(1) 要使每个销售员都相信，当公司获利时他们也会受益。

(2) 让团队所有成员分享成功。目标达成时一起庆祝，共同参与颁奖典礼，邀请每个人包括配偶共进特别的晚餐，甚至举办公司野餐。

(3) 保证团队内部竞争是健康的，不要造成销售员之间的不和，在赞美甲销售员上个月的工作很努力时，不能责问乙销售员"为什么不能像甲一样做得那么好"，那样只会使乙希望甲下个月业绩不好。

(4) 鼓励团队中的成员一起努力。花时间在一起工作的确是建立同事友谊的最好方法，要他们彼此帮忙，取长补短。

(5) 确保销售团队中任何人的杰出表现都能被公司本部所知晓。要让表现好的人知道，公司的管理阶层已经知道他良好的表现。必须让销售团队中的所有成员感到参与团队是很光荣的，并且能得到合理的奖赏。

任务五 汽车 4S 店销售流程管理

销售在很大程度上是由销售人员的销售活动完成的，如果单纯从销售人员与其销售对象接触和交往的时间顺序来看，一个完整的销售程序包括六个步骤，即销售准备、销售接洽、销售陈述、处理异议、促成交易和售后服务。

汽车 4S 店的销售流程是：销售准备、接待客户、车辆展示与推介、交易达成、售中服务（代理缴纳车辆购置税和保险、代理牌照办理、代理贷款办理等）、售后服务等。

一、销售准备管理

销售准备是至关重要的，销售准备的好坏直接关系到销售活动的成败。一般来说，销售准备工作主要包括四个方面：

(1) 进行市场调查，寻找潜在客户；
(2) 从潜在客户中遴选客户，确定最有可能的客户作为重点推销对象；
(3) 做好销售计划；
(4) 进行有关方面的准备，做到心中有数、稳操胜券。

（一）寻找潜在客户

由于推销是向特定的顾客推销，推销员必须先确定自己的潜在销售对象，然后开展实际的推销工作，因此寻找顾客的含义包括两层：一是根据自己所推销商品的特征，提出成为潜在顾客必须具备的基本条件；二是通过各种线索寻找并确定符合这些基本条件的顾客。寻找顾客、确定潜在的顾客不是一项简单的工作，需要做大量细致、艰苦的调查和研究工作。对大多数商品来说，80/20 定律都是成立的。也就是说，一件商品 80% 的销售是来自这种商品所拥有顾客中的 20%。那么，如果你能顺利地找到那 20% 的顾客，就可以事半功倍，因此作为一名现代的销售员，必须经常对顾客的需求进行深入调查，正确判断推销对象的真实需求，这是变潜在顾客为现实顾客、变潜在购买为现实购买的重要依据之一，只有做到这一点，才能克服盲目性，提高推销效率。

 知识拓展

寻找潜在客户的方法

寻找和发掘潜在客户的方法有很多种，并且大家都是仁者见仁，智者见智，寻找的方法不胜枚举，下面是一些常见的方法：

（1）资料发掘法。资料发掘法是指通过分析各种资料，如统计资料、名录资料、报章资料等寻找潜在客户。

（2）连锁发掘法。连锁发掘法包括从认识的人中去发掘、从陌生人中去发掘、从商业联系中去发掘、从展示会和促销活动中去发掘、从成交客户中去发掘等。寻找顾客时销售员必须注意，并非每一个潜在的顾客都是合格的顾客。为了克服盲目性、增强科学性，销售员有必要考虑以下三个特征，只有具备下述三个特征的顾客，才能成为现实意义上的顾客，才是合格的顾客。

1. 对产品有真实需求

销售员首先要对潜在顾客进行购买需求调查，以便事先确定该推销对象是否对销售员所推销的商品有需求。如果销售员深信顾客的真实需求与自己的商品相适应，那么就应该满怀信心地去推销；反之，如果顾客根本不喜欢某种商品，而销售员却一味地向他推销，那就可能完全是在做无用功。

2. 有支付能力

在确定顾客对产品有真实需求后，销售员要对推销对象进行购买力的调查。因为并不是任何潜在的购买需求都能自然地成为市场的现实购买需求，只有具备了支付能力的需求才有可能成为现实需求。不具有实际支付能力的潜在顾客不可能转化为现实的顾客，不会成为合格的顾客。如果销售员没有进行市场调查，没有对客户的资料做一番了解，不了解顾客的支付能力，就会陷入盲目的境地，造成被动局面，降低推销工作的效率，甚至遭受严重的人力和财力损失。

3. 有购买决策权

如果潜在顾客具备上述两个条件，但缺乏必要的购买决策权，那么交易仍旧不能达成。因此，当销售员在拜访一位顾客时，及时掌握他是否有购买决策权是十分重要的。销售员为了提高推销工作效率，要善于识别购买决策人，有的放矢地开展推销工作。另外，对销售员来说，消费者个人是否具有购买决策权还是比较容易确定的，比较难确定的是单位汽车消费的购买决策权，因为那里的决策层次多，决策系统复杂，而销售员又不容易见到能决策的领导。因此，这就对现代销售员提出了更高的要求，它要求销售员不但要掌握产品知识和推销技巧，而且要熟悉现代管理知识，了解企业内部的组织结构、人事安排、决策方式和决策执行程序。

（二）制订销售访问计划

一旦找到了潜在顾客，或者确定了要访问的顾客，销售员就要制订销售访问计划。销售访问计划有助于建立销售员的信心，它能帮助销售员在买卖双方之间营造友好的气氛。销售访问计划应包括四个方面，即确定访问目标、建立顾客情况表、制订顾客利益计划、制订销售展示计划。为了顺利达到访问目的，访问计划的内容必须具体，拟订时主要应做到如下几点：

1. 确定当天或第二天要走访的顾客

根据工作时间与推销产品的难度以及以往的推销经验确定人数，从所拟订的潜在顾客名单上挑选具体顾客，可以将同一地区的顾客划分成一个顾客群，从而一次全拜访到，这样有利于节省时间和提高效率。

2. 确定已联系好的顾客的访问时间与地点

如果已经与某些顾客取得联系，那么不妨根据对方的意愿确定访问时间与地点。一般来说，访问时间能够预先安排下来将有助于成功，而访问地点与环境应该具有不易受外来干扰的特点。

3. 拟订现场作业计划

拟订现场作业计划，是指针对一些具体细节、问题设计一些行动的提要、拟订介绍的要点。在对产品有深入了解的情况下，可以将产品的功能、特点、交易条款和售后服务等综合归纳为少而精的要点，作为推销时把握的中心。设想对方可能提出的问题，并设计回答，经验不丰富的推销员一定要多花一些时间在这方面，做到有备无患。

4. 推销工具和知识的准备

在出发前对销售做好各项准备是必不可少的，这是销售员走向成功的秘诀，同时这一准备过程也是大有学问的。在推销时除了要带自己精心准备好的产品介绍材料和其他各种资料（如样品、照片、鉴定书、录像带等）外，还要带上介绍自我身份的材料，如介绍信、工作证、法人委托书、项目委托证明等，带上证明企业合法性的证件或其复印件也是非常必要的。如果公司为顾客准备了纪念品，也不要忘记带。另外，还应带上一些达成交易所需的单据，如订单、合同文本、预收定金凭证等。

如果面对的是一项较为复杂的推销任务或新市场开发任务，可以成立销售小组。小组销售可以将对方的注意力分散，为每个人留下一段思考时间，有利于观察顾客、作出正确的反应，小组成员可以在知识和经验方面相互弥补、相互促进。如果准备以销售小组来进行推销，就必须制订小组销售计划。

> 【小提示】
> 销售人员应该对自己推销的产品及其相关知识进行了解、研究，如果不了解自己的产品、产品技术、竞争对手，那么顾客就会对销售人员所进行的讲解产生不满甚至愤怒。

二、销售接洽管理

除了电话销售外，如果销售员不能面对面地接触顾客，那么无论用任何手段施展销售才能，所做的努力都将白费。因此，确定潜在顾客之后，就要接近顾客，并与之洽谈。

（一）约见顾客

约见是征得顾客同意见面的过程。在进行推销活动时，通常需要先取得面谈约见的机会，然后按照约定的时间进行访问，同时做好下次面谈约见的工作。约见有以下几方面好处：一是有利于销售员自然、顺利地接触顾客，避免出现拒客、遭受冷遇的局面；二是有利于销售洽谈的深入展开；三是有利于销售员节约时间；四是有利于销售员接触到合适的顾客。

在现有的销售技术条件下，常用的约见方式主要有以下几种：

1. 电话约见法

电话约见法是指通过电话、传真、电报等与推销对象取得联系，要求面谈的方法，如果是初次在电话中约见，需要简短地告知对方自己的姓名、所属公司、打电话的事由，然后请求与之面谈，并务必在短时间内给对方以良好的印象，需要强调不至于占用对方太多的时间。

2. 信函约见法

信函约见法是指通过文字形式向顾客发出信息，要求面谈的一种方法。虽然随着时代的进步出现了许多新的传播媒体，但多数人始终认为信函比电话更尊重他人。因此，使用信函约见顾客，所受的拒绝比电话要少。另外，运用信函还可将广告、商品目录、广告小册子等一并寄给顾客，以增加顾客的兴趣。也有些行业甚至仅使用广告信函做生意。这种方法是否有效，在于使用方法是否得当，当今信函广告泛滥，如果不精心策划，很可能会被顾客随手丢掉，这样一来就可能误事。

使用信函约见法必须事先仔细研究与选择。如果对方的职业或居所不适宜收信，那么使用信函约见的方法会失败。如果没有详细分辨收信人对该商品是否会注意，对收信人的职位是总经理还是业务员、寄达的地方是办公室还是私人住宅等问题均未加以思考，就胡乱地将信函寄出，难免会被人当成垃圾处理掉。通常情况下，信函的内容包括问候语、寄信的目的、拟拜访的时间，同时应附上广告小册子。

3. 访问约见法

访问约见法是指直接面见顾客，确定洽谈时间与地点的方法。它是一种试探性访问，一般情况下，在试探访问中，与有决策权者直接面谈的可能性较小。

4. 介绍约见法

介绍约见法是指通过他人介绍约见顾客的一种方法，这种方法比较有效。例如，可以请顾客认识的人当中介，这样很容易取得顾客的接见。采用介绍约见法，既可以持介绍人所写的信函直接访问顾客，也可以由介绍人亲自带着销售员会见顾客。

5. 网络约见法

网络约见法是指通过 E-mail、Web 网站、网上聊天室等网络工具约见顾客的一种方法。随着网络技术的发展，越来越多的销售员利用互联网与顾客取得联系，洽谈业务。这种方法费用低廉，并且可以 24 小时进行联系，传播的信息量也较大。国外许多销售员在互联网上设立自己的主页，供顾客访问查询，既方便顾客，也可以增加销售额。

上述几种约见顾客的方法各有其优缺点，应就具体问题灵活选用。例如，有介绍人的，就用介绍约见法；没有什么关系的，就用信函约见法和网络约见法；等等。如果在访问途中或有多余时间，以直接访问取得预约面谈为宜，这样才能不浪费时间与精力，并取得更好的效果。

（二）接近的方法

经过约见，当销售员获准可以与顾客正式接触时，销售工作便进入了面谈阶段，销售员时常会遇到准顾客冷淡的情形，打破冷淡气氛往往是新人推销最头疼的问题，甚至经验较多的推销员也常常无法解决，因此必须学习接近的方法。接近就是销售员运用技巧和智慧与顾客做最直接的面谈，以缩短销售员与顾客之间的距离。

一般来讲，最初的讲话往往决定对方对你的第一印象如何，这一方面可以引起顾客的兴趣；另一方面可以打消顾客的戒心。尤其在初次访问时，顾客的心里总是存有"是否就要求我购买"的抗拒心理，同时有一种"见面也好，听听他说什么"的心理，因此销售员的开场白是最重要的，能够决定其是"拒绝"还是"听听看"，比较高明的做法是，开始时不露出任何"请你买"的意思，而是营造一种轻松的谈话氛围。

通常，销售员首先应该推销自己，在初次访问时，确实有进行自我推销的必要，销售员应先介绍自己的公司，再介绍自己，然后说明为什么来访。面谈技巧归纳起来主要有以下几种：

1. 介绍接触法

介绍接触法是指销售员开门见山，以口头形式自我介绍所在公司的名称和产品，与顾客接触，使顾客对销售员有初步的了解。大多数销售员采用这种接触法，这是接触技巧中最常见的一种方法，但是这种方法很少能引起顾客的注意和兴趣，因此它一般要和其他方法配合使用。

2. 提问接触法

提问接触法是销售员公认的一种较有效的方法，销售员在不了解顾客真实想法的情况下，以提问的方式获取有关推销信息，在这种开场白中，销售人员可以找出一个与顾客需求有关系的，同时与销售产品的特殊功能有关并会使他做正面答复的问题。需要注意的是，不要提出对方可能答"不"的问题，如你可以问："你希望购买经济性能好的汽车吗？"然后在对方回答"希望"后，介绍和展示样车，而不能问："您需要购买这款汽车吗？"如果这样问，对方可能会回答"不需要"，销售也就无法继续进行。

3. 利益接触法

利益接触法是指以消费者的利益为中心，通过介绍商品的功能，使之能够满足顾客的需求，给顾客带来好处，进而达到接触顾客，转入正式面谈的目的。利益接触法的最大特点是能立即引起顾客的注意和兴趣，使其有一种期待感，希望了解商品到底对其有何用处。

4. 赞美接触法

赞美接触法是指销售员通过赞美顾客达到接触顾客的目的，这种方法利用的是人们的荣誉感。恰当的赞美能收到意想不到的效果，如称赞顾客对汽车知识的掌握程度高或欣赏某品牌汽车的眼光好等。因为人们喜欢被赞扬，在被赞美的状态下特别容易接受别人的建议。但是，赞美应适度。销售员在运用赞美接触法时，应该真诚、实事求是，否则会引起顾客的反感，影响推销的顺利进行。

5. 馈赠接触法

馈赠接触法是指通过向顾客赠送免费的小礼品或样品接触顾客的方法。在推销工作中，许多销售员都以一些小巧、精致的礼品作为媒介，联络感情，借以达到接触顾客的目的。馈赠接触法特别适用于集团消费单位，由于来客接待工作都由秘书或办公室人员负责，因此销售员访问时送上一些工艺小礼品,极易接触到有关人员并激发起他们对所推销产品的注意和兴趣。另外,馈赠的礼品必须与顾客相适应,投其所好,价值也不能太高,否则就会违反国家有关法令,属于行贿,这也是正当的经济竞争所不允许的。

6. 征询意见接触法

征询意见接触法是指销售员以征求意见的方式,上门请教顾客,接触已经约见的顾客。征询意见接触法的目的是借题发挥,通过征询了解顾客对产品的需求,引起顾客对产品的注意和兴趣。当被问及对某事物的看法时,人们常常感觉受到了尊敬,也乐意将看法告诉他人。征询意见接触法尤其适用于新销售员,因为它表明销售员重视买方的意见。

7. 引荐式接触法

引荐式接触法是指通过介绍顾客所熟悉的人或事接触顾客的方法。如果销售人员真的能够找到一个顾客认识的人,他曾告诉你该顾客的名字,或者曾告诉你该顾客对产品有需求,那么可以这样说:"……您的同事(或好友)要我前来拜访,跟您谈一个您也感兴趣的问题。"此时这位顾客可能会立即知道是怎么回事,这样已经引起了他的注意,从而达到目的,同时他自然会对销售人员感到比较亲切。

8. 表演式接触法

表演式接触法是指通过做一些能引起顾客的兴趣和注意力的事达到接触顾客目的的方法,如以一个有趣的事或笑话开场,就可以引起顾客的注意。但这样做时,销售人员一定要明确目的,不但要为顾客带去快乐,而且所讲的事一定要与销售的产品有关,或者能够直接引导顾客考虑销售的产品。

三、销售陈述管理

销售陈述是指销售员运用各种宣传方式、手段激励顾客对自己所推销的产品产生需求,因此它的实质是促使推销对象迅速形成一种特定的购买行为,事实上,销售陈述是整个推销过程最重要的环节。成功接近顾客,并不意味着交易一定会成功。俗话说:"良好的开端是成功的一半。"推销员在顺利接近顾客后,在已经引起顾客的注意和兴趣的基础上,应该趁热打铁,立即转入销售陈述。

销售陈述是销售员向推销对象传递信息、沟通思想的过程,是促使推销对象形成购买行为的特定过程,它是一种复杂的、有的放矢的活动。

(一)记忆式陈述

记忆式陈述(即记忆式销售陈述的简称)是指预先周密计划好的销售陈述方式。通常情况下,销售员先将全部内容熟记在心里,然后对顾客进行准确无误的陈述。有时如果准备不充分,销售员也可以根据情况自我发挥和创造。

1. 记忆式销售陈述以两种假设为前提

(1)潜在顾客的需求是通过销售展示和直接接触产品而被激发起来的。

(2)这些需求已被激发起来,原因是潜在顾客已在努力寻求这种产品。

无论是哪种情况,记忆式销售陈述的作用都是让潜在顾客初始的愿望发展成为对最终购买请求的肯定回答。

在记忆式销售陈述过程中，销售人员的讲话占80%～90%，只是偶尔允许潜在顾客简要回答事先拟订的问题。在陈述期间，销售人员不要试图去确定潜在顾客的需求，而要把相同的推销词讲给所有的潜在顾客。销售人员集中介绍说明产品及其好处，然后用购买请求结束推销词。希望对产品所做的具有说服力的介绍能够促使潜在顾客购买。

2. 记忆式陈述的优点

（1）确保所有的销售要点能按照逻辑顺序编排好，使对这一领域不熟悉的新手产生自信，避免临场发挥时词不达意的情况。更重要的是，推销词已经过公司所有销售人员的讨论，因此记忆式陈述对做销售展示十分有效。许多销售经理认为，采用记忆式陈述可以使销售陈述工作标准化。

（2）如果推销时间短（如挨门挨户推销），产品是非技术性的（如书籍、化妆品等），此方法是行之有效的。

3. 记忆式陈述的不足之处

（1）把所有的潜在顾客都假想成一种固定模式，这种预先的背诵使销售员往往丧失针对不同顾客的具体特点进行灵活应变的能力，它展示的特点、优势和利益也许对购买者并不重要。

（2）记忆式陈述会让顾客听起来感到厌烦，不那么亲切入耳，并且潜在顾客参与的机会少。

（二）公式化陈述

公式化陈述（即公式化销售陈述的简称）主要是利用顾客可以看到的宣传资料、样车、影像资料等进行销售介绍和销售展示，激起顾客的兴趣，并引起购买欲望。在汽车销售过程中，很多公司采用的"六方位绕车介绍法"就是公式化陈述方法的应用。公式化陈述方法实际上是一种劝说式销售展示，与记忆式陈述方法相近。

在使用公式化陈述时，销售人员必须首先了解有关潜在顾客的情况，在展示时，销售人员按照结构化不强的展示要点提纲进行展示，销售人员在销售谈话中尤其是在开始时一般控制着谈话。例如，销售顾问可以做销售开场白，详细介绍产品的特点、优势和利益，然后运用回答问题、处理异议等方式引导顾客发表意见。

公式化陈述既可以保持记忆式陈述的主要优点，也可以增加灵活机动的一面，这种方法使销售人员只要记住有关此次陈述的主要内容梗概就可以在现场进行具体的发挥创造，这不但可以保证销售陈述的要点不会被忽略，而且可以营造一种和谐、友好的交流氛围，使买卖双方有合理的时间进行相互交流。公式化陈述的特点在于其更加自然亲切，顾客可以积极参与，同时对销售员也提出了比较高的要求，要求销售员必须能够独立思考。

（三）满足需求式陈述

满足需求式陈述（即满足需求式销售陈述的简称）极具创造力和挑战性，它不同于记忆式和公式化销售陈述，是一种灵活的相互交流的销售陈述。销售人员运用这种陈述方式时必须积极、主动、灵活，它的理论基础是销售中的合作销售理论，也就是说，销售人员与潜在顾客如果能够在一起很好地合作，就能够确定顾客需求并最终让顾客购买。

在满足需求式陈述过程中，通常谈话前 50%～60% 的时间（即开发需求阶段）都用在讨论买方的需求上。一旦意识到潜在顾客的需求（认识需求阶段），销售人员就会重述对方的需求以弄清情况，从而开始控制谈话。在销售陈述的最后一个阶段，也就是满足需求阶段，销售人员说明产品将怎样满足双方的共同需求，从而达到成交的目的。

如果想成功地运用此方法，销售人员必须主动与潜在顾客打交道，发现并确认他们的需求。在双方的实际讨论中，必须找出顾客使用产品所能得到的最大利益，一般以提出一个探究性的问题开始，如可以问："贵公司需要哪种电脑？"这种开场白可以给销售人员一个机会，以确定提供哪种产品是有益的。通过提问、倾听顾客的回答，确认顾客的需求，然后开始陈述。这种需求确认方法对销售人员首次会见顾客是非常有效的。满足需求式销售陈述尤其适用于销售规格严、价位高的工业技术产品。

（四）解决问题式陈述

解决问题式陈述（即解决问题式销售陈述的简称）与满足需求式陈述非常类似，它也是以解决具体问题为目的的一种陈述类型。采用这种方法需要销售人员对顾客的情况进行更加详尽而全面的调查，需要销售人员全面、细致地了解顾客所处的环境，然后才能确认陈述的主要内容。

在销售复杂的或技术性极强的产品，如保险、工业设备、会计系统、办公设备和计算机时，销售人员通常需要进行几次销售访问，对潜在顾客需要进行详细的分析。销售人员通过分析获得解决潜在顾客问题的方案。解决问题式销售陈述常常包括以下六个步骤：

（1）说服潜在顾客允许销售人员进行分析。
（2）进行精确的分析。
（3）针对存在的问题达成一致意见，确认顾客想解决哪些问题。
（4）提出解决潜在顾客问题的方案。
（5）根据分析准备销售陈述。
（6）进行销售陈述。

上述四种销售陈述方法的基本区别在于销售人员控制谈话的程度不同，运用结构性较强的记忆式陈述和公式化陈述方法，销售人员通常占用的谈话时间多，而运用结构性不强的方法，能使买卖双方之间的相互交流多一些，双方平等地参与谈话。如果是对一群人推销，建议使用满足需求式和解决问题式的销售陈述；如果是对个人的短时推销，则使用记忆式和公式化销售陈述。

四、处理异议管理

异议就是潜在顾客对销售人员的陈述提出的反对意见，潜在顾客在销售的任何阶段都可能提出异议。

有人认为，异议对销售人员来讲就像空气一样离不开，销售人员必须接受异议，并且不仅要接受，还要欢迎，因为提出异议不一定都是坏事，它可以告诉你继续努力的方向，有异议就意味着有成功的希望。

异议不能被限制或阻止，而只能设法加以处理或控制，因此在处理异议时应注意以下几点：

（一）认真倾听，真诚欢迎

销售人员要认识到异议是必然存在的，出现异议是正常的，听到顾客提出异议后，应保持冷静，不可动怒，也不可采取敌对行为，而应继续保持微笑，表示对此问题有真诚的兴趣，并聚精会神地倾听，千万不可加以阻挠。另外，推销过程中必须承认顾客的意见是合理的，以示对其尊重。只有这样，当销售人员提出相反的意见时，潜在顾客才能比较容易接纳提议。在肯定对方的意见时可以说"我很高兴你能提出此意见""你的意见非常合理""你的观察很锐利"等。

另外，如果要轻松地应付异议，就必须对商品、公司政策、市场及竞争者都要有深刻的认识，这些是处理异议的必备条件。

（二）重述问题，证明了解

销售人员向潜在顾客重述其所提出的异议，表示已了解，必要时可询问潜在顾客自己重述得是否正确，并选择异议中的若干合理部分予以真诚地赞同。

（三）审慎回答，保持友善

销售人员切记不可忽略或轻视潜在顾客的异议，以避免潜在顾客产生不满或怀疑，使交易谈判无法继续下去，销售人员对顾客所提的异议必须谨慎回答，妥善处理。一般而言，应以沉着、坦白的态度，将有关事实、数据、资料或证明，以口述或书面方式告知潜在顾客，措辞必须恰当，语调必须温和，并在和谐友好的气氛下进行洽谈，以解决问题；对不能解释的异议，应坦言自己解决不了，不可乱答。销售人员不可直接反驳潜在顾客，更不可指责其愚昧无知，否则，销售人员与潜在顾客之间的关系将永远无法弥补。

（四）预测异议，予以预防

处理异议的最好办法是在异议出现之前就进行讨论或采取行动做好准备。而在设计销售展示时，可以直接提出预测的异议，对汽车销售而言，销售人员在为顾客解说汽车产品之前，先自己做一些演练，根据实际的销售经验，估计顾客可能会提出的异议，然后针对可能出现的异议，预先想好应对顾客异议的答案。

（五）准备撤退，留有余地

销售人员应该明白顾客的异议不是轻而易举就能解决的。如果一时无法成交，销售人员应设法使日后重新洽谈的大门敞开，以期再有机会讨论这些异议，此时，"光荣撤退"不失为明智之举。

知识拓展

异议的类型

一、真实的异议

真实的异议是指客户由于目前暂时没有需求或销售的汽车不满意或抱有偏见而表达出来的异议，这些异议主要表现在价格问题、质量问题、担心售后服务、交易条件、对汽车公司不满、对销售人员不满等方面。

1. 价格问题

销售人员最常面对且最害怕面对的客户异议是价格问题。销售人员首先要有心理准备，客户只会强调产品价格高，而不会对销售人员说价格太便宜。因此，面对客户提出的价格太高的异议，销售人员首先应明白，这种异议是绝大多数客户所共有的人之常情，是自然反应。在商业思维中，销售人员要明白客户的标准反应模式就是拒绝。

2. 质量问题

一方面是从新闻媒体、社会传闻中得到的有关质量方面的信息；另一方面是从竞争对手那里获得的贬义信息，以及对销售人员所做的有关汽车质量的解释或说明有意见，特别是对那种"不着边际的夸夸其谈"抱有怀疑和不信任。

3. 担心售后服务

很多客户都担心售后服务不够周到，买之前什么都说好，买了以后出现问题，谁也不管，到处踢皮球，更谈不上服务态度；有的客户认为特约服务站网点不够多，维修不方便；也有的客户担心或怀疑售后技术能力是否能够为他解决问题，从而提出担心售后服务的异议。

4. 交易条件

交易条件也是客户经常提出的一种异议，如付款方式、交车时间、交车地点、赠送的物品、折扣、让利幅度、免费保养的次数、车辆的装潢、美容等。

5. 对汽车公司不满

客户的异议还会涉及对销售人员所在公司的不满。客户对汽车公司的异议可能来自其他竞争对手的宣传、朋友的抱怨、媒体的负面报道等。也有的客户可能对汽车公司或汽车品牌的知名度不高而留下不好的印象。

6. 对销售人员不满

当客户见到销售人员的第一面时，可能由于销售人员的衣冠不整、态度不好、三心二意、敷衍了事、技术生疏、夸夸其谈、不按时交车、随便承诺等而产生不满。总之，销售人员无法取得客户的信任，就会使客户产生不好的印象，从而将不购买的理由转移到销售人员身上。

二、虚假的异议

虚假的异议主要有以下两种：

（1）客户用借口、敷衍的方式来应付销售人员，目的就是不想与销售人员进行实质上的洽谈，不是真心实意地介入销售活动中。

（2）客户可能提出很多异议，但这些异议并不是他们真正在乎的地方。

①这车价格太贵了。

②这车外观不够时尚。

③提出非常过分的要求。

④属于客户的隐性异议，通常表现为不愿意说。

⑤坚持自己的错误观点。

这种情况虽然听起来是异议，却不是客户真正的异议。这类客户大多数是有购车愿望的，但是由于车的价格超过了自己的预算，或对所要购买的车型信心不足，还需要再进行比较，或还有其他什么原因（包括个人隐私的原因）暂时不能买车，当然也有那种非常想圆汽车梦但又无力购买，纯粹是"过过瘾"的人。

五、促成交易管理

现代推销已成为一个标准化的过程，成交是一个特殊的推销阶段，它有两层含义：一是表示一种状态，即顾客接受销售员的劝说或建议购买推销品；二是指销售员在做了一系列准备工作以后，在条件成熟时建议和引导顾客立即采取购买行动的过程。

与成交阶段相比，其他推销阶段的活动都是在为最终成交做准备。事实上，只有到了成交阶段，顾客才决定是否购买所推销的产品。即便是一个老练的推销员，并且顺利地通过了成交前的一系列推销阶段，但除非顾客决定购买，否则，这位推销员所做的努力均为徒劳。因此，成交是整个推销过程中最重要、最关键的阶段，掌握建议成交的时机是一种艺术，要把握好这个分寸。

（一）识别购买信号

顾客有了购买欲望时往往会发出一些购买信号，有时这种信号是下意识发出的，顾客自己也许并没有强烈地感到或不愿意承认自己已经被说服，但他的语言或行为会告诉销售人员可以和他做买卖。对销售人员来说，准确把握时机是相当重要的，顾客没有发出购买信号，就说明销售人员的工作不够充分，还应该进一步努力而不宜过早地提出成交。

（二）适时提出成交的建议

找到合适的时机，便可立即建议成交，建议的最终目的是让顾客自动说出要购买商品。当然，若想一提出成交的建议或请求，顾客就会立刻表示接受，这只是一种不切实际的幻想。顾客一般不会轻易作出购买决策，即使他们对某一推销商品产生好感，也不会马上决定购买。顾客往往会犹豫不决，会提出各种要求以获得有利条件。但这并不意味着这时销售人员不应该提出成交，恰恰相反，只要时机成熟（如发现顾客的购买信号），就应该做成交的尝试。成交是一个过程，当时机成熟时，就应向顾客提出成交建议，顾客犹豫不决或提出要求，应设法消除顾客的疑虑并做必要的让步，然后提出成交建议，顾客仍感到不安或提出新的条件时，再做解释和妥协，之后再次提出成交建议，不断重复，直至成功。

知识拓展

成交信号的类型

顾客表现出的成交信号主要有表情信号、语言信号、行为信号和进程信号等。

1. 表情信号

表情信号是指从顾客的面部表情和体态中所表现出的一种成交信号，如在洽谈中面带微笑，下意识地点头表示同意销售人员的意见，对产品的不足表现出包容和理解的神情，对推销的商品表示感兴趣和关注等。

2. 语言信号

语言信号是指顾客通过询问价格、使用方法、保养方法、使用注意事项、售后服务、交货期、交货手续、支付方式、新旧产品比较、竞争对手的产品、交货条件、市场评价，说出"喜欢"或"的确能解决我的担忧"等表露出的成交信号。以下几种情况都属于成交语言信号：

（1）顾客对商品给予一定的肯定或称赞。
（2）征求别人的意见或者看法。
（3）询问交易方式、交货时间和付款条件。
（4）详细了解商品的具体情况，包括商品的特点、使用方法、价格等。
（5）询问团购是否可以优惠，这是顾客在变相地探明商品的价格底线。
（6）声称认识商家的××人，或者是××熟人介绍的。
（7）对产品质量和加工过程提出质疑。
（8）了解售后服务事项，如安装、维修、退换等。

语言信号种类很多，推销人员必须具体情况具体分析，准确捕捉语言信号，顺利促成交易。

3. 行为信号

由于人们的行为习惯经常会有意无意地从动作行为上透露出一些对成交比较有价值的信息，当顾客有以下信号发生时，推销人员要立即抓住良机，勇敢、果断地试探和引导顾客签单。

（1）反复阅读文件和说明书。
（2）认真观看优美的视听资料，并点头称"是"。
（3）查看，询问合同条款。

（4）要求推销人员展示样品，并亲手触摸、试用产品。

（5）突然沉默或沉思，眼神和表情变得严肃，或表示好感，或笑容满面。

（6）主动要求请出本公司有决定权的负责人。

（7）突然给销售人员倒开水，变得热情起来。

4. 进程信号

当顾客有以下行为时，便是在发出进程信号，这是顾客进一步作出购买决定的前兆表现。

（1）转变洽谈环境，主动要求进入洽谈室或在推销人员要求进入时，非常痛快地答应。或销售人员在订单上书写内容、做成交付款等动作时，顾客没有明显地拒绝和提出异议。

（2）向销售人员介绍自己同行的有关人员，特别是购买的决策人员，如主动向销售人员介绍"这是我的太太""这是我的领导"等。

根据销售环境的不同、顾客的不同、销售产品的不同、销售员介绍能力的不同、成交阶段的不同，顾客表现出的成交信号也千差万别，不一而足，但是有一定的规律可循。优秀的销售人员可以在工作中不断总结、不断揣摩、不断提升，把握成交时机，及时并且成功地促成交易。

六、售后服务管理

交易顺利达成后，销售人员千万不要让顾客感觉出你的态度开始冷淡。一旦买卖做成，就开始敷衍顾客，这会让顾客失去安全感，从一个生意人手中买下商品的感觉和从朋友手中买下商品的感觉是大相径庭的。因此，一定要让顾客记住你的情义，感到购买你的商品是明智的决定，是幸运的。为了做到这一点，在商品出售后必须稳定顾客的情绪，让其保持平静，找一些大家共同关心的话题聊天，当然最好不要提商品，这样会使顾客的心境平和下来，在成交之后不要急于道谢，在临别时不妨感谢顾客几句，但不要太过分，使人感觉亲切即可，同时在临别时最好与顾客握手表达谢意，做一些充满情意的举动，一定会为顾客留下美好的印象。

汽车4S店普遍采用售后跟进策略，所谓跟进，是指在成交阶段后（无论成交与否），销售人员对顾客所持的一种态度和进一步提供的服务，希望顾客能对销售人员和公司留下美好而深刻的印象，为今后销售成功创造机会，在销售陈述中，销售人员时常面临两种结果：要么与潜在顾客达成交易，要么成交失败，对销售人员而言，达成交易固然可喜，成交失利也不必气馁。成交后还有许多工作需要销售人员去做。成交失利，并不表明从此永无成交的可能，只要处理得当，仍能创造成交的机会，因此销售人员无论是否与顾客达成交易，都要跟进顾客。

成交只是顾客和销售人员对销售陈述的要点以及建议所达成的暂时性协议，真正要使顾客在成交后获得满足，销售人员要做多方面的跟进服务，在成交后，销售人员要利用适当的时机和方法，向顾客再次表示感谢，可用书信、电话或亲自登门等方式向顾客表示谢意。销售人员与顾客建立长期的业务关系，需要通过售后跟进来完成，跟进还可以为日后扩大销售奠定基础。

成交失败后，销售人员常会产生两种不同的态度，或是就此放弃，或是继续努力。放弃不足取，因为在失败之后就放弃，这与推销应是积极、主动、进攻的要求不相符；在失败后，销售人员如果采取跟进策略，则有可能创造出新的成交机会。

作为跟进内容的一部分，对成交失败，销售人员应该检讨原因何在，常用的一种方法是外究内省。

所谓外究，是指成交失败后，销售人员应认真探讨失败的外部原因。这些原因有的是销售员个人可以改变的，有的则是销售员个人无力改变的，如产品价格、交易条件等。

所谓内省，是指销售员自我检讨销售陈述中可能犯下的一些过失。成交失败必有原因，检讨失败的原因，并吸取教训，有利于今后的销售成功。因为推销是一项兼具科学和艺术双重性质的工作，需要销售人员不断地观察、评估、研究、实践和检讨，这样方能提高业绩。

阅读案例

乔治的销售流程

星期四早上，一对事先电话预约看车的夫妻带着两个孩子走进了汽车4S店。

销售顾问乔治热情地上前打招呼，并用目光与包括两个孩子在内的所有人交流，同时他做了自我介绍，并与夫妻二人分别握手。之后，他不经意地谈到最近的天气情况，抱怨天空逐渐积累起来的云层，以及周末可能有的阴雨天气，然后乔治诚恳地问："两位需要什么帮助？"以消除陌生感。接下来，乔治送上了饮料，将两个小朋友带到了儿童区，小朋友对儿童区的玩具特别感兴趣，夫妻二人对乔治的安排表示赞赏。

然后，乔治开始进行汽车销售流程中的重要一步——收集客户需求信息。他开始耐心、友好地询问：什么时候要用车？谁开这辆新车？主要用它解决什么困难？现在使用的车是什么牌子的？有什么问题？等等。在交谈中，乔治了解到这对夫妻想在周末去外地看望一个亲戚，他们非常希望能有一辆宽敞的汽车，可以安全稳妥地到达目的地，同时乔治还发现这对夫妻的业余爱好是钓鱼，这个信息对乔治来说非常重要，为下一次致电给客户留下了一个绝佳的理由。乔治非常认真地倾听来自客户的所有信息，以确认自己能够完全理解客户对汽车的准确需求，之后他慎重而缓慢地说，店里现在的确有几款车非常适合他们。于是乔治转到了销售流程的下一个步骤——产品展示，乔治随口一问："你们想采取什么样的付款方式？"而客户却拒绝先讨论付款方式，他们要先看乔治推荐的车。

乔治首先推荐了"探险者"，并尝试谈论配件选取的不同作用，他邀请了两个孩子到车的座位上感觉一下，因为两个孩子此时好像没有什么事情干，于是开始调皮起来，这样一来，父母对乔治的安排表示赞赏。

夫妻俩对"探险者"非常感兴趣，但是乔治又展示了另一辆大型的越野车——"远征者"，因为后者的利润会更高一些，这对夫妻看了"远征者"的价格牌，叹了口气说，超过他们的预算了，这时乔治开了一个玩笑："这样吧，我先把这个车留下来，等你们预算够了再来。"客户哈哈大笑，气氛很融洽。

于是乔治建议这对夫妻到办公室详谈，即进入销售流程中的第四个步骤——协商，在通往办公室的过道中，乔治顺手从促销广告上摘了两个气球下来，给看起来无所事事的两个孩子，为自己与客户能够专心协商创造了更好的条件，进入办公室落座后，乔治首先写下夫妻俩的名字、联系方式（通常买车的客户不会第一次来就决定购买，因此应留下联系方式，以待再有机会时再推销；或在客户到其他的车行做过比较后，再联系客户，成功性会高许多），他再一次尝试先问客户的预算是多少，但客户真的非常老练，反问道："你的报价是多少？"乔治断定他们一定已经通过多种渠道了解了该车的价格情况，因此乔治给了一个比市场上通常的报价要低一点的价格，但是客户似乎更加精明，报出了他们希望的价格，面对他们的开价，乔治实际上只能赚到65美元，因为这个价格仅比车行的进价高1%，乔治表示无法接受，于是，乔治说如果按照他们的开价，恐怕一些配置就没有了，乔治又给了一个比进价高6%的报价，经过再次协商，乔治最终达成了比进价高4%的价格。对乔治来说，这个价格利润很薄，但是还算可以，毕竟客户第一次来就能够达成交易已经非常不错了，而这个价格则意味着车行可以挣到1 000美元，乔治的提成是250美元。

乔治非常有效率地做好了相关文件，因为需要经理签字，只好让客户稍等片刻，然而等乔治带回经理签了字的合同时，客户却说他们还需要再考虑一下。此时，乔治完全可以使用另外一个销售技巧——压力签约，即运用压力迫使客户现在就签约，但是他没有这样做，乔治相信受过较高教育的客户绝对不喜欢压力签约的方式，如果期望客户再回来，就应该让客户在放松的气氛下自由选择，乔治非常自信这个客户肯定会回来，他给了他们名片，欢迎他们随时与他联系。

两天以后，客户终于打来电话，表示他们去看了其他的车行，但是不喜欢，他们准备向乔治购买他们喜欢的车，虽然价格还是高了一点，但是可以接受。他们询问何时可以提车，所幸店里有现车，因此乔治邀请他们下午来。

下午客户来交款提车，乔治顺利地办理了相关手续，客户非常满意。最后，乔治为其介绍了售后服务人员，并安排了下一次保养的时间，这是汽车销售流程的最后一个步骤——售后服务的安排，这个步骤实际上是要确定该客户这个车以后的维护、保养都会回到该4S店，而不是去路边廉价的小维修店。

这是一个真实的销售案例，通过该案例可以看出，成功的汽车销售不仅仅是一系列流程的简单操作，更多的是要依靠销售员自身素质和技能的表现，如沟通的细节问题、拉近距离的方法、发现客户个人兴趣方面的能力和协商能力等。尽管汽车销售流程会给销售员一个明确的步骤依照执行，但具体的显性的销售素质还需要靠灵活的、机智的、聪明的个人基本实力。

项目小结

销售目标管理就是通过设定合理的销售目标,并对其进行合理的分解,通过合适的手段予以实施和监控,并关注最终结果和评估的一种管理过程。一般来讲,企业的销售目标应包括销售额指标、销售费用的估计、利润目标、销售活动目标等;可以根据销售增长率、市场占有率、市场增长率、损益平衡点公式、销售人员等确定销售收入目标值。

销售预测是指对未来特定时间内全部产品或特定产品的销售数量与销售金额进行估计。销售预测应考虑外界因素(如消费者需求的动向、经济发展态势、同业竞争的动向、政府政策与法律的动向)和内部因素。销售预测程序分为确定预测目标、初步预测、选择预测方法、依据内外部因素调整预测,以及将销售预测与公司目标进行比较、检查和评价几个步骤。一般来讲,销售预测方法分为定性预测方法和定量预测方法两种。

销售配额是分配给销售人员的在一定时期内完成的销售任务,是销售人员需要努力实现的销售目标,其作用体现在导引、控制、激励和评价等方面。通常有五种销售配额,即销售量配额、销售利润配额、销售活动配额、综合配额和专业进步配额。目标销售额的分配可以根据月份分配、根据业务单位分配、根据品牌分配、根据客户分配、根据业务员分配。

销售组织是指企业销售部门的组织,具体是指企业为了实现销售目标而将具有销售能力的人、商品、资金、情报信息等各种要素进行整合而构成的有机体。建立销售组织的步骤如下:明确销售组织设立的目标,进行销售岗位分析,制定协调与控制方法,改进销售组织的工作。

汽车4S店的销售流程包括销售准备、接待客户、车辆展示与推介、交易达成、售中服务(代理缴纳车辆购置税和保险、代理牌照办理、代理贷款办理等)、售后服务等。

复习思考题

一、简答题

1. 销售目标包括哪些方面的内容?
2. 确定销售目标的常见方法有哪些?
3. 简述汽车销售预测的程序和方法。
4. 什么是销售配额?销售配额有哪些作用?
5. 销售配额是如何确定的?有哪些常见的类型?
6. 在团队建设中如何树立团队精神?
7. 什么是销售费用预算?销售费用预算有哪些作用?
8. 简述完整的销售程序。
9. 销售约见的方式有哪些?

10. 简述接近顾客的方法。
11. 简述销售陈述的方法以及各自的优缺点。
12. 在销售过程中如何处理客户异议？

二、讨论题

1. 如何寻找潜在顾客？
2. 常见的顾客购买信号有哪些？

项目三
汽车 4S 店售后服务管理

项目导入

几年前，小王在外地买了一辆品牌轿车，每次去这个店保养的时候，小张发现总是门庭若市，生意如火如荼，需要保养修理的车辆需要预约排队。而他的单位附近也有这个品牌汽车4S店，小王偶尔去做一做保养，发现该店冷冷清清，车辆很少。同一品牌的不同4S店，生意怎么会差这么大？这引起了小王的好奇心，通过观察和询问，他发现外地那个4S店售后服务特别好，工作人员待人热情，得到了顾客的一致好评；反观单位附近的4S店，售后服务特别差劲，工作人员漫不经心。可见，完善的售后服务管理是汽车4S店发展必不可少的。

 项目要求

1. 了解汽车4S店售后服务组织机构。
2. 掌握汽车4S店服务核心流程、内容和管理方法。
3. 掌握汽车4S店接待工作必有的业务技巧。
4. 熟悉汽车4S店维修预约服务流程，掌握汽车维修预约服务的内容和礼仪规范。
5. 熟悉汽车4S店维修接待服务流程，掌握维修接待服务的内容和礼仪规范。
6. 熟悉汽车4S店维修质量检验的内容和方法。
7. 掌握汽车4S店交车服务流程、交车服务内容和礼仪规范。
8. 掌握汽车4S店车辆保修的工作内容、保修的条件。
9. 掌握汽车4S店车辆保修程序、保修手续的办理和费用的计算。

 相关知识

汽车售后服务是汽车4S店的核心业务之一，汽车4S店作为商家，从事的是商业贸易，即从事服务活动，而服务的重点是为客户服务，即帮助客户买车、帮助客户维护车。如果说汽车销售是个时点，那么汽车售后服务就是一个马拉松赛。对客户来说，车辆一经使用，就需要终身维护保养，可以说售后服务对产品的附加值最大，对品牌价值的贡献度最大，在市场竞争中的权重也越来越大，与此同时，售后服务开始成为汽车4S店的首要利润来源，因此做好售后服务管理不但关系到客户能否得到真正满意的服务，而且关系到汽车4S店自身的长远发展。

任务一　汽车 4S 店售后服务管理概述

一、汽车 4S 店的售后服务组织机构

汽车 4S 店设立售后服务部，由售后服务部经理主管，售后服务部是汽车销售的延伸，其主要工作就是负责技术咨询、车辆的首次免费保养、维修和保养业务、事故车接待处理、车辆和配件索赔、汽车召回等服务，工作职责范围包括从接待服务到维修保养的全过程。常见的汽车 4S 售后服务组织机构如图 3-1 所示。

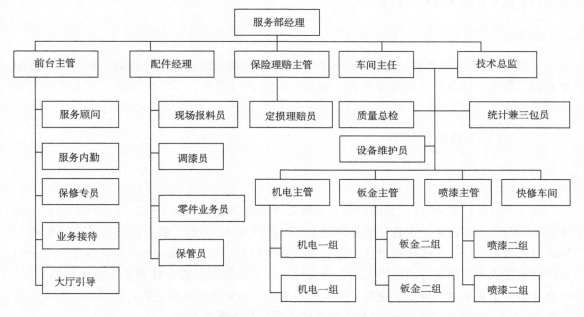

图 3-1　常见的汽车 4S 店售后服务组织机构

二、售后服务工作的内容

（一）整理客户资料，建立客户档案，挖掘潜在客户需求

客户送车进店进行维修保养或到公司咨询、商议有关汽车技术服务后，售后服务部（业务部）应在两日内将客户的有关情况整理制成表并建立档案。客户有关情况包括客户名称、地址、电话、送修或来访日期、送修车辆的基本信息、维修保养项目、保养周期、下一次保养日期、客户希望得到的服务，以及该客户在本公司维修保养的记录等。业务人员根据

客户的档案资料研究客户对汽车维修保养及其相关方面的服务需求，找出下一次对其开展的服务内容，如通知客户按期保养、通知客户参与本公司的联谊活动、介绍本公司的优惠活动、通知客户按时进厂维修或免费检测等。

（二）开展跟踪服务，提升服务质量

业务人员通过电话等方式广泛开展客户跟踪服务，让客户及时反馈用车情况和对本公司服务的意见，询问客户近期有无新的服务需求，介绍相关的汽车运用知识和注意事项；介绍本公司近期为客户提供的各种服务，特别是新的服务内容；介绍本公司近期为客户安排的各类优惠联谊活动，如免费检测周、优惠服务月、汽车运用新知识晚会等；咨询和走访客户；等等。

（三）汽车的维修保养服务

客户在日常的使用过程中总会出现各种各样的技术问题。汽车生产商授权汽车4S店围绕客户和汽车开展各项技术服务工作。

（四）其他工作

汽车4S店作为服务型企业，除了履行汽车生产商要求的职责外，还要积极开展一些附加的售后服务，创造更多的服务价值，包括保险与理赔服务、二手车交易、汽车美容与装饰等。

三、汽车维修服务流程

（一）基本流程

汽车维修是汽车4S店围绕客户和汽车所展开的各项技术服务工作，其中汽车是企业间接服务的对象，客户是企业直接服务的对象，因此汽车4S店售后服务的业务管理必须充分体现以人为本的特点，围绕客户这一中心展开各项服务活动。汽车4S店售后服务的生产与运作就是使汽车售后服务的流程更具有合理性、科学性和经济性，体现服务流程的高效性，以充分适应企业本身的特点，挖掘企业发展的潜力，最大限度地满足客户的需求。绝大多数汽车4S店采用以客户为中心的汽车维修服务流程，其步骤如下：

（1）预约，即工作人员认真倾听客户意见和维修需求，并详细记录。
（2）预约准备，即工作人员进行全面准备，通知有关人员。
（3）接车，即服务顾问接待客户，并对客户车辆进行初步检查，详细记录相关信息。
（4）维修，即维修人员对客户车辆进行所承诺的维修保养等作业。
（5）质量检验，即对完工车辆进行维修工作质量检查，为交车服务提供必要依据。
（6）交车，即服务顾问向客户解释维修工作和发票内容，陪同客户结账，将完工的车辆交给客户，并送别客户。
（7）跟踪服务，即对客户进行跟踪回访，听取客户意见，进行满意度调查等，以有效地提升后续工作质量和客户满意度。

（二）细化流程内容

上述基本流程可以细化为 13 个具体步骤，各步骤中的具体内容如下：

1. 预约与准备

（1）业务人员登记客户和车辆的基本信息，如客户名称、车牌号、作业分类、结算方式、车辆的行驶里程、故障描述、客户要求的维修保养和检查项目等。

（2）联系配件部及车间，确认作业用工和用料情况，以确保预约车辆能如期进行维护保养。

2. 车辆入厂

客户将车开入汽车 4S 店或维修厂报修。

3. 接车服务

（1）接待客户，在客户来访时，对客户进行热情接待，为与客户进行进一步交流创造良好的氛围，并在接待台的计算机上核实客户的预约信息，重点记录客户的基本情况和车辆的故障。

（2）接车检查。服务顾问和客户共同进行车辆的初步检查，包括车辆的外观检查和随车附件登记，初步对车辆故障原因作出判断。

4. 检查诊断

（1）服务顾问联系好检验员对维修保养的车辆实施车辆交接和检验工作，然后与客户磋商，确定维修项目和用料。

（2）仔细倾听客户的需求和期望。

（3）按照客户所述如实填写维修工单，维修项目必须让客户过目，确认所执行的工作，以消除客户疑虑。服务顾问应提供维修费用和完工时间方面的信息。

5. 维修估价（报价）

（1）检验员根据该车已确认的维修项目确定维修估价。

（2）服务顾问把价格（包括工时费和材料费等）如实地告诉客户，并将各项预算写在工作单上，作为日后核对的依据。询问客户，当价格超过多少时必须向他通报；询问客户，如果在维修过程中发现其他损坏的部件，是否可以更换。

6. 确认登记（开单）

将客户信息、维修的车辆信息、项目、费用等进行确认登记并开单（维修合同），请客户签字确认后生效。

7. 维修派工

确定其故障现象、维修项目和维修中所需的用料信息后，进行相应的派工与领料。将维修项目分配到修理组并发出派工单。

8. 维修领料

根据车辆维修用料计划办理领料手续，并从仓库领用配件。

9. 维修保养作业

（1）车间作业，班组长接到检验员派工单后，安排维修工（维修技师）进行作业。

（2）维修工在维修过程中发现问题，如急需增加维修项目，要及时向检验员汇报。

（3）检验员在整个维修过程中实施质量跟踪，协助维修工解决技术难题，对需要增加的维修项目要及时与业务部联系并确认，落实后再维修。

（4）在诊断和维修中出现一些需要追加的维修项目，服务顾问需要和客户联系，讨论对所要执行的工作和交车时间的改动，服务顾问此时应表现出坦率和真诚的态度，以使客户确信这一追加工作是必要的，避免客户产生疑虑。

10. 完工总检

（1）车辆维修完工后，维修工立即通知检验员，由检验员对车辆进行完工检验，检查员对已检验合格的车辆开具收费结算表，并通知服务顾问确认及整理车辆的交接手续。

（2）完工总检的具体内容包括以下几点：核对工作单，检查所有项目是否完成；检查车辆的各个主要部分是否完好；对照接车检查登记表，检查车辆的其他部分是否在维修过程中有损坏；确认没有问题后，才能通知客户取车。

（3）检验员做好车辆的技术资料整理归档工作。

11. 结算收银

车辆修理完毕后，维修工作单即可转入财务部门进行结算处理。服务顾问通知客户车辆要收工结算，详细解释费用的情况，并带领客户进行结算。

12. 交车与送别

（1）为了确保和客户的长期关系，服务顾问应在交车步骤中紧密合作，确保交车所需的全部信息与文件完全准备好，使客户对交车经过和服务流程中的服务感到完全满意。

（2）服务顾问必须在约定的日期和时间交车，万一有延误，必须提前和客户联系。

（3）把车辆交给客户，提醒客户下次保养的时间和用车注意事项，并与客户约定回访的时间和方式等。

（4）送别客户。

13. 跟踪服务

（1）建立客户维修访问档案，以备查询，其目的在于维持良好的客户关系。

（2）服务顾问应在交车后两天内与客户联系，确认客户对维修服务是否满意，应将解决客户关切和投诉的问题作为首要工作。

（三）非工作时间车辆抢修作业

非工作时间车辆抢修作业程序如下：

1. 接洽

值班人员根据报修人提供的故障车辆情况认真做好相关记录，包括报修人姓名、电话、单位、故障车辆的位置、故障情况。

2. 安排

值班人员立即组织相关维修人员赶赴现场。

3. 作业

在抢修过程中如果发现该车在现场无法修复，应及时向调度室反馈安排拖车回厂；如果遇到重大车辆故障抢修任务，应及时上报部门领导。

4. 资料归档

资料的当班人员对已抢修完毕的车辆，在下个工作日上报给公司，由检验员开具结算

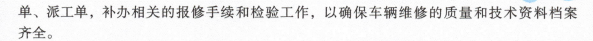

单、派工单，补办相关的报修手续和检验工作，以确保车辆维修的质量和技术资料档案齐全。

四、保险车辆维修流程

为了保证保险车辆的维修进度和质量，汽车 4S 店应该认真抓好保险车辆的维修工作，汽车 4S 店的保险车辆维修流程如下：

（1）保险车辆进店后应该确定是否需要保险公司进行受损车辆损伤鉴定。若需要，则由服务经理负责联系保险公司进行鉴定。切不可不经保险公司鉴定而直接拆卸，以免引起纠纷。

（2）要积极协助保险公司完成对车辆的检查、照相和定损等必要工作。

（3）保险公司鉴定结束后，由车间主管负责安排班组或维修技师进行拆检。各班组长或维修技师将拆检过程中发现的损伤件列表通知车间主管或服务经理。

（4）服务经理收到损伤件列表后联系保险公司，对车辆进行全面定损并协商保险车辆维修工时费。定损时应由服务经理陪同，如果服务经理不在，应提前向业务接待交代清楚。

（5）业务接待根据保险公司的定损单下达任务委托书。客户有自费项目，应征得客户的同意，另开具一张委托书并注明，将委托书交由车间主管安排维修。

（6）业务接待开完委托书后，将定损单转交给报价员。

（7）报价员将定损单所列的材料项目按次序填入汽车零部件报价单，报价单必须注明车号、车型、单位、底盘号，然后与相关配件管理人员确定配件价格，并转给配件主管审查。

（8）报价员在配件主管确定配件价格、数量和项目后，向保险公司报价，并负责价格的回返。

（9）报价员将保险公司返回的价格交配件主管审核，如果价格有较大的出入，由服务经理同保险公司协调。报价员将协调后的回价单复印后，将复印件转给配件主管。

（10）对定损时没有发现的车辆损失，由服务经理与保险公司协调，由保险公司进行二次勘查定损。

（11）如果有客户要求自费更换的部件，必须由客户签字后方可到配件库领料。

（12）保险车辆维修完毕后应严格检查，以确保维修质量。

（13）维修车间将旧件整理好，以便保险公司或客户检查。

（14）检查合格后，将任务委托书转交给业务接待审查，注明客户自费项目。审核后转交结算处。

（15）结算员在结算前通知客户结账，服务经理负责车辆结账的解释工作。

（16）如果有赔款转让，由服务经理协调客户和保险公司。

任务二 维修预约服务

有效的预约能使汽车 4S 店各工作环节的衔接得到高效运作，工作效率得到极大的提高，同时能有效地提升客户满意度，目前的预约工作已经成为汽车 4S 店普遍采用的售后方式。

一、预约服务的类型

根据预约的方式不同，汽车 4S 店的预约可以分为主动预约和被动预约两种。

（一）主动预约

由于汽车是一种技术复杂、价格昂贵的商品，因此大多数人对汽车都不太了解，或者没有时间和精力关心自己的车何时进行保养或维修，这就需要汽车 4S 店的工作人员根据预留的客户档案主动联络客户，及时了解车辆的使用状况，给出合理的维修保养建议，并根据客户的时间和汽车 4S 店的具体情况积极主动地进行维修保养，此类为企业主动邀约客户，故称为主动预约。

（二）被动预约

客户在开车过程中如果发现汽车有故障，或者车主有较高的保养意识，就能够按照《维修保养手册》的要求主动向汽车 4S 店预约，提前订好配件、工位和技师等，保证自己的车进厂后能够尽快地完成维修保养作业，节省时间。该类预约是由客户主动提出的，对汽车 4S 店来说是被动发生的，故称为被动预约。

二、预约工作流程与标准

汽车 4S 店的预约工作一般经历预约前的准备工作，预约接听、记录和确认，预约统计与移交，以及预约后的工作等过程。

（一）预约前的准备工作

汽车 4S 店主动预约应做好各项准备工作。客户的预约工作一般由业务接待或服务顾问完成，有的 4S 店有专门的预约工作人员。在预约之前应该清楚两方面的情况：一方面，应当了解客户信息及其车辆情况，如客户的名称、联系方式、车辆牌照号、车辆型号、行驶里程数、以往的维修情况、车辆需要做何种维护或有何种故障现象需要进行维修等；另一方面，需要了解汽车 4S 店的维修生产情况和收费情况，如维修车间是否能够安排工位和维修技师，专用工具资料是否可用，相应的配件是否有现货或何时到货，以及相应维修项目的工时费和材料费等。如果预约人员对以上两方面的情况很清楚，那么同客户预约就会得心应手；如果预约人员当时不了解情况，就需要及时地了解清楚后再同客户电话确认，不要不清楚情况就盲目预约，以免到时给客户造成时间损失，引起客户抱怨，影响汽车4S店售后服务的信誉。

> 【小提示】在进行预约工作时，汽车4S店必须履行自己的承诺，所有的预约客户必须到位，不能让客户感受到预约与不预约都一样，对客户来说，要充分体现出预约的好处，否则将会打消客户对预约的积极性，导致预约维修推广困难。

鼓励更多的客户进行预约的做法有以下几个方面：
（1）设立专门的预约接待窗口。
（2）预约在维修淡季的客户，可让其享受一定程度的折扣或其他优惠政策。
（3）广泛开展预约优点的宣传，接车和交车时直接向客户推荐，电话回访时介绍预约。
（4）发放预约优惠卡，预约可赠送小礼品，向客户发信函时要进行介绍。
（5）预约时客户可挑选业务接待。在接待区和客户休息室内放置告示牌，引导客户进行预约。
（6）在寄给现有客户和潜在客户的印刷宣传品中推荐预约，为预约客户提供免费安全检查或其他鼓励性优惠等。

（二）预约接听、记录和确认

在预约过程中，预约工作人员要接听迅速，认真倾听客户的要求并记录重要信息和车辆信息（地址、电话、牌照号等）。按接听电话指南和预约计划表格记录下客户的希望与问题，告知客户汽车4S店能提供的特别服务，并征询意见。在结束预约前，预约工作人员要再次确认客户资料和预约的具体内容，以降低失约的可能性。

（三）预约统计与移交

预约工作人员结束客户预约后，要及时统计预约内容，保证信息要具体和完整，并将预约单移交给业务接待或服务顾问，以保证维修保养工作顺利进行。

（四）预约后的工作

为了使客户进入汽车4S店后能如约开展车辆维修，预约工作人员同客户做好预约之后应及时通知业务接待（预约工作人员也可以是服务顾问或业务接待），从而在客户到来之前做好必要的准备工作，停车位、车间工位、维修技师、技术资料、专用工具、配件、辅料等方面都应该准备齐全，尤其是维修技术问题的确认和维修方案的准备，以免到时影响维修工作的效率和质量。

准备工作属于流程中的内部环节，与客户并无直接接触。业务接待应及时通知维修车间与配件部门做好相应的准备工作，维修车间、配件部门也应对业务接待的工作给予积极的支持和配合，如果这些工作不能在客户到来之前做好，如维修所需配件不能及时采购到，那么应及时通知客户取消这次预约并希望客户谅解，但是这一切工作都应当在客户到来之前完成。如果有可能，还应提前准备好任务委托书（或维修合同）。

1. 为客户到来做准备，接待人员应注意的问题

（1）及时打印委托书，不要等客户来时再打印，以避免给客户造成准备不充分的印象，同时可为诊断车辆故障节约时间。

（2）提前分派的检查员要掌握最新的技术信息，要有《维修保养手册》、配件资料。

（3）检查维修记录，确信是否返修。

（4）至少提前两天告诉配件和维修车间本次预约的内容，检查员要具备相应的服务能力，要遵守合同所有的承诺。

（5）准备所有文件及需要的项目，如租车协议、替代车的钥匙。

（6）如果有某项工作没有完成任务，需要重新预约。

2. 预约服务的标准

1）被动预约

（1）自我介绍。

通报公司名称/个人代号，并感谢顾客来电。

（2）确认顾客需求。

运用结构式提问，尽快确认顾客的实际需求。

（3）解答顾客问题。

①如果在交谈过程中必须接听另一个电话，需要先征得来电顾客的同意。

②如果无法回答顾客的问题，应亲自联络其他人员协助。

③如果一时不能解答顾客的问题，应向顾客承诺何时能够给予答复。

（4）预约留言。

①与顾客约定车辆维修保养的具体时间。

②顾客指名要找的公司人员不在时，应主动协助留言。留言内容包括来电者的姓名、电话、基本需求和最佳的回电时间。

（5）登记。结束通话后对来访客户信息进行登记。

2）主动预约

（1）自我介绍：接通电话，首先说明公司名称/个人代号。

（2）向客介绍维修保养服务项目。

①提醒顾客做必要的保养维护，介绍汽车4S店提供的预约服务。

②提供汽车4S店的地址、电话。

（3）解答顾客问题。解答顾客所关心的问题。

（4）预约。如果顾客同意，依据顾客的意愿，帮助确定预约的日期和时间。

（5）登记。在顾客自愿的情况下，留下顾客的电话、姓名。

三、预约电话的技巧

在预约的过程中，业务接待使用正确的电话语言和技巧特别关键，它直接影响预约服务的质量。

（一）拨打电话

主动预约时，汽车4S店的业务接待作为通话的发起者，要保证预约成功，必须讲究拨打电话的技巧。

拨打电话时，自始至终都要待人以礼，表现文明大度，在通话之初，恭恭敬敬地问声"您好"；问候之后，要报所在4S店名称、本人全名及职务，如"您好！我是××汽车4S店的业务接待王某。"终止通话之前，应该和对方说"再见""晚安"等。在通话过程中，除了要注意语言技巧外，还要注意态度要真诚。

> 【小提示】业务接待拨打电话进行预约时，通话内容要简练。通话前要做好准备，把预约对象的姓名、电话号码、通话要点等内容列出清单，这样可以避免出现边说边想、丢三落四、缺少条理等问题，保证预约顺利完成。通话时，问候完对方，自报身份后就应开宗明义，直言主题，不讲废话。

（二）接听电话

被动预约时，业务接待要按照接听电话的礼仪程序和合适的顺序操作，给人留下积极的第一印象，并可传递直接的信息。

1. 接听电话应在铃响三声内拿起电话

铃响三声之内拿起电话是人们能够接受的标准。第三声之后，客户的耐心就会减退，甚至会对汽车4S店产生怀疑。无人接听的电话，往往会给客户带来不良情绪，甚至会使客户抱怨。汽车4S店的业务接待若因特殊原因未能及时接听，则应在接听后马上向对方表示歉意，如"对不起，让您久等了"，缓和客户的不良情绪。

2. 拿起电话时先要问候来电者

接听电话应以问候作为开始，因为这样可以立即向客户表明友好和坦诚。拿起电话应该说"您好""早上好""下午好"等问候语。

3. 自报姓名

这一基本的礼貌行为会让来电者知道自己正是所要找的人或部门，同时向来电者自报姓名也可以节省大量的时间，及时、顺畅地进入通话主题。如果是客户打进来的电话，要先报出汽车4S店的名称，然后自报部门和自己的姓名。

4. 询问客户是否需要帮助

说一句"我能为您做些什么？"表明业务接待和汽车4S店准备帮助客户，满足他们的需求。在接听电话时应采用以下三种方式：

（1）直线电话："早上好，我是张×，有什么事情需要帮忙吗？"

（2）外线打来的电话："您好，这里是××汽车4S店，我能为您做些什么？"

（3）接听一个部门的电话："下午好，这里是前台，我是赵×，我能为您做些什么？"

（三）让对方电话等候

让对方电话等候，是客户最不愿意遇到却又在所难免的事，这就需要业务接待运用关于让客户等候的礼仪妥善处理。

1. 询问客户是否可以等候

让客户等候之前必须先征得客户的同意。业务接待不能简单地对客户说："请您稍等会儿。"应该征得客户的同意。例如，可以说："您是否可以等我一会儿？"在对方答复后，再决定后续工作如何进行。

2. 告诉客户等候的原因

经验证明，如果有礼貌地告诉客户必须等候的原因，大多数客户都是能够接受的，这使等待变得很容易，但一定要为客户提供中肯可信的等待理由。具体如下：

"要等一会儿才能回答您的问题，因为我需要和经理商量一下。"

"我需要一两分钟的时间同其他部门核实一下。"

"我需要几分钟在计算机中查到那份文件。"

为了使客户了解到业务接待所提供的等候理由是中肯可信的，而不是以劣质的服务为借口，业务接待在回答客户时必须将理由简明、扼要、中肯地表达清楚，避免使用"不清楚""可能是""这不是我的事"等词语。例如，预约人员接到了一位客户的电话，这位客户问他的车何时修好？何时能取？提供信息的答复如下："您可以稍等一会儿吗？我给维修车间打个电话确认一下，再回复您。"而作为借口的答复如下："我不清楚您的车修得怎样，这段时间车间里在修车辆较多，是否修好，现在还很难说，您稍等一会儿，我给他们打个电话问问。"

3. 提供等候时间信息

提供等候时间信息对客户能起到平心静气的作用。需要提供等候时间信息的具体程度，取决于业务接待认为客户需要等候的时间长度，如果需要等候的时间很长，就要认真地估计时间，等候时间的长短有三种情况：

（1）短暂的等候时间（最多60秒）。如果知道让客户等候的时间会很短，在等候之前，可以很随便地说："等一下，我马上就来。"

（2）很长的等候时间（1～3分钟）。这段时间对客户来说，是否预料到会有较长时间的等候，在这种情况下，较好的办法是不告诉客户需要等候的确切时间，而要重新核实客户是否愿意等候。例如："我需要两三分钟同我们的主管经理一起解决这个问题，您是否愿意稍等一会儿呢？还是希望我一会儿给您回电话呢？"

（3）漫长的等候（3分钟以上）。在不知道客户还要等多久才能真正得到想要的答复时，最好的办法是在客户发泄怒气之前，在等待期间告诉他，一有消息就会及时给他回电话，应每隔30秒通知他问题的具体进展程度。

（4）对客户的等候表示感谢。当业务接待回到这条线路上说"谢谢您"时，是一种很好的方式，这一行为算是圆满地完成了这次等候，并且得到了客户的理解。例如，业务接待正在与经理磋商一些重要的事情，这时电话铃响，业务接待马上拿起电话，问候来电者，并有礼貌地说："我正在和经理商谈事情，很快就要谈完，您可以稍等一会儿吗？"并等待客

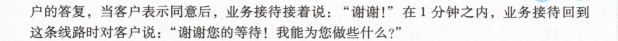

户的答复,当客户表示同意后,业务接待接着说:"谢谢!"在 1 分钟之内,业务接待回到这条线路时对客户说:"谢谢您的等待!我能为您做些什么?"

任务三 接 车 服 务

接车服务是接待人员与客户的第一次直接面对面接触。此项作业要求接待人员(如业务接待或服务顾问)不仅要仪容气度不凡,还必须具备与客户交流沟通的能力,同时具备判断汽车故障的精湛技术,思路敏捷,头脑灵活。

一、接车服务的主要内容

接车服务以接待和预检活动为核心内容。业务接待的工作贯穿于车辆维修流程的全过程,从接待客户、询问、接车检查、开具任务委托书、填写维修项目,直至客户取车、付款、电话跟踪、反馈信息等,构成了业务接待的工作顺序和内容。在接车服务过程中,业务接待的主要工作内容包括以下几个方面:

(一)客户迎接工作

业务接待应友好地接待来店的每一位客户。不管是预约客户还是非预约客户,在接车过程中,业务接待都应当注重形象与礼仪,并善于与客户进行有效沟通,体现出对客户的关注与尊重,体现出高水平的业务素质。

对预约客户,业务接待要事先做好接待准备工作,包括事先确认预约客户的基本信息、打印任务委托书等。一旦客户如约来修车,发现一些工作已准备就绪,业务接待正在等待他的光临,客户肯定会有比较好的心情,这样可以有效提升客户满意度。

(二)询问客户需求

客户来店后,业务接待要认真了解客户的需求和来店目的。如果确定客户需要服务,要明确服务的类型;如果有其他目的,则要尽可能提供相应的帮助。

(三)车辆问诊与预检

业务接待对来店客户的车辆进行问诊,细心聆听客户对车辆故障的描述,绕车检查,确认车辆的基本信息,初步找出故障来源,根据试车检测情况及时向客户提供维修建议。

(四)维修项目估价

业务接待要协调车间维修工位和库房零配件,根据客户需要维修的项目估价和估时。工时估价应按照汽车 4S 店规定的不同车型、不同维修项目的统一工时定额和工时费报价。零配件应按销售价格报价,特殊订货的配件价格应适当加乘一定的系数后报价。对一般维修项目可向客户直接报价,对个别特殊维修项目的收费应向客户做必要的解释。

(五) 开具任务委托书

业务接待和客户就维修项目和费用、工时等达成一致意见后,要开具维修任务委托书(以下简称委托书)。任务委托书的内容包括车辆的基本资料(型号、年份、车辆识别码等)、车况、证件的交接、随车工具及物品的保管、与客户商定的材料、配件提供方式,并以文件的形式明确具体的维修项目和费用等。任务委托书是客户和服务顾问之间达成维修协议的一种文件,必须经双方签字确认后,委托行为才开始生效。

知识拓展

委托书的重要性

(1) 委托书记录了业务接待和客户之间的沟通情况,可以防止发生误解。
(2) 委托书对客户的要求进行详细而清楚的说明,有助于维修工第一次维修就能对车辆完成修复。
(3) 委托书是一份管理性的文件,记录了汽车4S店和客户在维修与预期费用方面达成的协议。
(4) 委托书有助于确定维修工的工资。
(5) 委托书可以作为汽车4S店维修费用和零部件存货的审计依据。

(六) 维修作业安排和客户安排

安排客户签好任务委托书后,业务接待应征求客户意见,是离店还是到汽车4S店休息区等候。将客户安排好后,业务接待将车辆送到待检区,和车间联系安排车辆的维修作业。

(七) 推销增加的服务

业务接待在车辆维修中反馈的增加项目和零件的更换应及时与客户取得联系。业务接待在向客户建议增加额外的维修服务时,应解释服务的性质、价格和益处。

(八) 维修作业的跟进

业务接待在车辆维修作业期间要及时掌握维修进度和维修质量;了解三检的实施情况;零件与工时如果发生改变,一定要通知客户;如果发现有需要增加的维修项目,应立即由客户确认;在特殊情况下(如出现返修时),要检查维修技师的工作,并随车进行车辆技术档案的登记整理工作。

二、接车服务要点

业务接待接车时应注意以下几点：

（1）要亲自接待客户，不能因为工作忙就找其他人员（如维修技师）代替，这样会让客户感到不受重视，客户会对汽车4S店产生不信任感。

（2）将胸牌戴在显眼的位置，以便客户知道在与谁打交道，这样有利于增加信任感。

（3）接待客户时直接称呼客户的姓氏和职务，如赵经理、薛总等，这样客户会感到受重视，同时显得亲切。接待客户可分为接待预约客户和接待非预约客户。接待预约客户时，取出已准备好的任务委托书和客户档案，陪同客户进入维修区，这样客户会感到对他的预约十分重视，客户对这一环节会很满意；接待未预约客户时，要仔细询问并按接待规范进行登记。

（4）交谈时集中精力，避免匆忙或心不在焉。

（5）认真听取客户的具体愿望和问题，通过有针对性的提问更多地了解客户需求并将所有重要的信息都记录在工作本中。

（6）在开任务委托书之前与客户一起对车辆进行检查，如果故障只在行驶中才能发现，应与客户共同试车。当着客户的面进行这种形式的技术检测不仅有利于自己加深对故障的把握程度，还可以避免客户的不信任。发现新的故障还可以增加维修项目，若对这一故障没有把握，可以请一位有经验的技术人员一起进行车辆诊断。与客户一起对车辆进行检查，详细了解车辆的基本情况，包括检查车辆是否存在某些缺陷，如车身某处有划痕、某个玻璃被打碎、缺失点烟器或备胎等信息，这些缺陷应在任务委托书上注明，避免出现不必要的纠纷。

（7）向客户解释可能的维修项目，若客户不明白或想进一步了解，可通过实例解释一些技术细节。

（8）告诉客户所进行的维修工作的必要性和对车辆的好处。

（9）在确定维修项目后，告诉客户可能花费的工时费和材料费。如果客户对费用感到吃惊或不满，应对此表示理解，并为其仔细分析所要进行的每一项工作，千万不要不理睬或讽刺挖苦。对客户的解释会换来客户的理解，如果事后客户看到比预想的情况多付钱，往往会恼怒。如果在某些情况下，只有在拆下零件或总成后才能准确确定故障和相关费用，报价时应当特别谨慎。这种情况在费用预算上必须明示客户，用词严谨，避免事后引起纠纷。例如，以上是大修发动机的费用，维修离合器的费用核算不包括在本费用预算中，只能在拆下发动机之后才能确定。

（10）分析维修项目，告诉客户可能出现的情况，并表示在处理之前会事先征得客户的同意。例如，客户要求更换活塞，就应提醒客户可能会发生汽缸磨损。拆下汽缸盖后将检查结果告诉客户，并征求其意见。

（11）写出或打印出任务委托书，经与客户沟通确认能满足其要求后，请客户在任务委托书上签名确认。

（12）接车时，应提醒客户把车上的贵重物品拿走，并当面点清车中的剩余物品。

(13)最后请客户到客户休息区休息或与客户道别,并向客户说一声"谢谢""再见"。

三、接车服务的流程

汽车维修接待服务的流程如图3-2所示。

预约工作流程转入或车辆临时入厂
↓
迎接客户
↓
获取客户和车辆信息
↓
诊断车辆故障、开具任务委托书

图3-2 汽车维修接待服务的流程

四、维修接待的技术服务要求

(一)倾听故障描述

1. 记录症状

客户报修时,业务接待要按客户的说法记录故障症状,而不是记录解决的方法。如果客户没有主动说出故障症状,则业务接待应该询问客户汽车当前的工作状况。对于某种故障症状,业务接待在提出解决方法前应该事先考虑到可能还有其他的原因也会导致这种症状,因此只记录解决方法会导致工作失误,客户还会认为业务接待不专业。

2. 说明诊断流程

当业务接待把客户报修时所说的故障状况记录下来之后,就应向客户说明诊断要经过的手续、诊断的收费标准与依据。如果客户在维修前明白收费标准和程序,就会对汽车4S店的售后服务感到满意。

3. 分析问题

业务接待从客户那里获得信息后,不要马上下结论。当然,业务接待对客户提出的汽车问题已经有了一些设想,但要等车辆检验后才能验证此设想。因此,业务接待不要向客户说出自己的设想,要让客户用自己的话说出问题。这样业务接待就能保证任务委托书上信息的准确性。在客户离开后,业务接待就可以仔细检查汽车和分析所有的问题。

资料链接

业务接待的正确接车案例

客户张先生开车到汽车4S店。业务接待小李说:"张先生,您好!我能为您做些什么?"

张先生:"我这车最近发动机怠速时有点粗暴不稳。"

小李记下"怠速粗暴"后问:"起动怎么样?"

张先生:"你这问题问得太好了,最近这车启动还真挺费劲儿,估计是蓄电池的原因吧。"

小李记下"起动困难"后又问:"我们会检查的,请问还有其他问题吗?"

张先生:"没有问题了。"

这位业务接待做得很正确,因为他只记录"怠速粗暴""起动困难"等故障症状,并没有记录"蓄电池的原因"这一猜测。

(资料来源:刘亚杰. 汽车4S店经营管理[M]. 长春:吉林教育出版社,2009.)

(二)客户确认维修项目

1. 说明问题

业务接待应告知客户在检查中发现的问题和需要维修的原因。

资料链接

业务接待向客户说明问题的方法对比

客户张先生开车到汽车4S店保修车辆(续上述案例资料)。

业务接待小李给客户张先生打电话说:"是张先生吗?您好!我是××汽车4S店的业务接待小李。我已经检查了您的汽车,想告诉您我查到的问题,蓄电池是好的,但需要调整。"

业务接待小李的说法并没有向客户说明检查发现的具体问题,也无法向客户解释需要进行的维修项目。

应该这样说:"是张先生吗?您好!我是××汽车4S店的业务接待小李。我已经检查了您的汽车,想告诉您我查到的具体情况。首先蓄电池是好的,但我发现喷油器需要清洗,并且应该换套新的火花塞,这是造成您的汽车起动困难、发动机怠速粗暴的根本原因。"

(资料来源:刘亚杰. 汽车4S店经营管理[M]. 长春:吉林教育出版社,2009.)

2. 说明解决方法

业务接待应告诉客户用什么样的方法维修他的汽车,并解释清楚这种维修的特点和优点。在向客户说明具体解决方法时要掌握好特点和优点的概念与运用。特点描述的是事物的特征；优点一般与省钱、省时、节油、提高性能、安全或便利等有关。这样更容易和客户达成统一的意见，便于后续工作的顺利进行。

3. 说明项目估价

向客户解释说明车辆问题和维修意见后，业务接待应向客户做车辆维修估价。具体估价包括汽车维修工时费、汽车维修材料费和其他费用三项。其中，汽车维修工时费是指汽车维修所付出的劳务费用，即完成一定的维修作业项目而消耗的人工作业时间所折算的费用；汽车维修材料费是指汽车维修过程中合理消耗的材料的费用，一般分为配件费用、辅助材料费用和油料费用三类；其他费用是指除上述费用之外的，在汽车维修过程中按规定允许发生的费用，主要包括材料管理费、外协加工费等。

常见的估价方式主要有以下三种：

1）现象估价

按故障发生的现象一次彻底维修收费。该估价方法适用于疑难杂症和其他企业修过且未修好的故障。前提在于判断要绝对准确，否则可能会亏本。

2）系统估价

按照牵连的系统所需进行的检查、诊断和维修收费。这是一般通用的估价方式，是使用最多、准确性最有保障的估价方法。

3）项目附加

按故障维修实际工时收费。一般是对个别的客户指定的维修项目估价。

以上三种估价方式在实际运用中要灵活掌握，在估价过程中既要维护汽车4S店的利益，也要顾及客户的感受，要在具体的工作中向客户多做解释，以便在统一认识的基础上采用双方都能接受的估价方式，作出合理的维修估价，使客户有一种消费明确的感觉。

上述内容得到客户认可后，需要打印任务委托书，经客户签字确认后生效，车辆进入下一个工作流程。

一、维修和质量检验流程

汽车4S店的维修和质量检验流程如图3-3所示。

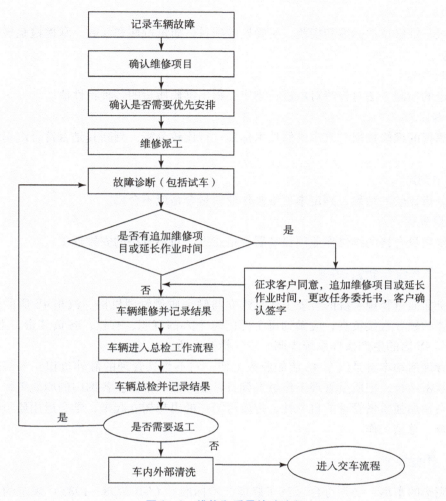

图 3-3 维修和质量检验流程

二、维修质量检验的内容与方法

（一）汽车维修质量检验的内容

汽车维修质量检验就是通过一定的技术手段对所维修的整车、总成、零件等的质量特性进行测定，并将测定的结果与规定的汽车维修技术标准进行比较，判断其是否合格。在汽车4S店中，维修质量检验工作的基本任务包括以下三个方面：

（1）对汽车维修过程实施质量监督与控制。
（2）测定维修的整车、总成、零件等的质量特性。
（3）对汽车维修质量进行评定。

（二）汽车维修质量检验的步骤

汽车维修质量检验工作的步骤包括以下几个方面：

1. 掌握标准

根据汽车维修技术标准和规范，明确检验项目、质量特性和参数，掌握检验规则和数据处理方法。

2. 进行测定

按规定的检测方法对检测对象进行测定，得出维修质量的各种特性值。

3. 数据比较

将所测得的维修数据与汽车维修技术标准进行比较分析，判断其是否符合汽车维修质量要求。

4. 作出判定

根据分析比较的结果，判定本项维修作业质量合格或不合格。

5. 结果处理

对维修质量合格的维修作业项目签署合格意见，对不合格的安排返工。

（三）汽车维修质量控制

建立全面质量管理系统的首要工作是建立与健全质量管理机构。汽车4S店的质量管理工作由主要的领导直接负责，应做到每个部门每个人都有职、有权，各负其责，上下贯通，使整个汽车4S店的生产指挥系统步调一致，指挥灵活。

质量管理活动本身是汽车4S店的业务工作，它不是其管理的额外负担，各部门必须与本职工作紧密结合，把质量管理工作融汇到日常业务活动中去。各部门的职能工作人员，要不断地提高和加强质量管理的自觉性，把质量第一的思想树立起来，学会运用质量管理体系布置、检查、总结工作。

（四）质量要求

修理完毕的车辆，必须符合《汽车修理技术标准》（GB 3798—1983）规定的要求。大修车辆必须达到行驶里程。自出厂行驶6 000 km或3个月内保证车辆的技术状况。

1. 店长

（1）制定并实施企业的质量方针和目标。

（2）主持建立质量体系。

（3）建立并领导质量管理机构。

（4）对维修的质量负全面责任。

（5）确定各级人员的质量职责。

（6）对维修中的重大质量事项组织研究并作出决策，提出质量要求。

（7）对维修工艺设计质量和维修现场质量负技术责任。

（8）负责有关技术文件的编制。

（9）负责对维修工艺设计质量和维修实施质量组织评审。

2. 技术部

（1）负责采取技术措施保证维修质量或解决维修质量问题。

（2）确保维修的技术质量水平满足维修需求。

（3）确保维修质量符合规范要求，满足客户需要。
（4）负责维修技术问题的分析，提出解决方案。
（5）从工艺上保证维修质量。
（6）从技术上对维修质量负责。
（7）具体组织实施开展维修活动。

3. 维修部

（1）监督检查维修作业实施的质量情况。
（2）负责收集、保存并归档维修方面的技术资料及其他有关维修记录。
（3）对质保期服务质量负责，及时向站长汇报维修质量情况。
（4）负责组织制订维修总体质量控制计划。
（5）负责维修质量方针和质量目标的贯彻落实。
（6）对维修各阶段、各环节质量进行监督管理。

4. 质量管理部

（1）协助开展检验、测试和验收工作。
（2）汇总并通报有关维修质量情况，对出现的质量问题坚持"四不放过"，即原因不清不放过、责任未落实不放过、问题未整改不放过、整改效果不合格不放过，并就维修质量有关事宜负责对外联络、协调、合作沟通工作。
（3）参与制订检验计划，编制检验人员所用的全部手册和程序。
（4）参与设计检验场地，选择设备和仪表，设计工作方法。
（5）分配检验人员工作，监督和评定他们的工作成绩。
（6）复核不符合规格的情况，参与研究处置方法。
（7）复核存在不符合规范迹象的工序情况。
（8）挖掘下级人员的潜力。
（9）了解设备、仪表配备、检验方法和操作等方面新工艺的发展，取其合适的部分为汽车4S店所用。

5. 维修车间

（1）负责从资源上为维修质量管理和保证提供必要条件，在保证维修质量的前提下，做好维修进度的控制管理工作，编制进度控制计划。
（2）负责维修对外联络工作，组织进度协调，确保维修进度。
（3）负责维修文档、技术资料的归档和管理。
（4）组织基本功训练。
（5）组织开展质量管理小组活动，解决维修质量问题。

（五）质检工作程序

新出库或上道工序的原材料、零部件及总成，作业人员必须进行检测，检测合格，则进行下道工序；不合格，则报质检员复核，并签字退回仓库或上道工序。零配件经加工、修理、装配、调整，完工后交质检员进行检验，检验合格后，转至下道工序；不合格的，必须返工。车辆维修完工后，先由主修人员自行检查，自检后由辅修人员互检，再将车辆钥匙交班长,由质检员(即班长)检验,如果符合质量标准,则填写检验单并签字,之后安排试车。试车完毕确认没有问题后,将车辆钥匙交给调度员之后方可放行。如有必要,必须交总质检员再次检验。出现质量返修事故,调度员和负责维修作业的人员所在班班长,必须将返修车辆相关情况及时报告汽车4S店领导。

(六)维修质量控制与相关事宜

起动发动机检查车辆故障时,应当先检查风扇是否转动、水箱是否有水。车辆修理完毕试车时,应当先检查手刹、刹车是否灵敏。零配件、汽车总成解体及组装要按顺序进行,解体时,原则上按先外后内、从左至右的顺序进行;组装时,则按与解体时相反的顺序进行。在组装时,不能有任何东西漏装,发现原来有漏装的,在维修作业时必须补装好,确保完整、无遗漏。上螺钉时必须使用匹配的扳手等工具,力度必须适度,既不能使劲过大,也不能使劲过小。具体的注意事项如下:

(1)凡前来检修的车辆,必须先由正班长确认检修的难易程度,合理安排维修人员进行检修。原则上难度大的检修任务,安排技术较好的维修人员进行检修;难度小的,由其他维修人员进行检修。

(2)检修前,必须由正、副班长(或班长指定的技术好的职工)先进行故障判断,确认是否需要更换零配件以及需要更换哪些零配件,在作出决定之后方可实施。

(3)更换零配件时,不匹配的零配件不允许安装。

(七)维修质量检验规范

在维修过程中,维修技师应严格遵循不接受、不制造、不传递质量缺陷的原则,重视修理的质量,采用上下道工序互检的方式,严格执行三级质量检验制度。

1. 三级质量检验制度

1)第一级检验——维修技师的个人自检

维修技师在完成修理及后续整理工作之后自检,自检的主要内容如下:根据维修工单的作业内容逐项检查是否达到技术标准。自检完毕,维修技师在维修工单技师栏填写自己的名字。

2)第二级检验——维修班组的互检

维修班组长对本班组的维修质量负责。在其本班组成员自检完成后,班组长应按规定对所完成的维修项目进行质检,并核对所有维修项目和操作内容是否均已完成;当发现问题时,必须采取相应的措施进行纠正;检验的结果应反馈给维修技师,以提高维修技师的技术水平,避免同一问题重复发生;完成质检后,班组长应当在维修工单技师栏签字确认,如有增加项目,应在增项技师栏下面签字确认,然后将工单、客户自费更换的配件、钥匙交给质检人员,申请质检员总检。

3)第三级检验——质检人员的终检

质检员在班组二级检验合格后,再对车辆的维修质量进行终检,必要时进行路试,同时对完工车辆的清洁状况进行检查;做好最终检验记录,并签字。对二级维护、总成大修和整车修理的,应按照《机动车维修合格证管理制度》的规定,开具汽车维修竣工出厂合格证,并向客户解释合格证保修条例。

2. 质检合格的车辆交车

质检合格的车辆由维修技师将维修工单交给业务接待，并向业务接待做详细交接，业务接待应做力所能及的完工交车前质检（如油液面及颜色外观质检），业务接待引导客户检验车辆后，打印预结算单，向客户解释费用明细，引导客户买单后送客。

3. 维修检验不合格品的处理

维修检验不合格是指各级检验中发生的不合格。对一、二级检验不合格的，由各班组的班组长负责自行采取相应的纠正措施。但对于由技术水平、配件、维修检测设备等原因造成的不合格，班组不能解决的，应当及时报告车间主管。

4. 内部返修的处理

对三级检验（最终检验）中发现的不合格车辆，质检人员应当做好记录，并将不合格车辆返回原承修班组重新维修，告知检验发现的问题并做好检验不合格的标识，对终检不合格的车辆，经维修后应当重新检验。

5. 外返车辆的处理

外返车辆是指经最终检验合格，已交付顾客使用，但在短期内或质保期内故障重新出现，并经分析判断为维修质量问题的不合格车辆。外返车辆的确认由质检人员、技术总监、车间主管和业务接待共同进行，开外返维修工单，标注"外部返工"，由质检人员安排原承修组返修；但因技术能力限制，无法完成返修，应当安排给技术能力更高的班组。外返车辆必须优先安排维修，维修完工后，再次检验，合格后方能交付。质检人员应当详细记录每一台内返/外返车辆，编制日、周、月报告，并分析其不合格的原因，然后采取相应的纠正措施或预防措施。

任务五 交车服务

交车是对业务接待服务工作的大检阅，是服务接待的重要工作之一，是否掌握交车技能直接关系到业务接待服务能力的高低。圆满地完成交车作业，使客户满意离开，这是业务接待交车的主要目的。

一、交车服务内容

交车服务的内容主要包括以下几个方面：

（一）交车前准备

业务接待在交车前要对完工车辆进行检查，核实维修项目和费用，以确保交车工作万无一失。

（二）通知客户取车

完成上述准备后，业务接待即可制作好交车明细表，并联系客户确定交车时间。

（三）客户沟通

客户付款取车前，业务接待要逐项向客户说明维修项目和具体费用，并妥善回答客户提出的疑问，同时建议、提醒、告知客户维修项目和相关注意事项等。

（四）付款交车

业务接待要为客户交款提供有效的指导和帮助，引导客户到交款台。客户交款后，业务接待应根据交款收据或发票将车钥匙和相关服务材料交给客户。

（五）送别客户

业务接待要协助客户移动车辆，亲自和客户道别，目送客户离开。

二、交车服务流程

汽车维修业务交车服务流程如图3-4所示，交车服务过程细分表如表3-1所示。

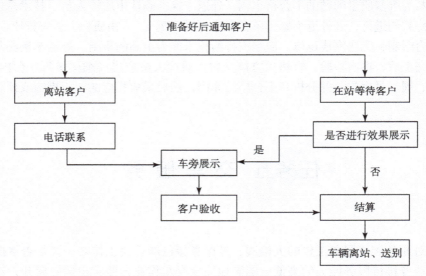

图3-4　汽车维修业务交车服务流程

表3-1　交车服务过程细分表

环节	流程	责任人	完成工作区域	完成时间	操作要点	工具
交车服务	通知客户	业务接待	休息区	1分钟	（1）告知竣工。 （2）询问是否需要进行效果展示。 （3）费用解释。 （4）免费项目告知。 （5）提醒告知	任务委托书、结算单（钥匙包）

项目三 汽车4S店售后服务管理

续表

环节	流程	责任人	完成工作区域	完成时间	操作要点	工具
交车服务	效果展示	业务接待	交车区	5分钟	（1）引导至交车区。 （2）内外效果展示	接车单（预检单）任务委托书、结算单（钥匙包）
	结算	财务人员	收银处	5分钟	（1）引导至收银处。 （2）财务人员接待	任务委托书、结算单（钥匙包）
	送行	业务接待/门卫	门口	1分钟	（1）交钥匙包。 （2）送行，口头致谢。 （3）门卫放行。 （4）客户资料移交	钥匙包、出门条

三、交车前的准备工作

交车前的最后检查是维修业务中的重要环节，不仅可以改善工作质量，还会直接影响客户的满意程度。由车间主管或技术总监负责的最后检查，可以保证质量控制获得最佳效果，作为业务接待，一定要充分了解最后检查的方法和项目，确定最后的检查已经实施。万一发生返修的情况，业务接待还要考虑补救措施。

（一）提早2小时检查作业进度，做到心中有数

为了确保能够按时向客户交车，业务接待要提早对维修进度进行检查跟踪，做到心中有数。如果发生其他的意外情况，要及时与客户联系，并做好解释工作。

（二）将车辆内外清理干净（一般由清洁中心处理）

交付客户一辆洁净的车辆非常重要，尤其是一些小细节，有时能体现汽车4S店售后服务的整体形象，如倒掉烟灰盒中的烟灰等。客户可以清晰地感到汽车4S店为他的汽车进行了清洁处理，能够感觉到汽车4S店对他的车辆是负责任的。在售后服务中正是那些举手之劳，常常会在很大程度上增加客户的满意度。

（1）交车前对车辆维修过的部位进行清洁检查，应保证无油污，并确保无意外损伤（即在维修时造成的无意识损伤）。

（2）礼仪性地将倒车镜、座椅、音响等恢复原位。

（3）检查交车的时间、费用、实际维修项目是否与任务委托书上的项目相符；检查交车时间是否与约定的时间相符；检查维修费用与任务委托书上的估价是否有差异，如果超出估计费用，则应查明原因；检查维修项目是否与任务委托书上的一致，如果有更改项目，查找原因并说明原因，做到心中有数，并及时与客户联系，做好解释工作，如果有增加项目，应说明原因并注意维修费用是否发生变更。

（三）对照任务委托书进行车上检查，核查完工项目

逐项检查任务委托书上的项目是否已完全完成，确保所有数据均已载入任务委托书，确认所有费用均已列在客户结算单上。确认完成的维修项目符合客户的要求，将返修率降至最低。

（四）核算

业务接待审验完任务委托书后，若确认无误，做相应记录，并将任务委托书送交收款员进行核算。

收款员检查任务委托书、材料单和其他凭证（如外部维修加工单等）是否齐全，检查出库的材料是否与任务委托书要求的维修范围一致，并对具体项目进行核对核算。

（五）列出建议维修的项目

列出建议客户维修的项目、时间、危害性或危险程度，以及对车辆性能和寿命的影响等，保证交车时能给予客户全方位的指导和关怀，以有效提升客户的满意度。

四、交车服务要求

（一）带领客户验车

在客户取车时，业务接待应尽可能亲自带领客户查看维修完毕的车辆，尽可能使客户每次取车的经历都变成一次积极的体验，使客户感觉到他的汽车现在已完全正常，并使其确定选择这家汽车4S店维修车辆的决定是正确的。在此过程中，应尽可能说明免费为客户维修的项目，说明维修的难度、更换的大部件或小部件。如果有增加项目或减少项目，应详细解释，说明变更项目的必要性，以及对车辆寿命性能的影响和好处。总之，交车时要体现出汽车4S店的工作人员是站在客户的角度为客户及车辆着想的。这一环节必须细致周到，充分体现客户第一的理念。

（二）带领客户审验维修项目

带领客户按照任务委托书审验维修项目，确认所有要求均已满足。在审验维修项目的过程中，积极向客户解释维修的过程，此时应带上损坏的零件帮助进行说明，能有效增强客户对汽车4S店的信任和信心，同时可以避免客户认为汽车4S店提供的服务过于昂贵。

（三）提醒客户

提醒客户维修过程中发现但未排除的故障，如果可能，给出报价，一定要说明是大约报价，具体价格要和核算员进一步核算，让客户感觉到价格不是随意定的，而是有严格的核算办法和定额规定。

> 【小提示】
>
> 如果发现涉及安全性问题,应向客户解释未排除故障的危害,但不能让客户感觉到是在拉业务,而要让客户感到是在为他着想。对必须维修但客户拒绝维修的项目,按内部相关规定应向客户解释清楚其危害,对涉及行车安全的内容在必要时请客户签订有关协议并说明责任自负。

(四)提示客户

向客户提示当前的服务项目,提示新推出的项目和下次保养的日期,如果可能,应约定下次保养的具体时间,并记录,以便到时主动预约。

(五)向客户提出关怀性的建议

业务接待要向客户提出关怀性的建议,主要包括以下几项:
(1)轮胎气压不足会增加燃油消耗,建议客户应经常检查胎压。
(2)如果汽车后备箱内装有两箱矿泉水,额外的重量会使燃油消耗增加,若减少这些重量,估计每 100 km 油耗会降低 1 L。
(3)如果清洗液喷嘴被车蜡堵住,清洗液无法喷出,应将车蜡清除,以后打蜡时要多加注意。

只有业务接待亲自将车辆交给客户,良好的服务才算画上了圆满的句号。同时,这将再次让客户明确汽车4S店的维修服务能力。

(六)告知额外的免费服务

按照客户要求完成维修后,业务接待就基本完成了工作,但是还可以多做一点,使客户对业务接待的体贴产生深刻印象。这不会增加任何费用,但却能有效增加客户的好感。

例如,告知客户已做了一些额外的免费服务:消声器的螺栓松动,维修人员已经拧紧;驻车制动器的推杆行程太大,这可能导致驻车制动器失灵,维修人员已经进行调整;发动机罩不能平顺开关,维修人员已给发动机罩的铰链加了润滑油;等等。

(七)新车服务营销

最后,业务接待还可进行新车服务营销,告诉客户最近的销售服务项目活动,如果有新车销售活动,告诉客户新车的情况,如性能、特点等。

交车并送别客户后,整个业务流程并没有结束,在后期还要对客户进行跟踪回访,以了解客户维修后的用车感受、倾听客户的意见等。

任务六　保修业务管理

一、保修的意义与保修条件

（一）保修的意义

保修是汽车4S店或特约维修站对质量担保期（以下简称质保期）内损坏的车辆进行免费维修，并由汽车生产商对汽车4S店的维修费用进行结算的服务方式。其费用主要包括车辆正常保修的材料费、工时费，以及外出救援的交通、住宿等费用。

质量担保的目的如下：一是使客户对生产商的产品满意；二是使客户对生产商和经销商的售后服务满意。这两个因素是维护公司各产品信誉和促销的基础。其中，客户对售后服务是否满意最重要。如果客户对生产商的服务仅有一次不完全满意，生产商无疑就会失去这个客户；但是，如果生产商的售后服务能够赢得客户的信任，使客户满意，那么生产商就能继续推销其产品和服务。质量担保制度是售后服务部门的有力工具，生产商可以用它满足客户的合理要求。每个经销商都有义务贯彻这个制度，执行质量担保承诺也是经销商吸引客户的重要手段。众所周知，尽管在生产制造过程中生产商足够认真，检验手段足够完备，但还会出现质量缺陷，重要的是这些质量缺陷能够通过售后服务系统，利用技术手段迅速、正确地得到解决。售后服务的质量担保正是要展示这种能力，在客户和经销商之间建立一种紧密的联系，并使之不断地得到巩固和加强。

（二）保修条件

不同品牌汽车的保修条件不同，常见的品牌汽车整车质保期如表3-2所示。

表3-2　常见的品牌汽车整车质保期

品牌	整车保质期	品牌	整车保质期
一汽奥迪	2年不限km	名爵	3年或60 000 km
华晨宝马	2年不限km	长安马自达	3年或100 000 km
宝骏	3年或60 000 km	东风悦达起亚	3年或50 000 km
北京奔驰	2年不限km	东风日产	3年或100 000 km
东风-广汽本田	3年或100 000 km	斯巴鲁	3年或100 000 km
东风标致	2年或60 000 km	北京现代	2年或60 000 km
上海通用别克	2年或60 000 km	雪佛兰	2年或60 000 km
一汽-大众	2年或60 000 km	东风雪铁龙	2年或60 000 km
帝豪	3年或100 000 km	英菲尼迪	4年或100 000 km
雷克萨斯	4年或100 000 km	长安铃木	3年或100 000 km

下面以一汽－大众汽车有限公司大众品牌轿车为例进行说明。

1. 整车质量担保

整车质量担保的起始时间自汽车购买之日（以购车发票为准）起计。

（1）属于出租营运用的新购捷达轿车的担保期为 12 个月或 100 000 km（以先达到者为准）

（2）除出租营运以外的所有其他用途的新购捷达轿车质量担保期为 24 个月或 60 000 km。

2. 配件质量担保

零件自从一汽－大众特约经销商处购买并在特约经销商处安装之日起质量担保期为 12 个月或 100 000 km。

3. 捷达特殊件的质量担保期

（1）控制臂球头销为 12 个月或 60 000 km。

（2）前后减振器为 12 个月或 60 000 km。

（3）等速 20 000 万向节为 12 个月或 60 000 km。

（4）喇叭为 12 个月或 60 000 km。

（5）蓄电池为 12 个月或 60 000 km。

（6）氧传感器为 12 个月或 70 000 km。

（7）防尘套（横拉杆、万向节）为 12 个月或 60 000 km。

（8）三元催化转换器为 24 个月或 50 000 km。

4. 捷达易损件的质量担保期（以先达到者为准）

（1）灯泡：6 个月或 5 000 km。

（2）轮胎：6 个月或 5 000 km。

（3）火花塞：6 个月或 5 000 km。

（4）全车玻璃件：6 个月或 5 000 km。

（5）前制动摩擦衬片、后制动蹄片：6 个月或 5 000 km。

（6）风窗雨刮片：1 个月或 1 000 km。

二、汽车保修索赔业务流程

（一）免费保养作业流程

一般来说，汽车厂商对汽车提供两次免费保养（个别品牌是首次免费保养），免费保养作业流程如图 3-5 所示。

（二）质保期内保修索赔作业流程

对于在质量保修范围内车辆出现问题的，需要进行保修索赔作业，具体分为到店处置和外出救援两种方式。到店处置作业流程如图 3-6 所示。

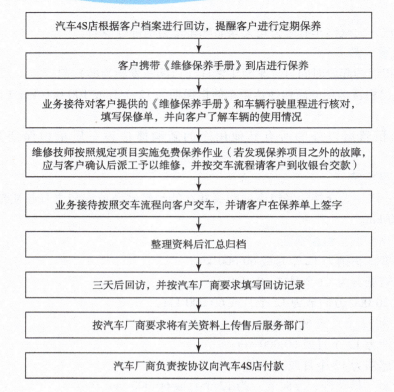

图 3-5　免费保养作业流程

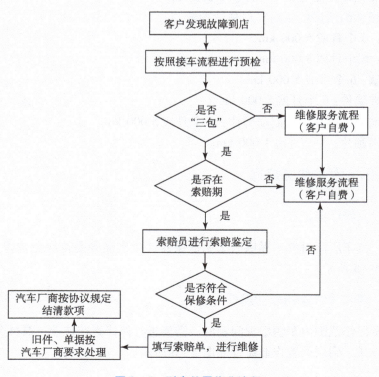

图 3-6　到店处置作业流程

汽车4S店接到救援电话，需要外出进行救援作业时，要先询问故障情况，初步分析能否进行现场维修，如果不能，则需要立刻安排拖车将客户车辆拖至汽车4S店或维修站（汽车4S店委托业务的其他维修站）；如果分析认为可以进行现场维修，则应通知业务经理安排抢修小组，带好备件和工具赶赴现场进行救援。

三、保修费用结算单的申报程序

（1）结算数据上报。目前，大多数汽车生产商采用电子邮件的方式上传结算数据，生产商规定一个月的某天为结算数据上传日。

（2）费用的申报凭证：保养费，主要凭保养费结算通知单申报；工时费、材料费，凭保修费用结算申报单、保修材料回收统计单等申报；出差服务费，凭外出服务申报单和有效票据申报；旧件运输托运费，凭旧件运输托运费的有关票据申报。

（3）从收到维修站的保修费用结算申报单及经确认的旧件回收单之日起，结算员原则上在20天内必须审核完毕。

（4）结算员按标准规定审核后，交财务处复核。对审核费用及审核扣除的不合理费用，坚持三包结算回复制，结算员负责以书面或电子邮件的方式通知维修站。

（5）财务处复核后转结算员，通知维修站开具增值税发票。维修站如果有疑问，在5天内提出复审，开票后不再受理复审，发票从通知之日起2周内必须寄达结算员。

（6）维修站将发票直接寄给汽车生产商的售后服务部结算员，结算员接到发票后，填写费用报销单，经主管领导审核签字后交财务处，由财务处向维修站支付保修服务费。

（7）结算申报单有下列情况之一者，不予受理：

①有漏填、错填项目的。
②故障原因不清的。
③换件原因不符合保修规定的。
④鉴定不准确、不符合规定的。
⑤不按规定的零部件价格和工时标准填报的。
⑥签章不齐全或无签章的。
⑦按规定应退回的旧件点验不符合要求及未附旧件回收统计单的。
⑧需经批准而未填写批准人或授权号的。
⑨结算申报单不按时间先后报审的，即后一次不再审核前一次截止时间以前的单据。
⑩客户的地址、单位、联系人、邮政编码不清楚，信件无法投递，提供的客户电话错误而无法联系的。
⑪结算申报单未填写配套厂标识代码和作业代码的。

四、汽车三包常识

国家质量监督检验检疫总局[②]公布的《家用汽车产品修理、更换、退货责任规定》（即汽车三包规定）于2013年10月1日起施行，其出发点是保护汽车消费者的合法权益，约束

---

② 现名国家市场监督管理总局。

汽车生产商、经销商的销售和售后行为。而《缺陷汽车产品召回管理条例》也于2013年1月1日起实施，这两项规定的先后出台和实施，使消费者买车、用车的权益得到了更大的保障。

（一）销售者的义务

销售者应当建立并执行进货检查验收制度，验明家用汽车产品合格证等相关证明和其他标识。销售者销售家用汽车产品应当符合下列要求：

（1）向消费者交付合格的家用汽车产品和发票。
（2）按照随车物品清单等随车文件向消费者交付随车工具、备件等物品。
（3）当面查验家用汽车产品的外观、内饰等现场可查验的质量状况。
（4）明示并交付产品使用说明书、三包凭证、《维修保养手册》等随车文件。
（5）明示家用汽车产品三包条款、三包有效期。
（6）明示由生产者约定的修理者名称、地址和联系电话等修理网点资料，但不得限制消费者在上述修理网点中自主选择修理者。
（7）在三包凭证上填写有关销售信息。
（8）提醒消费者阅读安全注意事项，按产品使用说明书的要求使用和维护保养车辆。

对于进口家用汽车产品，销售者还应当明示并交付海关出具的货物进口证明和出入境检验检疫机构出具的进口机动车辆检验证明等资料。

（二）修理者的义务

修理者应当建立并执行修理记录存档制度。书面修理记录应当一式两份：一份存档；一份提供给消费者；修理记录内容应当包括送修时间、行驶里程、送修问题、检查结果、修理项目、更换的零部件名称和编号、材料费、工时费、拖运费、提供备用车的信息或者交通费用补偿金额、交车时间、修理者和消费者的签名或盖章等；修理记录应当便于消费者查阅或复制；修理者应当保持修理所需要的零部件的合理储备，确保修理工作的正常进行，避免因缺少零部件而延误修理时间；用于家用汽车产品修理的零部件应当是生产者提供的或者认可的合格零部件，并且其质量不低于家用汽车产品生产装配线上的产品；在家用汽车产品保修期和三包有效期内，家用汽车产品出现产品质量问题或严重安全性能故障而不能安全行驶或者无法行驶的，应当提供电话咨询修理服务，电话咨询修理服务无法解决的，应当开展现场修理服务，并承担合理的车辆拖运费。

（三）三包责任

三包责任对家用汽车产品的退货条件进行了明确。在三包有效期内符合规定的，消费者可凭三包凭证、购车发票等向销售者退货。根据这个规定，自销售者开具购车发票之日起60日内或者行驶里程3 000 km之内（以先到者为准），家用汽车产品出现转向系统失效、制动系统失效、车身开裂或燃油泄漏等问题，消费者选择更换家用汽车产品或退货的，销售者应当负责免费更换或退货。在家用汽车产品三包有效期内，因严重安全性能故障累计进行了两次修理，严重安全性能故障未排除或者又出现新的严重安全性能故障的，或发动机、变速器累计更换两次后，或者发动机、变速器的同一主要零件因其质量问题，累计更换两次后，仍不能正常使用的，或转向系统、制动系统、悬架系统、前/后桥、车身的同一主要零件因其质量问题，累计更换两次后，仍不能正常使用的，消费者选择退货时，销售者应当负责退货。另外，如果家用汽车产品符合更换条件，销售者无同品牌同型号产品，也无不低于原车配置的产品向消费者更换的，消费者可以选择退货，销售者应当负责为消费者退货。相关规定指出，家用汽车产品符合退货条件的，销售者应当自消费者要求退货之日起 15 个工作日内向消费者出具退车证明，并负责为消费者按发票的价格一次性退清货款。

> 【小提示】
> 在家用汽车产品三包有效期内，无有效发票和三包凭证的，销售者可以不承担本规定所规定的三包责任。三包凭证包括以下内容：产品品牌、型号、车辆类型规格、车辆识别代号、生产日期；生产者名称、地址、邮政编码、客服电话；销售者名称、地址、邮政编码、电话等销售网点资料、销售日期；修理者名称、地址、邮政编码、电话等修理网点资料或者相关查询方式；家用汽车产品三包条款、三包有效期，以及按照规定要求应当明示的其他内容。

（四）缺陷汽车召回管理

《缺陷汽车产品召回管理条例》经 2012 年 10 月 10 日国务院第 219 次常务会议通过，自 2013 年 1 月 1 日起施行，国务院产品质量监督部门负责全国缺陷汽车产品召回的监督管理工作。国务院产品质量监督部门缺陷产品召回技术机构按照国务院产品质量监督部门的规定，承担缺陷汽车产品召回的具体技术工作。对缺陷汽车产品，生产者应当依照本条例全部召回；生产者未实施召回的，国务院产品质量监督部门应当依照《缺陷汽车产品召回管理条例》责令其召回；生产者应当建立并保存汽车产品设计、制造、标识、检验等方面的信息记录，以及汽车产品初次销售的车主信息记录，保存期不得少于 10 年；销售、租赁、维修汽车产品的经营者（以下简称经营者）应当按照国务院产品质量监督部门的规定建立并保存汽车产品相关信息记录，保存期不得少于 5 年；生产者实施召回的，应当以便于公众知晓的方式发布信息，告知车主汽车产品存在的缺陷、避免损害发生的应急处置方法和生产者消除缺陷的措施等实施召回的相关信息；车主应当配合生产者实施召回；对实施召回的缺陷汽车产品，生产者应当及时采取修正或者补充标识、修理、更换、退货等措施消除缺陷，并承担消除缺陷的费用和必要的运送缺陷汽车产品的费用。

项目小结

汽车 4S 店设立售后服务部，由售后服务部经理主管，一般下设前台主管、配件经理、保险理赔主管、车间主任和技术总监等职位，具体工作分别由业务接待、服务顾问、保管员、服务内勤等人员完成。售后服务部的主要工作就是负责技术咨询、车辆的首次免费保养、维修和保养业务、事故车接待处理、车辆及配件索赔、汽车召回等服务；工作职责范围包括从接待服务到维修保养的全过程。绝大多数汽车4S店采用以客户为中心的服务运作流程，具体分为预约、预约准备、接车、维修、质量检验、交车、跟踪服务等环节。

汽车4S店的预约可以分为主动预约和被动预约两种，预约工作一般经历预约前的准备工作，预约接听、记录、确认，预约统计与移交，以及预约后的工作等过程。主动预约时，汽车4S店的业务接待作为通话的发起者，要保证预约成功，必须讲究拨打电话的技巧。拨打电话时，自始至终都要待人以礼，表现文明大度，尊重与自己通话的对象。被动预约时，业务接待要按照接听电话的礼仪程序和合适的顺序操作，给人留下积极的第一印象，并可传递直接信息。接听电话应在铃响三声内拿起电话，拿起电话时先要问候来电者，并询问客户是否需要帮助。

接车服务的主要工作内容包括客户迎接工作、询问客户需求、车辆问诊与预检、维修项目估价、开具任务委托书、维修作业安排和客户安排、推销增加的服务、维修作业的跟进等。

汽车维修检验就是通过一定的技术手段对所维修的整车、总成、零件等的质量特性进行测定，并将测定的结果与规定的汽车维修技术标准进行比较，判断其是否合格。维修检验的基本任务包括对汽车维修过程实施质量监督与控制，测定维修的整车、总成、零件等的质量特性，以及对汽车维修质量进行评定。

交车服务的内容主要包括交车前准备、通知客户取车、客户沟通、付款交车、送别客户。交车服务要求带领客户验车、带领客户审验维修项目、提醒客户、提示客户、向客户提出关怀性的建议、告知额外的免费服务、新车服务营销等。

保修是汽车4S店或特约维修站对质量担保期内损坏的车辆进行免费维修，并由汽车生产商对汽车4S店的维修费用进行结算的服务方式。其费用主要包括车辆正常保修的材料费、工时费，以及外出救援的交通、住宿等费用。具体的保修条件应与汽车三包政策统一，但不同汽车厂商对汽车提供免费保养的次数不同（部分品牌的汽车提供两次免费保养，但个别品牌是首次免费保养）。

复习思考题

1. 简述汽车4S店售后服务的内容和流程。
2. 售后服务预约有哪两种类型？电话预约的内容包括哪些方面？
3. 简述电话预约的标准和技巧。
4. 接车服务包括哪些内容？接车要点有哪些？
5. 简述交车服务的主要内容。
6. 简述交车服务的流程。
7. 简述汽车4S店保修业务的工作流程。

项目四
汽车4S店配件管理

项目导入

汽车行业发展迅速，车型更新换代一年一小改，三年一大改，但即使是小改的车型，20%的配件就不再适用新车型，这对汽车4S店来说，意味着既要增加新品种的库存配件种类，也会增加呆滞库存的风险，同时带来的是资金的压力。

汽车行业配件的生命周期较短，新老车型更换、新车型的上市意味着旧车型的需求量减少和库存积压。汽车4S店要保证原有车型的保养，就要保持一定的库存量，但是这样对旧车型的库存会长时间难以消化。

在汽车行业，配件库龄大于1年的库存就算呆滞库存，配件合理的库存标准应该维持在6个月以内，一般大于80%，6个月到1年的为18%，大于一年的应小于2%。但是绝大多数汽车4S店高于这个合理水平。呆滞库存已经成为汽车4S店在配件管理方面非常棘手的问题。

那么，汽车4S店应如何做好配件管理呢？

 项目要求

1. 了解配件管理的组织机构。
2. 学习和了解汽车配件的基本常识。
3. 掌握汽车配件的管理流程。
4. 学会汽车配件管理业务，胜任配件仓库相关岗位的管理工作。
5. 熟悉配件仓库管理各岗位的职责和任职条件。
6. 掌握和熟悉配件管理的细则。
7. 掌握汽车4S店配件仓库管理知识。

 相关知识

对汽车4S店配件入库、储存等的管理必须采用计算机管理。原则上配件的出入库由两人承担（但可视本部门的实际情况而定），入库由订货计划员完成，出库由仓库管理员完成。非仓库人员不得随便进入仓库内，仓库内不得摆放私人物品。

任务一 汽车 4S 店配件管理业务概述

一、汽车配件的基本知识

汽车配件是指用于新车装配的原部件、售后零配件和汽车用品。

汽车零部件的种类名目非常多，一般情况下，载货汽车的零部件总数可达到 7 000 ~ 8 000 个，而轿车的零部件总数更多，可达到 10 000 个以上。在一辆汽车总成本中，零部件成本占 70% ~ 80%。汽车配件可从汽车零部件的材质、用途、结构功能、科技含量等方面进行划分。

汽车配件主要包括汽车零部件、汽车标准件和汽车材料。

（一）汽车零部件

汽车零部件一般都编入各车型汽车配件目录，并标有统一规定的零部件编号，包括零件、合件、组合件、总成件、车身覆盖件。

1. 零件

这是汽车的基本制造单元，是不可再拆卸的整体，如活塞环、气门等。

2. 合件

由两个以上的零件组装，起单一零件作用的组合体称为合件，如带盖的连杆、成对的轴瓦、带气门导管的缸盖等。合件以其中的主要零件确定名称。

3. 组合件

由几个零件或合件组装，但不能单独完成某一机构作用的组合体，如变速器盖，有时也称半总成件。

4. 总成件

由若干零件、合件、组合件装成一体，能单独起某一机构作用的组合体，如发动机总成、离合器总成、变速器总成。

5. 车身覆盖件

由板材冲压、焊接成形并覆盖汽车车身的零件，如散热器罩、叶子板等。

（二）汽车标准件

这是指按国家标准设计与制造，对同一零件统一其形状、尺寸、公差、技术要求，能通用在各种仪器设备上，并具有互换性的零件，适用于汽车的标准件有螺栓、垫圈、销等。

(三）汽车材料

汽车材料，如各种油料、溶液、汽车轮胎、蓄电器、标准轴承（非专用）等，大多是非汽车行业生产而由汽车使用的产品，一般不编入各车型汽车配件目录，也称横向产品。

纯正部品，如进口汽车配件，这是各汽车生产商原厂生产的配件，而不是副厂件或配套厂生产的协作件。

二、汽车配件部门组织机构

对汽车 4S 店来讲，人员的配备既要符合汽车生产商的要求，也要结合汽车 4S 店的实际情况，从而避免机构臃肿，造成人力、物力的浪费。另外，根据经营规模，采购员、调度员、配送员可设为兼职。基本的配件部门组织机构如图 4-1 所示。

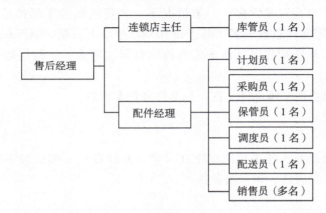

图 4-1 基本的配件部门组织机构

对配件经理及其下属各岗位的职责分述如下：

（一）配件经理

（1）按照汽车生产商的配件运作要求，组织、督促配件工作人员做好汽车 4S 店（特约维修站）的配件管理工作。

（2）根据汽车生产商的要求和市场的需求，合理调整库存，将库存周转率控制在合理的范围内，加快资金周转，减少滞销品种。

（3）根据汽车生产商关于保证金设置的要求，确保在汽车生产商的账户中有充足的保证金余额。

（4）对汽车 4S 店工作人员进行配件业务的培训。

（5）协调好配件部门和其他业务部门的关系，确保维修业务的正常开展。

（6）及时向汽车生产商的配件部门传递汽车市场信息和汽车 4S 店的业务信息。

（7）审核、签发向汽车生产商的市场营销部、售后服务部订购配件的有关文件。

（8）审核、签发向汽车生产商售后服务部提供的月度报表文件。

（9）严格控制配件的采购和外汇储备。保证需要，只向汽车生产商订购纯正的配件，不得参与购买非汽车生产商提供的假冒伪劣配件及倒卖配件的活动。

（10）负责制订所辖员工的半年培训需求计划。

（11）负责配件工作流程的不断优化。

（二）配件计划员

（1）配合部门经理（即配件经理）完成汽车生产商下达的配件销售任务、汽车 4S 店下达的配件销售任务和利润指标。

（2）计划员应与汽车生产商、供货商保持良好的供求关系，掌握市场信息。

（3）掌握配件的现有库存和保险储备量，适时作出配件的采购计划和呆滞配件的处理方案，熟悉维修业务，确保业务正常开展。

（4）对用量大的 A 类件，要实行货比三家的原则，做到质优价廉，并通过分析比较制定最佳订货单。保证不断货，积压量最小。

（5）根据供应和经营情况适时作出库存调整计划，负责做好入库验收工作。对于购入配件在质量、数量、价格上存在的问题，作出统计，并监督采购人员进行异常处理。

（6）负责供货商应付账款账目，及时做好微机账目。负责保管全部进货明细单、提货单、入库清单（又称入库单），并归类保存；临时管理进货发票及运单。负责同财务部及其他业务往来单位的账务核对。

（7）及时做好配件的入库工作，以实收数量为准，制作入库清单，负责与配件相关的财务核算和统计工作。

（8）完成部门经理交办的其他工作。

（三）配件采购员

（1）配合部门经理完成汽车生产商下达的配件销售任务、汽车 4S 店下达的配件销售任务和利润指标。

（2）对计划量进行审核，做好计划的延续和补充工作，对配件供应的及时性、正确性负责。

（3）以低成本、高品质为目标，积极开发配件，降低采购费用，提高采购效率。

（4）建立采购供应的业务档案，掌握不同运输方式的运输天数、费用等，进行定量分析，确定最佳采购方案。

（5）对用量大的 A 类件，要实行货比三家的原则，做到质优价廉，并通过分析比较，制定最佳订货单。保证不断货，无积压。

（6）加强采购管理，适时、适量、适质、适价，与汽车生产商保持良好的关系；按计划采购，对特殊情况有权做临时调整。

（7）在采购过程中要强化验货工作，对配件的品牌、规格、数量等都要做到准确无误，认真完成配件的第一次检验。

（8）在入库验收的过程中，采购员要协同计划员、保管员做好配件的第二次检验工作，对配件的质量、品牌、规格、价格等问题能作出合理解释。

（9）负责配件质量、数量的异常处理，及时做好索赔、退货和退换工作。

（10）对急件、零星采购件，采购员要进行充分的询价、比价、议价，并按采购程序优先办理。

(11) 完成部门经理交办的其他工作。

(四) 配件保管员

(1) 入库前要整理库房，为新到配件的摆放提供空间。

(2) 在货物入库验收的过程中，要认真清点货物的数量，检查质量，同时填写实收货物清单（送货上门），核实无误后签字确认。对有质量问题的货物，保管员有权拒收。

(3) 保管员负责配件上架，按号就座，严格执行有关配件保管的规定。

(4) 保管员负责根据核对好的入库清单认真填写卡片账，做到账物相符，填写卡片账工作应在当天完成。

(5) 在配件的发放过程中，保管员必须严格履行出库手续，根据调度员签发的出库申请提取配件。严禁先取货后补手续的错误做法，严禁白条发货。

(6) 出库后，保管员根据出库单认真填写卡片账，做到账实相符。

(7) 确保库存准确，保证账、卡、物相符。随时对有出入库的配件进行复查，并做好配件的月度和季度盘点工作。

(8) 因质量问题退换的配件，要另建账单独管理，及时督促计划员进行库存和账目调整，保证库存配件准确、完好，督促采购员尽快作出异常处理。

(9) 适时向计划员提出配件库存调整（短缺、积压）的书面报告。

(10) 保管全部与配件有关的业务单据、入库清单、出库清单，并归类存档。

(11) 完成部门经理交办的其他工作。

(五) 配件调度员

(1) 调度员协同保管员、提货人（或配送人员）根据配件出库清单安排出库货物。出库清单可根据具体库存情况或提货人的临时要求进行调整，并根据配件出库的实际情况补充出库清单。

(2) 调度员要督促保管员、提货人（或配送人员）在核实无误后的出库清单上签字认可，确保清单与实物相符。

(3) 调度员负责应收账款账目和收缴事宜，不得赊销，一律先收款后付货，减少不必要的死账、呆账。

(4) 调度员负责应收账款往来账目，做好微机账目的处理工作，及时录入往来票据（收款通知、出库清单、其他收款证明、运输费用）。保管全部配件业务单据、出库清单并归类存档，负责与往来单位的账务核对。

(5) 调度员协同采购员、保管员负责业务往来单位的质量件退换工作，并严格执行退件规则。

(6) 随时向采购员、计划员反映业务中出现的有关配件质量、价格、存货等问题，并作出书面报告交计划员。

(7) 协同采购员、计划员、保管员进行配件的验收入库工作，及时掌握配件来货情况，确保不丢失任何一份配件订单。

（8）建立并保持与各经营单位的良好合作关系，对客户在配件业务上提出的质疑（质量、价格、发运、往来账、业务咨询等）作出合理解释，协调解决，确保不丢失任何一位客户。

（9）完成部门经理交办的其他工作。

（六）配件配送员

（1）及时准确地将货物发送到指定地点。

（2）确保货物安全到达，严禁出现损坏、遗失的现象。

（3）合理选择运输工具和运输路线，节省时间、节约费用，提高工作效率。

（4）对客户的提问应当作出准确合理的解答，对自己不能解释的问题，不要给客户和汽车4S店带来不必要的麻烦，事后应积极找出答案。

（5）积极收集有关的配件信息，尤其是出现的配件质量问题，及时作出反馈。

（6）送货时，必须带回有收货单位主管人签字的收货凭证，并协助收货方验收货物。

（7）向外地发送货物时应要求运送方签字证明，并及时与收货单位联系，准确地说出收货方式、收货地点及其他应说明的情况，确保货物安全到达。

（8）及时查询货物是否安全到达。

（9）完成部门经理交办的其他工作。

（七）配件销售员

（1）熟悉和掌握各类配件的品名、编号、价格、性能和用途，对客户热情周到，及时准确地满足每一位客户的需求。

（2）客户提出关于配件的问题（如质量、价格、咨询等），能及时准确地回答。

（3）严格执行配件销售价格，不得私自提价或降价（正常的降价除外）。销售配件必须开具相应的出库凭证，不准擅自赊账。

（4）维修领料必须严格执行维修领料流程，维修工领料必有接车单方可领取配件，且必须交旧领新，不得打白条出库。

（5）积极收集客户和维修工反馈的配件信息，以便计划员、采购员及时调整配件计划和采购方式。

（6）负责管理柜台物品和及时补充适销的配件库存，及时作出销售业务的配件需求计划。

（7）出库和入库的配件要及时登记卡片账，确保配件库存的准确性。

（8）完成部门经理交办的其他工作。

三、汽车4S店的配件业务管理规定

配件保管员在办理配件入库手续时，必须认真清点核对所购物品与配件采购申请单中所列物品是否相符，以及有关人员的技术鉴定意见，并据实填写入库清单，记入库存材料台账。配件部门经理或配件保管员要对所购进零配件的规格、名称、产地、价格等进行全面验收，并确认合格后方能在入库验收记录上签字。配件保管员对验收合格的配件要及时办理入库手续。

（1）对办理入库手续的配件要及时做账，做账以正式发票凭证为依据。

（2）入库配件要及时制办配件专用卡，清楚入库配件的名称、型号、规格、储备额和实际储存量。

（3）配件入库后要统一登记，一物一档，统一编号，便于查询。

（4）配件保管员要注意处理好配件的库存保管事宜，要对配件进行合理的分区、分架、分层管理，以便于电脑查询和出库，节省配件仓库的使用空间。

（5）配件保管员要努力做到库存安全；对于不常用的配件不宜储存过多，对于易变形、易损坏的配件要小心存放，处理好配件仓库的安全防火事宜，定期清仓、盘点，掌握配件的变动情况；避免配件的积压、损坏或丢失，保证账、卡、物相符。

（6）要与维修车间密切配合，认真做好旧配件的回收管理工作。

四、配件仓库的基本设施与管理内容

配件仓库管理包括配件自入库至出库为止的全部过程。在此期间，必须严格执行配件的验收、入库、保管、发放、盘点和旧件回收与管理等制度。

（一）验收

零配件验收是核对验收凭证，对零配件实体进行数量和质量检验的技术活动的总称，是确保入库零配件数量准确、质量完好的重要环节。验收工作是一项技术要求高、组织严密的工作，关系到整个仓储业务的顺利进行，因此必须做到及时、准确、严格、经济。

1. 验收的必要性

（1）由于入库零配件（以下简称配件）的来源复杂，在运输条件方面存在差异，包装质量不能完全保证，因此配件在供货时和供货途中会发生种种复杂变化，并对其数量和质量上产生一定的影响。为确保入库配件在数量上准确与质量上完好，必须对入库配件进行认真、细致的验收工作。

（2）为配件的保管和最终出库投入使用奠定基础。因为只有在入库验收时将配件的实际状况彻底检验清楚，才能剔除残次不合格品，同时为以后的保管保养措施提供依据，并在最终出库时为用户提供数量准、质量好的配件，所以任何粗枝大叶、不负责任的行为，都会给以后的工作造成不应有的混乱和损失。

（3）对配件的质量生产起监督和促进作用。验收工作实际上是对配件质量、包装和运输等情况的一次全面考核，验收中所发现的产品质量等一系列问题都会对有关部门的质量管理起到一定的推动作用。

（4）验收记录是仓库提出拒收、退货、索赔的依据，如果配件入库时未进行严格的验收，或没有作出正确的验收记录，而在保管中或发货时才发现问题，必定会给后面的工作造成极大的被动，甚至带来不必要的损失，进口配件还会造成不良的政治影响和损失。

2. 验收的基本要求

1）及时

到库配件必须在规定的时限内完成验收工作，要按照有关规定及时完成验收工作，提出

验收结果。这是因为配件虽然到库,但是未经过验收的配件不算入库,不能供应给用料部门。只有及时验收,尽快提出检验报告,才能保证配件尽快入库,及时供应,满足用料部门的需要,加快配件和资金周转。同时,配件的托收承付和索赔都有一定的期限,如果验收时发现配件不符合规定要求,要提出退货、换货或赔偿等要求,均应在规定的时限内提出。否则,供方或责任方不再承担责任,银行也将办理拒付手续。

2）准确

验收工作要"三抓""五清"。"三抓",即抓数量、抓重量、抓质量;"五清",即数量清、重量清、质量清、规格清、批次清。

对入库配件的品种、规格、数量、质量验收的各项数据或检验报告必须准确无误,不得掺入主观偏见和臆断,要如实反映配件当时的实际情况,并真实、准确地加以记录,配件送检入库清单如表 4-1 所示。验收的目的是要弄清配件数量和质量方面的实际情况,验收不准确,就失去了验收的意义。同时,不准确的验收还会给人以假象,造成错误的判断,引起保管工作的混乱,严重者还会危及营运安全。

表 4-1 配件送检入库清单

供应单位：_____　　　　　　　　　入库日期：　　年　月　日

物资编号	品名	规格型号	件数	单位	应收数量	实收数量	退货数	净入库数	单价	金额
合计	（大写）				¥：____元		供货商代表签字：			

制单：　　　　质检：　　　　正常品仓库：　　　　不良品仓库：

3）提运进库要把好"六关"

即把好外勤接运关、中途运输关、仓库收货关、进库卸车关、内部交接关、保管验收关。

4）严格

保管员要严肃认真地对待配件验收工作。验收工作的好坏直接关系到汽车 4S 店的利益,也关系到以后各项仓储业务的顺利开展。因此,仓库领导应高度重视验收工作,直接参与人员更要以高度负责的精神对待这项工作。配件的验收关系到财产的安全,尤其是进口配件的验收,还关系到国家的利益和声誉。因此,验收人员必须具有高度的责任心,严格按制度、规定、标准和手续认真检验,并对所验配件负全部责任。

5)经济

在大多数情况下,不但需要检验设备和验收的人员,而且需要装卸搬运机具和设备以及相应工种的工人。这就要求各工种密切协作,合理组织调配人员与设备,以节省作业费用。另外,在验收工作中,应尽可能保护原包装,减少或避免破坏性试验,这也是提高作业经济性的有效手段。

3. 验收程序

验收程序包括验收准备、核对凭证和实物检验三个环节。

1)验收准备

仓库接到加货通知后,应根据配件的性质和批量做好验收前的准备工作。

(1)人员准备:安排好负责质量验收的技术人员或用料部门的技术人员,以及配合数量验收的装卸和搬运人员。

(2)资料准备:准备好全部验收凭证和资料,收集并熟悉待检配件的有关文件。

(3)器具准备:准备好验收用的检验工具,如量具等,并校验准确。

(4)货位准备:确定验收入库时存放的货位,计算和准备堆码材料。

(5)设备准备:应做好设备的申请调用。

2)核对凭证

(1)入库通知单和订货合同副本,这是仓库接配件的凭证。

(2)供货单位提供的质量证明或合格证、装箱单、发货明细表等。

(3)配件承运部门提供的运单,若配件在入库前发现残损情况,还要有承运部门提供的货运记录或增加记录,作为向责任方交涉的依据。

核对凭证,也就是将上述凭证加以整理,全面核对。互相符合后,再进入实物检验。

3)实物检验

(1)根据入库清单和有关技术资料对实物进行数量和质量检验。

(2)数量检验。数量检验是保证配件数量准确不可缺少的重要步骤,在质量验收之前,由仓库保管职能机构组织进行。按配件性质和包装情况,数量检验分为三种,即计件、检斤和检尺求积。

(3)质量检验。质量检验包括外观、尺寸、机械物理性能和化学成分检验四种形式,并做记录。

(二)入库

配件入库要登账建卡,根据配件实物检验的结果建立配件保管账,在配件垛上挂上货卡,并按一物一档的原则建立配件档案,档案内容应包括以下几点:供货单位提供的全部资料、运输部门的凭证和记录、验收记录、磅码记录、出库凭证、物资入库清单。至此,配件验收入库工作结束,配件进入保管待发状态。

(三)保管

保证库存配件准确,节约仓位,便于操作,配件的保管应科学、合理、安全。

1. 分区分类

根据配件的车型合理规划配件的摆放区域。坚持"分类四定"原则，即划区定块、划线定位、货垛定形、仓库定量。

2. 五五摆放

根据配件的性质、形状，以五为计量基数做到五五成行、五五成方、五五成串、五五成包、五五成层，即大的五五成方、小的五五成包、高的五五成行、低的五五成堆，根据实际情况制定具体的措施和方法，使其摆放整齐，便于过目成数，便于盘点与发放。

3. 建签立卡

对已定位和编制架位号的配件建立架位签和卡片账。架位签标明到货日期、进货厂家、进出数量、结存数量和标志记录。凡出入库的配件，应当天进行货卡登记，结出库存数，以便实货相符。

4. 配件堆码

配件堆码注意"四定""五限""五距""五字标准"。

1)"四定"

按固定库号、固定架号、固定层号、固定位号对配件实行统一架位号，并与配件的编号一一对应，以便迅速查账和及时准确发货。

2)"五限"

"五限"即限类、限高、限位、限量、限距。

3)"五距"

货垛的"五距"是指墙距、柱距、顶距、灯距、垛距，即货垛不能依墙靠柱，不能与仓库顶或照明设备相连。

（1）墙距。

墙距是指货垛和墙的距离。留出墙距可以防止墙壁的潮气影响货物，便于开关窗户，对通风散潮、检点货物、进行消防工作和保护仓库建筑安全等有重要作用。垛与墙的距离一般不小于0.5米。

（2）柱距。

柱距是指货垛和室内柱的距离。留出距离能起到防止货物受柱子潮气的影响和保护仓库建筑安全的作用。垛与柱的间距一般不小于0.3米。

（3）顶距。

顶距是指货垛与屋顶之间的必要距离。留有顶距能起到通风散潮、查漏接漏、隔热散热、便于消防等作用。顶距的一般规定如下：平房仓库0.2~0.5米；多层建筑库房底层与中层0.2~0.5米，顶层不得低于0.5米；"人"字屋架无天花板的库房，货垛顶层不能顶着天平木下端，应保持0.1~0.2米的距离。

（4）灯距。

根据防火的要求，货垛上方及四周与照明灯之间的安全距离必须严格保持在0.5米以上。

（5）垛距。

货垛与货垛之间的距离，视货物性能、储存场所条件、养护与消防要求、作业需要而定。在一般情况，货垛间距为 1 米左右。

4)"五字标准"

即垛形垛位要符合牢、齐、清、稳、美的"五字标准"。

5. 配件管理

要求零配件和零配件库房做到"六清""三齐""四一致"。

1)"六清"

"六清"即零配件名称、规格型号、数量、质量、零部件和资料清。

2)"三齐"

"三齐"即库容整齐、码垛整齐、标签整齐。

3)"四一致"

"四一致"即账、卡、物、金额要一致。

6. 库存配件维护

库存配件要采取措施进行维护保养，做好防锈、防水、防尘等工作，防止和减少自然损耗。有包装的，尽量不要拆除包装；因质量问题退回的配件，要另建账单独管理，保证库存配件准确、完好。

（四）发放

配件的发放必须严格执行出库手续。配件批发和调拨由调度员签发出库申请单。保管员按调度员签发的配件出库申请单提取配件（可根据库存或提货人的要求做临时调整），严禁先出货后补手续的错误做法，严禁白条发货。配件出库，如客户自提，调度员应协助保管员和提货人共同清点货物，并负责将货物进行适当包装交给客户；如果需要配送员发送，调度员应协助保管员和配送员共同清点货物，由配送员包装发运，并根据调整后的配件实际出库情况补充打印出库申请单。核实无误后，三方签字认可。

配送员根据发运方式的不同，轻重件、易损件要合理进行包装，提高包装质量，避免在运输过程中损坏配件。出库清单一式五份，提货人、调度员、保管员、财务各一份，月底结账一份。配件批售业务中现金回款部分，调度员应将出库清单和现金一同交给收款员，同时签字并加盖财务印章。出库后，保管员根据出库清单认真填写卡片账，做到账实相符。收款员、调度员、保管员必须每日对账，准确无误后，收款员填写日报单，定期送交财务。

（五）盘点

保管员要定期对库存盘点，详见任务二。

（六）旧件回收与管理

为加强旧件的统一管理，杜绝以旧充新现象，必须严格执行旧件回收与管理制度。详见任务二。

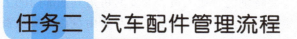

任务二 汽车配件管理流程

一、配件的盘点

库存配件的流动性很大，为及时掌握库存的变化情况，避免短缺丢失和超储积压，保持账、卡、物相符，必须进行定期和不定期的盘点工作。保管员应随时对有出入库记录的配件进行复查，各经营单元每月对配件库存进行一次盘点，每季度进行一次有财务参与的全面清点。盘点时应合理安排配件的出入库，以确保盘点的准确性，避免发生重盘、漏盘、错盘现象。在配件盘点过程中，不准以任何理由虚报、瞒报或私自更改账目。盘点结束后，由盘点人员填写盘点报表，对盘盈盘亏的配件要查明原因，分清责任，作出必要的处理。季度盘点后，进行配件的破损申报工作。

（一）盘点的目的

盘点就是如实反映存货的增减变动和结存情况，使账物相符，保证配件库存的位置。

（二）盘点的内容

（1）核对存货的账面结存数与实际结存数，查明盘亏盘盈存货的品种、规格与数量。
（2）查明变质、毁损的存货，以及超储积压和长期闲置存货的品种、规格与数量。

（三）盘点的形式

盘点主要有永续盘点、循环盘点、定期盘点和重点盘点等形式。

1. 永续盘点

这是指配件保管员每天对有收发动态的配件盘点一次，以便及时发现收发差错。

2. 循环盘点

这是指配件保管员对自己所管的物品每月按计划日进行盘点。

3. 定期盘点

这是指在月、季、年度组织清仓盘点小组，全面进行盘点清查，并造出库存清册。

4. 重点盘点

这是指根据季节变化或工作需要，或因为某种特定目的而对仓库物资进行的盘点和检查。

（四）盘点的准备工作

确定清点日期（起始日期和结束日期），往往每月的月末是最常用的盘点日，这样可与结账同时进行，方便结账。

成立盘点领导小组，划分区域分组（清点时每两人为一个小组），参加盘点的管理人必须是内行，清点人员不需要特别的专业人员，必要时可请其他部门的工作人员协助，但是清点人员必须工作认真、责任心强。清点结果的准确与否由盘点人员负责。

（五）盘点范围

清查盘点所有归属本部门的存货，如常用件、损耗件、索赔件、不适用件等。

（六）仓库大扫除

仓库大扫除的目的是收集、汇总、清除伤/残损件并登记在册。清扫工作在一年中要经常做，盘点前，要彻底做一遍。盘点是一个好机会，可以给仓库进行一次大扫除。

（七）盘点的表格工具

1. 盘点卡

盘点卡上有盘点日期、盘点人签字、配件号、配件名称、位置码、清点结果。

2. 盘点总表

用于登记盘点结果，总表上包括每个件的位置码、账面数与清点数。

3. 盘点报表

该表包括每个件的进货价格，反映每种件库存的账面数与实存数，反映盘亏盘盈的数量、金额和原因，反映库存变质和超储积压的情况，以此作为盘点的结果和财务处理的依据。

4. 盘点的工具有笔、尺、秤等

（八）检查、整理、规范盘点区

（1）所有的到货立即上货架，这样在清点时不会遗漏或另放他处，盘点后再入库。

（2）所有配件要分类存放，一目了然，堆放的方式要便于清点，以便为清点节省时间。

（3）货架的标签应与实物相符，必要时要改正和补充，不清楚的标签要换新。

（4）配件号不同而实物相同的配件，要做好混库处理，做好记录和登记，要注意由此引起的库存实物与账目上的变化。

（5）完整的包装放在货架的前面（或上面），已打开的包装放在后面（或下面），数量不足的包装要填充成标准包装。

（6）盘点期间的出库注意问题：由于特殊原因必须出库的配件，要做好记录和登记，事后再统一处理。

（7）对货架上不经常销售的配件进行预先清点是非常有必要的，这样可以在最后盘点时节省时间，清点过的配件要做好标记和记录。

（九）正式盘点

在规定的时间内，盘点人员应对所有配件逐一清点，既不能重复，也不能遗漏。一般由两个人分别清点，如果结果不同，要重清点。不便清点的小件，可以用称重法求总数，即先数出一定数量的配件作为标准件，仔细称这些标准件的重量，再称出所有配件的库存重量，即可计算出这些件的总数。

1. 称重法计算公式

$$总数 = 总重 \times 标准件的数量 / 标准件的重量$$

2. 合理储耗

对易挥发、潮解、溶化、散失、风化的物品，允许有一定的储存损耗（简称储耗）。

凡在合理储耗标准以内的，由配件保管员填报合理储耗单，经批准后即可转财务部门核销。正常储耗的计算一般一个季度进行一次。其计算公式如下：

$$合理储耗量 = 保管期平均存量 \times 合理储耗率$$
$$实际储耗量 = 账存数量 - 实存数量$$
$$储耗率 = 保管期内实际储耗量 \div 保管期内平均库存量 \times 100\%$$

实际储耗量超过合理储耗量的部分做盘亏处理，凡因人为原因造成配件丢失或损坏的，不得计入储耗内。

3. 盈亏和调整

在盘点中发生盘盈或盘亏时，应反复落实，查明原因，明确责任。由配件保管员填制库存物品报告单，经配件部门负责人审签后，按规定报汽车4S店主管领导审批。

4. 报废和削价

由于保管不善，造成霉烂、变质、锈蚀的零配件，在收发、保管过程中已损坏并已失去部分或全部使用价值的，因技术淘汰需要报废的，经有关方面鉴定并确认不能使用的，由配件保管员填制物品报废单，报汽车4S店主管领导审批。由于上述原因需要削价处理的，经技术鉴定后，由配件保管员填制物品削价报告单，报汽车4S店主管领导审批。

5. 事故处理

由于被盗、火灾、水灾、地震等原因，或因配件保管员失职造成零配件数量和质量受到损失的，应作为事故向汽车4S店主管领导报告，并按有关规定处理。

6. 调剂余缺

在盘点过程中还应清查有无汽车4S店多余或暂时不用的配件，以便及时把这些配件调剂给其他需要用的单位。

（十）验收与总结

盘点后，其结果应由上级有关部门和律师事务所检查、验收。财务部门核算出亏值，并由主管领导签字认可。盘点后应作出总结，对于盘点遗留的问题，如索赔配件，以及变质、毁损或超储积压的配件，要查清原因，对入库、出库、仓储、财务管理系统及其他自然的或人为的因素造成的变质、毁损或积压要进一步处理。

二、配件计划

计划员应根据库存和销售情况收集缺料信息，编制期货计划或临时计划，分析、汇总缺料信息后交由配件经理审核；配件经理审定签字后，计划员出具一式三联计划单。一联计划员留存，验货用；一联交采购员，采购用；一联交内勤，附付款通知书进行付款审批，配件管理计划程序如图 4-2 所示。

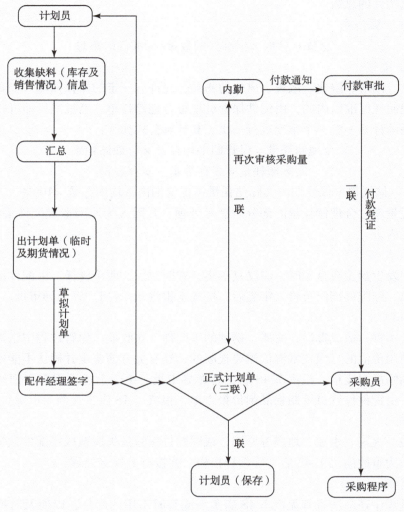

图 4-2　配件管理计划程序

三、配件采购

以某汽车生产商为例，其配件部向已签订售后服务意向性协议，具备销售能力和维修能力且已开业的汽车 4S 店，提供该汽车生产商认可的配件。汽车 4S 店的配件经理、配件计划员必须经过该汽车生产商配件部的培训，考试合格后方可提供配件。

（一）汽车 4S 店配件采购与配件销售的原则

必须全部使用原装配件，严禁外采（更不允许购买假冒伪劣配件）其他品牌配件。

（二）配件定价原则

汽车 4S 店之间可以开展配件的零售业务。汽车 4S 店要制定稳定、合理的价格政策，要遵纪守法，严格执行当地的物价规定；凡从该汽车 4S 店订购的配件，不得利用各种名目重复加价，如有特殊情况需加价，加价率不得超过汽车 4S 店规定的最高限价。已国产化的配件，不能按进口件的价格销售。汽车 4S 店之间的配件调剂，必须实行优惠。

（三）配件订货的形式与要求

首次配件订货指的是汽车 4S 店在正式开业前 45 天提出开业申请，并且必须向汽车生产商配件部订购配件作为基本库存储备，经该汽车 4S 店配件部验收合格方可正式开业。

（四）配件订货和运费结算

汽车 4S 店每周只允许订货一次，品种、数量不限。每周超过一次订货的汽车 4S 店，加收订货金额 3% 的管理费。汽车 4S 店在发送订单前，应先自查订货金额，并通过管理系统查询该汽车 4S 店在汽车生产商处的存款情况。若存款余额大于本批订单金额，可以发送订单，否则，不要发送订单。配件订货次数和运费结算是以配件计划员制作的订单号为依据的。

（五）配件订货的要求

严格执行汽车生产商的配件订货规定。配件订货实行先付款后提货的方式，款到账后，配件部才发货。车身、发动机、变速箱等可以单独订货；保养件、易损件和玻璃等易碎件必须采用正常订货方式建立库存储备。一般系统中，国产件号与进口件号均有替代关系。订货的数量要以配件部提供的包装单位为依据。

（六）特殊情况说明

汽车生产商原则上不接收纸订单，如果遇到特殊情况，如计算机发生故障、系统出现问题等，可通过电子邮件发送离线订单。

特别订货包括急订零件和专订零件，是指通过配件订货单所订的配件，一般是车型较少或冷门的零件。

配件部为了合理控制库存结构，降低库存风险，减少库存积压，可对特别订货做以下说明：要填写配件订货单，配件订货单要求填写完整的车辆识别码、正确的车型、车牌号、配件名称和数量、发货方式，并签字确认。

四、汽车配件提货

采购员将收到的发票交计划员，计划员登账后，交财务进入记账程序，采购员依据提货单提货，依据发货清单验收货物，完成配件的第一次验收。验收后，将货物、发货清单交保管员进行配件的第二次验收，如果在第一次验收中发现问题，应与保险公司、运输部门联系索赔。

(一)予以索赔

索赔单据上交计划员，计划员进行账务处理后上交财务部（以下简称财务）。

(二)不予索赔

整理书面报告上交配件经理。

配件管理提货程序如图4-3所示。

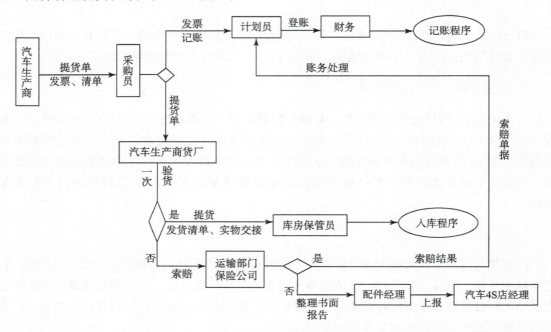

图4-3 配件管理提货程序

五、汽车配件入库程序

保管员和采购员持发货清单、装箱单，计划员持计划单，共同进行配件的第二次验货。汽车生产商送货上门，保管员开具一式两联的收货单：一联留存，一联交计划员打印入库清单。采购员自提、验收后，计划员依据验货单打印入库清单，入库清单一式五联：一联交保管员登账，进入库房管理程序。其他四联由计划员分配，一联计划员留存，进行账务处理；一联交财务；另外两联配发票也交财务，进入记账程序。如货物验收不合格，计划员制作一式两联差损单：一联交计划员，一联交采购员，采购员依据差损单进行异常处理。

(一)予以索赔

计划员将索赔结果（附差损单）上交财务。

(二)不予索赔

整理书面报告，上交配件经理，配件经理上报汽车4S店经理。

六、配件库存管理程序

保管员、调度员和计划员根据入库清单、出库清单登账,进行库存结算。保管员把入库的配件验货上架,完成配件第三次验货。保管员、调度员、计划员、采购员定期对库存配件进行库存结构分析,作出分析报告。每月、每季度进行库存盘点,作出盘点表、盘盈盘亏书面说明,交配件经理上报汽车4S店经理,交财务做账目调整。季度盘点后进行配件报损工作。

七、汽车配件出库

各类材料的发出,原则上采用先进先出法。物料(包括原材料、辅助材料)出库时必须办理出库手续,并做到限额领用(按消耗定额),车间领用物料必须由车间主任(或其指定人员)统一领取,领料人员凭车间主任或计划员开具的流程单或相关凭证向仓库领料,后勤各部门只有经主管领导签字后方可领取,领料员和保管员应核对物品的名称、规格、数量、质量状况,核对正确后方可发料;保管员应开具领料单,经领料人签字,登记入账。

(一)出库要做到"三不""三核""五检查"

"三不"即未接凭证不翻账、不经审单不备货、未经复核不放行;"三核"即发货时核对凭证、核对账卡、核对实物;"五检查"即对单据和实物进行品名检查、规格检查、包装检查、件数检查与重量检查。

(二)成品调配管理

成品发出必须由业务部开具销售发货单据,保管员凭盖有财务发货印章和销售部门负责人签字的发货单从仓库发货,并登记卡片。

(1)调度员定期催收配件单。
(2)调度员依据配件单(日常、急件)查询库存。
(3)调度员根据库存情况进行调配。
(4)调度员根据结算方式开具四联或五联出库清单。

(三)配件现金结算

在现金结算时应开具四联出库清单:一联交保管员提货并留存下账;一联交提货人;一联交调度员留存做账目处理;一联交收款员收款后连同款项转财务。

(四)配件挂账方式

对于挂账方式,应开具一式五联出库清单。
(1)一联交保管员提货并留存下账。
(2)一联交提货人。
(3)一联交调度员留存做账目处理。
(4)一联交财务做账务处理

(5)一联用于结账。

（五）销账方式

(1) 调度员整理缺料单递交计划员。
(2) 发往外地货物，配送员在发货后要通知收货人，将运单事后转交给收货人。
(3) 挂账单位回款。
①转账回款：调度员持结账联填写报销单，经挂账单位签字确认后转财务。
②现金回款：收款员收款后填写日报表交财务。
③银行汇款：调度员及时与财务联系，确认后索要相关单据销账。

八、汽车配件零售

对于配件零售业务，销售人员待客要态度端正，言语有礼，严格执行《营业员行为规范准则》，认真介绍产品的性能、特点、价格、质量和保质期等。出售配件时必须当面验货，对某些不能拆包的产品，售货员要讲明。对于某些特殊商品，如电子产品、昂贵电器产品等，要用测试仪测试，双方认可，以避免纠纷。所有销售的配件必须开具出库清单（包括零售出库清单、领料单、修理领用单），零售出库单一式四份，顾客一份，保管员一份，其余两份转交财务人员。

九、旧件回收与管理

旧件主要包括废机油、更换下的旧件、配件包装纸箱等包装物，客户要求自行带走的旧件不在此范围。旧件回收有利于汽车4S店规范售后废品管理，提高管理效率。

（一）管理办法

所有废旧物品由售后部负责收集、存放、清理，由行政部负责联系回收并与售后部、财务部共同清点废物的处理，废旧物品收入由财务部设立单独台账统一保管。

（二）管理规定

(1) 维修过程中用剩的零部件（大修包等）或辅料（油漆、机油、防冻液等）和机油桶不得私自处理，必须存放于废油室、废物室指定区。
(2) 维修过程中更换下来的机修件（机油除外）存放于废料室；钣金件存放于钣金拆装件室，待车辆完工后三日内转存于废物室。
(3) 保修更换的零部件及时交给保管员处理，不得存放于维修车间。
(4) 对于维修过程中更换下的旧件，特别是带有油渍（如转向油泵、燃油泵等）的配件，车间须负责清洁后交给保管员，每周由车间主管负责组织人员对存放于废油室、废物室的物品进行整理，有利用价值或变现价值的存放于指定位置，无用的及时清理。

（三）保管

1. 事故车钣金件

对于保险公司要收回的事故件，暂存钣金旧件室，钣金组应做相应标记。

2. 事故车机修件

对于保险公司要收回的事故件,暂存旧件室,机修组应做相应标记。

(四) 废旧物品回收销售处理

1. 废机油

每月由车间主任负责派人清理,定期送交环保部门,收入交财务。

2. 保险公司回收旧件

车间在保险员监督下交给保险公司,并做好记录。

3. 其他旧件

由车间定期通知废品收购商在财务的监督下回收,收入交财务。

(五) 定期整理,定期处理入账

1. 收集

在维修过程中用剩或更换的废旧物品集中存放于指定的地方。

2. 存放

将废旧物品进行分类,有利用价值的存放于指定的地方,无利用价值的则清除。

3. 定期整理

按一定的时间间隔对存放的废旧物品进行整理登记。

4. 定期处理

派专人按一定时间间隔对存放的废旧物品进行清理和处置入账,对处理所得或处理结果要详尽记录。

十、汽车 4S 店索赔配件的处理

汽车 4S 店维修车间修车所换下的旧配件,应由配件部门集中存放。车辆维修完工后将旧配件进行清点,做好清洁,打好包,并填写清单,如车牌、车型、旧配件名称、重量等。如果是车主要求带走的,便将旧配件放到客户车辆的尾箱。如果是车主不带走的可利用旧配件,则存入旧配件库,不能利用的,则作为废品处理;对可利用的旧配件,要造册登记进行统一分类管理。为加强旧件的统一管理,杜绝以旧换新现象,必须严格执行旧件回收制度,加强废物品的管理。

(1) 三包、修理领用配件时,配件销售人员必须在领用人交回相应旧件后方可发放新件(三包旧件交给索赔员,三包外旧件交给配件销售员)。

(2) 所有收回的旧件要设专人妥善保管,不得随地堆放。三包旧件要建账管理。

(3) 顾客索要旧件时(三包外维修),旧件管理人员要擦净、整理后交还顾客,其他旧件,汽车 4S 店将定期作出处理。

(4) 对于更换的废旧配件能够进行修理的,一定要进行修理;同时检验其安全性和可靠性,检验合格的,作为储备配件降价处理(必须事先与客户讲清情况)。

(5) 对于没有修理价值的废旧物品,可以集中报废处理。

十一、汽车配件报损管理办法与申报流程

报损配件是指已经损坏或有质量问题或由于车型淘汰不能继续销售的,并且不能进行三包索赔、退货和修复处理的在账配件。

(一)报损配件的确认

在日常经营中产生的以及月度和季度盘点中清理出的已经损坏或有质量问题或由于车型淘汰不能继续销售的配件,必须由服务经理、三包索赔主管、配件经理三方鉴定,确认不能进行三包索赔、退货和修复处理的配件,方可做报损处理。

由于人为因素所造成的质量配件不予报损批示,损失由责任人和连带责任人承担。例如,可做三包、退厂或修复处理的配件,未能及时做相应处理而导致过期无法处理,或由于维修工操作不当、保管员保管不善所造成的配件损坏。

(二)报损配件的申报

汽车 4S 店在每季度的配件库存全面清点工作中,将需要报损的配件整理、确认后,填制报损配件明细单和配件报损申请单。报损配件的申报流程如图 4-4 所示。

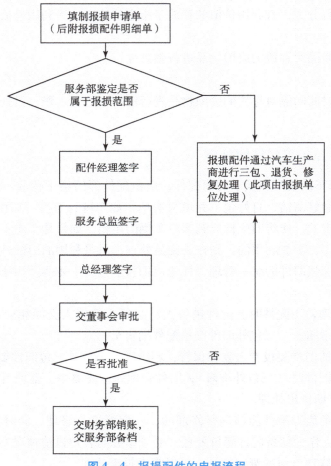

图 4-4 报损配件的申报流程

十二、汽车 4S 店特别订货管理

特别订货包括急订零件和专订零件,是指通过配件订货单所订的配件一般是车型较少或冷门的零件。

为了合理控制库存结构,降低库存风险,减少库存积压,配件部需要注意以下几个方面:

(一)订货

1. 常见情况处理

(1)若有特别订货,配件销售员要填写配件订货单,配件订货单要求填写完整的车辆识别码、正确的车型、车牌号、配件名称和数量、发货方式,并签字确认。特殊车型和无车辆识别码的车,请具体负责人现场确认。

(2)在填写配件订货单的同时,销售员要向客户出示公司订货声明,并向客户进行详细说明,在双方自愿的基础上,由客户签名表示对公司订货声明的约定条款的认可(签名务必与身份证等相关证件上的姓名相同),并将其附在配件订货单后,同时交给配件部,配件部采购员必须在接订单时注意检查。

2. 特殊情况的订货要求

(1)在厂(此处指汽车 4S 店,下同)维修车辆订件。销售员根据车间提料单和报价,向客户说明情况,经客户同意后(电话确认或签字认可),填写配件订货单。

(2)非在厂车辆订件。销售员应正确提供客户所需的配件信息和价格,收取所订配件总价值的 30% 作为订金,在订金一栏中注明金额,并加盖财务证明章,若无订金的或订金不足者,视为销售员担保订货。

(3)签约单位车辆订配件,2 000 元以下的,销售员自行担保,并通知配件经理确认。

(4)在厂维修车辆所订急件在途时,车辆离厂前,销售员必须通知库房将在途急件提前出库,并向客户说明。

(5)销售员在进行零件查询时,若遇到无法确定的零件编号时,应及时与配件部沟通,以免发错、发漏零件,造成损失。

(6)配件订货单要保持干净,书写工整,严禁涂改。

(7)配件订货单一式三份,销售员、采购员、保管员各一份。

(二)发货

配件部在接到订货单时,应根据要求及时发货,并在订单上注明发货和到货时间与供货单位,以备查询。

(1)订货单第一联由配件部采购员在发货后保管,以便掌握到货情况。

(2)销售人员的订单发出后,配件部应时刻跟踪零件到货情况,如果遇到零件未能按要求时间到达的,应及时查明原因,并在第一时间向销售员说明情况,采取补救措施。

(三)到货

(1)急件到货后,库房按订货单电话通知销售员,并要求销售员在订货单上签字并标明时间。

(2) 在厂车辆应及时通知车间调度及销售员,并记录在到料单上以备查询。

(3) 库房要根据订单说明妥善保管零件,编入急订货位,以便管理和查找,若出现异常零件,可以另编货位。

十三、到期未取走的零件的处理

自库房通知销售员的时间开始计算,超过 30 天未出库的零件,属于滞销急件。急件若不及时处理,会造成库存积压,影响库存的正常周转。因此,对滞销急件的数要严格控制。

(一) 责任的确认

下述几种情况的责任由各订货的销售员承担。

(1) 非在厂车辆订货,未收取客户订金的。

(2) 所订零件报价金额在 1 000 元以下,而收取的订金未满足 30% 的。

(3) 在厂维修车辆离厂时,销售员未通知库房将该车所订的在途零件提前出库或者未收取在途零件的定金。

(二) 特殊情况的处理

特殊情况下,销售员出书面证明,由服务部经理签字,经配件部经理确认后,库存时间可延长 60 天。

(三) 其他的处理方法

其他的处理方法主要包括以下几种:

(1) 库房在每个零件到货 15 天时,再次通知销售员,每月月底汇总填入急订配件管理表中,交给服务部经理审核。

(2) 配件部将报表和订货单反馈给服务部经理,由服务部经理填写滞销原因后当日返给配件部经理。

(3) 由保管员将零件由急件货位转入正常货位。

(四) 订货单

订货单由服务部经理签字的,责任由服务部经理承担(比例与销售员相同)。

(五) 订金的处理

(1) 若零件已发出在途,订单取消后,订金不予退回。

(2) 若零件已到库,订单取消后,订金不予退回。

(3) 若零件还未发出或者等待确认时,订单取消,订金可以退回。

如果所到零件超过规定的保存期限(自此零件到货起 30 日内)而未取走,订金不予退回,并且配件部不再继续为客户保管,有权自行处理此零件,也不再向客户告知。

项目四　汽车4S店配件管理

（六）汽车4S店的配件结算——以一汽-大众品牌为例

财务规定，经销商（此处指汽车4S店）必须建立独立的银行账号，在配件经营管理中，必须有单独的财务进出明细账目，账号和开户行变更时，应提前通知一汽-大众配件科。一汽-大众配件科和一汽-大众财务部有权查阅经销商的配件经营账目；经销商应主动配合一汽-大众配件科和一汽-大众财务部的巡访检查工作。

经销商向一汽-大众配件科订购配件是根据一汽-大众计算机系统规定的价格进行的，配件结算一律采用转账方式，不再收取现金，也不接受任何第三方的垫付款。到一汽-大众配件科自提配件时，应遵循先付款后提货的原则，汇款可采用信汇、电汇、汇票等方式进行。为了简化结算手续、缩短汇款时间，如果经销商没有特殊要求，其售后索赔款和首保款将直接转为配件款。对拖延配件款的经销商，配件科将停止供货，待欠款结清后，方可恢复供货。经销商收到一汽-大众配件科发运的配件时，如果出现品种、数量不符或损坏等情况，可通过配件索赔的方式解决。经销商的财务人员应与一汽-大众财务部随时核对账目，以保证双方账目相符。

项目小结

在汽车商务和服务企业中，一般将汽车的零部件和耗材统称为汽车配件。汽车配件按照用途可以分为必装件、选装件、装饰件、消耗件等；按照生产来源可以分为原厂件、副件、自制件三类。通常，汽车生产商都会对制造汽车所用的配件进行统计编码，不同品牌汽车的配件编码各不相同，但都有相对固定的规则。这些固定的编码统称原厂编码，由英文字母和数字组成，每个字符都有特定的含义，从而方便配件管理。大多数汽车4S店配件部门由配件经理、计划员、采购员、保管员、调度员、配送员、销售员等组成，其工作的主要内容包括配件的计划采购、验收、库存管理、材料盘存、价格管理、协助财务做好资金运作等。

配件盘点就是如实地反映存货的增减变动和结存情况，使账实相符，保证配件库存的位置。盘点的内容包括核对存货的账面结存数与实际结存数，查明盘亏、变质毁损的存货以及超储积压和长期闲置存货的品种、规格与数量。计划员应根据盘点的库存和销售情况收集缺料信息，编制期货计划或临时计划，采购员按经过领导审批的计划单实施采购工作后，采购员将收到的发票交计划员，计划员登账后，交财务人员进入记账程序，采购员依据提货单提货，依据发货清单验收货物，完成配件的第一次验收。验收后，将货物、发货清单交保管员进行配件的第二次验收，如果在第一次验收中发现问题，采购员与保险公司、运输部门联系索赔。零配件验收是核对验收凭证，对零配件实体进行数量和质量检验的技术活动的总称，验收入库必须做到及时、准确、严格、经济。配件的保管要保证库存配件的准确，节约仓位，便于操作，配件的保管应科学、合理、安全。配件出库是指各类材料的发出，原则上采用先进先出法。配件零售业务，销售人员待客要态度端正，言语有礼，严格执行《营业员行为规范准则》。汽车4S店维修车间修车所换下的旧配件，应由配件部门集中存放。索赔配件时，首先要由汽车4S店自己鉴定，然后电话联系，听从汽车生产商配件科索赔员的安排，配件计划员要如实填写《配件索赔申请单》，并报汽车生产商配件科。

复习思考题

1. 简述汽车配件的常见分类方法。
2. 简述汽车配件管理的主要内容。
3. 简述汽车 4S 店汽车配件部门的组织机构和各岗位职责。
4. 简述汽车配件管理的业务流程。
5. 简述汽车配件的盘点流程。
6. 简述汽车配件的入库验收流程和内容。
7. 配件出库发料时应注意哪些问题?
8. 简述汽车配件的索赔处理流程。
9. 以某一品牌汽车为例,收集其配件的编码知识并讲述给大家。
10. 调查某一汽车 4S 店,了解其配件部门的设置情况和用人要求。

知识拓展

一、配件编码规则

德国大众零件号是由 14 位数字构成的,主要由车型、机组代码、大类(主组)、小类(子组)、零件号、设计变更号以及颜色代码组成。配件编码规则如图 4-5 所示。

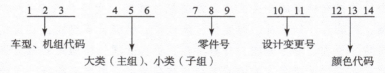

图 4-5 配件编码规则

(一)车型、机组代码(1~3 位)

(1) 当该零件是发动机和变速箱件时,前三位为机组代码,一般情况下:026 代表四缸 JW 发动机件;034、035 代表五缸 RT、PR 发动机件;078 代表六缸 ACZ 发动机件;077 代表八缸 ABH 发动机件;012 代表五挡手动变速箱件。

(2) 当该件为除机组以外的零件时,前 3 位代表车型代码,一般情况下,前三位为奇数时代表左置方向盘车,前三位为偶数时代表右置方向盘车。

(二)大类(主组)、小类(子组)

汽车配件大类(主组)、小类(子组)是按照部件的位置划定的,共分为 11 大类。

（三）零件号

零件号是指7～9三位数字，是按照结构顺序编排的，一般情况下，零件号越小，零件越大；零件号越大，零件越小。当第9位是单数时，该件为左边件；是双数时，该件为右边件。左右通用件，第9位为单数。

（四）设计变更标记

第10～11位两位数字，由于材料、结构和厂家发生变化时，为区分变化前后零部件的不同，使用变更标记颜色标记。

第12～14位三位数字，用于区别有颜色的内部装饰，三位数字或字母是一组，只有在一起时才有意义。

例如，L1GD035411B表示后扬声器；321821021N表示左前叶子板。

二、真假配件的鉴别

（一）真假配件鉴别的作用

汽车配件是决定汽车维修质量的重要环节之一。目前，汽车配件市场混乱，假冒伪劣产品充斥市场，让人真假难分、良莠难辨；加之多数用户缺乏对配件质量的检测手段，只能从产品包装外观、规格尺寸等方面鉴别选用，不可能对其内在质量进行检测或化验，致使假冒伪劣配件畅通无阻，严重影响汽车维修质量，给用户造成严重损失，并且危及行车安全，误国误民。例如，前刹车片若使用假冒伪劣配件，刹车片会很快超过磨损极限，使刹车时有响声，严重的，会磨损前刹车盘，使刹车盘出现沟槽而无法继续使用。汽车灯具若使用假冒伪劣配件，可能会造成亮度不足、聚焦不集中、射程太近、辐射面积小等问题。严重的伪劣灯具由于本身密封不严，可能会发生雨水进入灯内生锈或造成短路着火等现象。

（二）真假配件鉴别的方法

1. 不贪图便宜

若发现常用汽车配件的价格远远低于印象中的价格，就要提高警惕，一定要弄清是折价、降价还是假件。

2. 观察包装

真品外包装盒上字迹清晰、套印准确、色彩鲜明，标有产品名称、规格型号、数量、注册商标，有合格证和检验员章，一些重要部件（如分电器、喷油泵等）还应配有使用说明书。大部分假冒伪劣产品在包装上总能找到破绽。

3. 选择纯正原厂配件

车辆配件出现故障，应去特许经销商（汽车4S店）处维修或更换，选用原装配件，非原装配件很容易造成车辆机体的损害。

4. 目测颜色

原装配件会指定某种标准颜色，若遇其他颜色，则为假冒伪劣产品。

5. 观察油漆

有些商贩将废旧配件简单加工、拼凑、刷漆、包装后冒充合格产品出售，这些配件从外观油漆上就可以看出来。

6. 细看材料

如果发现配件上有锈蚀、斑点，橡胶件老化、龟裂，以及结合处有脱焊、脱胶现象，这样的配件可能有问题。

7. 有无防护

大多数配件出厂时都有防护层，如活塞销、轴瓦用石蜡保护；活塞环、缸套表面涂防锈油，并用包装纸包裹气门、活塞等之后再用塑料袋封装。

项目五
汽车 4S 店信息反馈管理

 项目导入

信息是决策的基础,信息越详细,决策就越有底气。但实际上多数汽车 4S 店往往忽视了信息的这个功能;汽车生产商往往也最关心卖了多少车,而很少注意发挥汽车 4S 店的信息反馈功能。汽车 4S 店处于市场竞争的最前线,每天直接接触用户,每个用户也直接与汽车 4S 店打交道,同时汽车 4S 店在市场上与对手的汽车 4S 店短兵相接,掌握着市场的每一个细微变化。在技术上,汽车 4S 店每天都要接待用户,进行检查、保养、维修、索赔等,这些信息对改进产品具有极大的价值,但信息反馈很少,即使反馈,汽车生产商也没有多大的心思关注这些鸡毛蒜皮的小事,因此产品的改进也就失去了重要和可靠的依据。

 项目要求

1. 理解汽车 4S 店信息反馈的含义和信息反馈管理的意义。
2. 理解并掌握信息管理的创新知识。
3. 提高对汽车 4S 店信息管理的认识。
4. 了解汽车 4S 店客户管理的内容。
5. 熟悉汽车 4S 店跟踪服务流程、规范,以及汽车 4S 店跟踪服务的方法。
6. 掌握客户投诉的处理方法。

 相关知识

任务一 信息反馈管理概述

一、信息反馈的含义

信息反馈指的是汽车 4S 店定期回访客户,倾听客户的意见,了解客户的心理和需求,并认真做好记录,以及建立客户档案的工作活动。汽车 4S 店向客户提供的销售和售后服务会使客户产生不同的感受,客户通过现场、电话回访、信函、行政主管部门等渠道表达自己对汽车 4S 店工作的建议或意见,以此促进其改进工作,提升服务质量。汽车市场信息反馈的出现,是市场竞争的必然结果。因此,汽车信息反馈在整个汽车营销过程中具有特殊使命,对汽车产品和服务走入市场化起着积极的推动作用,对繁荣汽车市场具有深远意义。

二、汽车 4S 店信息反馈的不足

尽管信息反馈工作意义重大，但我国的大多数经销商所做的客户回访信息反馈只是一种形式，客户的反馈信息最终并未得到满意回应或解决。

汽车 4S 店的经营模式给客户带来了极大的便利性，但实际上用户信息的传递却并不是那么流畅。因为客户的信息咨询和反馈大多是通过传统的通信手段——电话进行的，而且许多汽车 4S 店依然停留在普通的人工转接和有纸质作业上，由此造成了信息传递的迟怠和客户信息的不完整，使其对客户的服务不能完全到位。

信息反馈工作最关键的是产品需求方面的信息，汽车生产商依据汽车 4S 店返回的信息进行生产。在我国，大部分的汽车 4S 店都不能掌握潜在客户在未来一段时间的需求，即使是将现实客户的资料记录准确、保存完整、反馈给生产企业，也仅有一部分的汽车 4S 店能做到。我国整车生产企业都曾想过实行订单生产，要求汽车 4S 店提供未来某个时段内的订货数量并据此生产，但结果并不成功。究其原因，主要有以下几点：

（一）信息反馈工作的形式化

很多汽车 4S 店按照汽车生产商的要求都建立了相应的信息部门或客服部门，负责信息反馈工作，但大多徒有其名，只是走回访程序，甚至是弄虚作假，应付了事，根本起不到应有的作用，客户的利益很难得到保障。这与汽车生产商的授权与考核制度是否审慎和严格有直接关系。

（二）信息部门与汽车 4S 店其他职能部门的工作脱节

信息部门和其他部门各自独立经营，缺乏沟通。信息部门只负责信息，不负责售前或售后服务，接收到客户售前或售后的相关信息后，仅做记录存档，不与其他部门沟通反馈，最后由于部门间信息不对你，无法解决客户的实际问题。

（三）领导者的信息反馈意识淡薄

由于信息反馈工作无法体现即时经济效益，因此大多数汽车 4S 店的领导都将工作重点放在售前和售后服务部门，轻视信息反馈工作。很多汽车 4S 店的信息反馈没有完整体觋，反馈业务也是若有若无。

（四）数据库管理分析系统尚不完善

虽然大多数汽车 4S 店根据汽车生产商的要求，建立了相应的信息数据库，但因缺少统一协调管理，加之人才缺乏，对收集到的信息很难作出深入分析，更谈不上应用统计技术做科学预测，同时对质量技术问题提供支撑的数据库管理分析系统还不完善。

（五）专用人才缺乏，信息反馈工作水平不高

由于汽车 4S 店的领导不重视信息反馈工作，从事信息反馈工作的人员往往学历水平和素质能力比较低，或者是从别的岗位淘汰下来的工作人员，因此整个信息反馈团队的综合素

质或能力不高，这也是导致该工作质量低的主要原因。

三、信息管理的创新

信息作为一个有序的、系统化的、连续的信息流，在保证汽车4S店决策层的决策智能性和环境敏感性方面起着重要作用。有效地发掘信息资源，对其进行深入分析加工，并以最快、最能满足需求的方式输出，已成为汽车4S店在市场上提高竞争力的关键因素。建设一个高效、稳定的竞争信息系统，是汽车4S店获得持续竞争优势的根本保证。因此，汽车4S店的信息管理必须实现五大方面的创新，即理念创新、体系创新、方式创新、技术创新和队伍创新。

（一）信息管理的理念创新

建立新的信息观，切实认识到汽车4S店的市场营销、销售、内部管理、财务分析、经营决策等都要依赖信息技术，并要尽快学会掌握信息、分析信息、运用信息的方法。

（二）信息管理的体系创新

加快信息基础设施建设，建立统一、规范、畅通的信息网络体系；建立统一的数据库，进行分级控制，提供信息的收集、分析、管理、共享功能，实现汽车4S店内部资源共享。

（三）信息管理的方式创新

加强信息标准化建设，制定信息收集的标准与规范，在正确把握各种信息的基础上对现有信息指标体系进行分类整合，对信息体系内部各种信息收集渠道进行合理规范，提高信息的准确性和权威性。

（四）信息管理的技术创新

以内部计算机信息网为基础建立企业统一的信息沟通和处理平台，包括信息收集、信息评估、信息分析、信息服务，与企业的管理系统（包括营销管理、维修配件、人事系统和财务系统等）紧密相连，加速企业的信息流转周期，为更密切地服务于汽车4S店的战略决策支持系统发挥出应有的作用和价值。

（五）信息管理的队伍创新

搞好信息人员培训和信息队伍建设，因为信息网络的支撑和建设需要一支能够规范地完成信息收集、传输、处理和应用服务的队伍。

四、汽车4S店对信息化的认识

（一）信息技术应用是汽车4S店竞争的需要

面临全球化竞争和加入世界贸易组织，我国汽车4S店要在激烈的竞争中站稳脚跟，必须用信息技术革新管理和生产方法，全面、深入、有序地应用信息技术。

(二) 汽车 4S 店应用信息技术是科技发展的要求

以计算机技术为核心的现代信息技术的飞速发展，使先进的汽车 4S 店的基本科研、开发、生产、管理手段均已与信息技术难以分开。

(三) 汽车 4S 店应用信息技术是社会经济发展的要求

当今世界经济发展的趋势，使未来的任何汽车 4S 店都无法离开市场环境而封闭生存。因此，以互联网科技为标志的现代信息技术的应用，已成为汽车 4S 店与外部世界沟通和联系的重要方式。

(四) 汽车 4S 店信息化的成功经验表明信息技术对汽车 4S 店具有重要作用

许多应用信息技术的汽车 4S 店的成功经验，充分显示出走信息化之路是当代汽车 4S 店提高竞争力的有效手段。

(五) 汽车 4S 店信息化的道路不止一条

对汽车 4S 店而言，信息化是一项工作或一类事件、任务等，汽车 4S 店信息化可在不同的理念指导下、用不同的方法和手段实施。例如，以 CIM（通用信息模型）为指导实施、只实施 ERP（企业资源计划）系统以解决经营管理信息化问题、从网站建设入手实施电子商务；等等。但没有任何一项技术或软件产品可以包打天下，也没有任何一种技术观点可以解决所有汽车 4S 店的问题。信息化究竟走什么道路，必须针对不同汽车 4S 店的实际情况进行具体分析，然后根据汽车 4S 店的特点考虑采用不同的方式进行。用不同的理念、方法实施信息化，效果也会有所不同。总之，任何技术、理念、方法等，最终都必须落实在提高汽车 4S 店经济效益和核心竞争力上，只有抓住汽车 4S 店的瓶颈问题，解决汽车 4S 店关键的技术手段，才能称为有效的手段。

(六) 汽车 4S 店信息化的理念、方针、方法

尽管汽车 4S 店信息化的路有多条，但以不同的理念、方针为指导，采用不同的方法实施，必然会产生不同的效果。面对复杂多变的技术、经济形势，面对各种不同类型的汽车 4S 店，必须注重理念和手段的持续创新，必须不断探索利用新模式。以集成为例，过去将集成的注意力集中在技术和计算机硬件、操作系统平台和数据库上，后来转向重视人和组织的集成。而计算机技术的发展使技术层面的集成已渐渐变得简便，因此现在讲关注集成，主要是指关注应用集成。

(七) 信息技术应用宜适时、适度

注重与国际经济、技术发展相衔接，但更要从汽车 4S 店的实际出发，充分考虑集成的适时、适度，考虑汽车 4S 店现有的基础情况和现实承受能力，考虑汽车 4S 店的组织、基础管理等是否能够适应实施信息化程度的要求。对带动汽车 4S 店管理模式、生产方式变革的信息化过程，应充分估计到它的难度，规划好步骤、节奏、阶段等。信息化的根本目的是提

高汽车 4S 店的经济效益和核心竞争力，对技术目标的追求必须最终落实到效益目标上。

（八）信息技术是手段，不是目的

汽车 4S 店应用信息技术，必定是根据自身生存和发展的需要，不是为了信息化而信息化，更不是为了作秀。在信息社会，信息技术好比工业社会的机械技术，它是社会重要的和基本的生产、技术手段。伴随性是信息技术的突出特征，信息经济是伴随性的经济，信息科技必须与其他科技相结合，才能发挥作用并带来效益。

（九）汽车 4S 店信息化有始而无终，必须坚持到底

汽车 4S 店必须依靠信息化的手段不断改造其固有的生产方式，才能在现代复杂多变的形势和环境下立于不败之地。信息社会的朝阳已升起，信息化之路对汽车 4S 店来说是一条必须坚持走下去的路。一方面，信息化之后带来的综合效益，使汽车 4S 店自发地不断采用信息技术改进流程、提高竞争力；另一方面，采用信息技术以后，汽车 4S 店的业务会对信息技术产生依赖性。总体规划下的信息化工程的实施，对汽车 4S 店而言，不亚于一场生产方式的变革，在实施过程中由于牵涉权和利的重新分配，必然会遭到一些人的抵触，遇到方方面面的问题。因此，一旦汽车 4S 店开始实施信息化工程，就必须义无反顾、坚持到底。

五、信息的收集

一方面，汽车 4S 店有一个完善的信息反馈网就可以抢占先机，可以对每个顾客进行回访，取其好的方面进行发展，进一步了解自身服务的缺点并加以改进，让服务更接近顾客。另一方面，每个顾客的性格喜好不同，因此要对每个顾客制定不同的服务，只有抓住顾客的心，才能让顾客真正满意，这也是无形中为自己的服务做宣传，从而得到更大的收益，才能真正发挥信息反馈在 4S 店中的优势。因此，汽车 4S 店更应该注意发挥信息反馈功能。

（一）要努力搜集第一手的信息

被称为"经营之神"的松下幸之助对阿尔弗雷德·斯隆有过非常高的评价："如果在已经去世的名人中，评定谁是世界上最伟大的董事长，我想没有比通用汽车公司的阿尔弗雷德·斯隆更合适的人选。他的确是在所有的经营者中最值得我们效法的理想的经营者。我过去也接触过许多经营者，但并没有十全十美的。斯隆先生堪称千载难逢、十全十美的人物，也可以说是最理想的经营者。"斯隆成功的秘诀之一就是抓第一手信息，建立信息收集系统。

（二）信息要有积累性、系统性、及时性

用户对信息的需求是连续的、系统的，是前后相关联的。对后面的信息要求一般是在前面使用信息的基础上提出来的，而后面信息的使用总是希望在前者效果的基础上得到进一步的提高与加深。因此，保持信息的积累性、连续性、系统性，既是用户的要求，也是汽车 4S 店提高服务效果的一个基本要求和原则。

（三）要对信息进行深入、系统的分析

汽车4S店要对信息进行深入、系统的分析，透过表面看本质，通过思考获得市场的真实情况和发展趋势，作出正确的判断。只有庞大的数据库，如果不知如何运用，等于浪费。进入信息社会，出现了信息爆炸，人们获得的信息不是太少，而是太多，多了以后，就使人们无所适从，甚至被淹没在信息中，因此信息的加工处理和判断工作非常重要。

六、反馈信息的执行

汽车4S店的发展离不开信息，很多汽车4S店已经意识到信息的重要性，于是每天都会从市场上收集大量的反馈信息。但是，收集到的市场信息只能说明汽车4S店迈出了把握先机、走近成功的第一步，关键的问题却在于如何有效地将信息转化为生产力，即迅速有效地做好反馈信息的执行工作。那么，汽车4S店如何才能有效地做好反馈信息的执行工作呢？

（一）筛选整理反馈信息

1. 筛选反馈信息

对汽车4S店来说，筛选信息是有效执行反馈信息的第一步。由于从市场上收集到的反馈信息并不是完全有价值的，这就需要筛选信息。筛选信息主要是为了核实反馈信息、杜绝失真信息的误导。如果对信息不经辨别而盲目信从，往往会导致巨大的经营危机。信息经过筛选，汽车4S店就可以从中选出适合自己发展的信息。例如，通过知晓竞争对手营销策略的改变，有助于汽车4S店采取新策略，作出正确决策，使汽车4S店在竞争中抢占先机信息的媒体是多样化的，如互联网、电话、传真、报纸、杂志等，因此筛选信息的难度也在加大，汽车4S店务必擦亮双眼，挑选出对自己当前工作有转机的信息，特别是潜在信息，这样才有利于更好地取得执行效果。

2. 整理反馈信息

任何事物都是有联系的，信息也不例外，部分反馈信息在某个时段上可能会共同反映一种现象。汽车4S店通过统计、归属、整理，可以更有效地提高信息处理的效率。

（二）反馈信息分类

在对信息筛选之后，汽车4S店的下一步工作就是按信息的时效性（轻重缓急）、营销因素的针对性（产品研发、定价、渠道网络、促销方式、售后服务、销售管理、客户管理等）和信息的归属性（部门需要）对其进行分类管理。例如在河南省某营销经理高级研修班上，天泰饲料公司的一个销售主管谈道，公司每天接到大量反馈信息之后，就会按信息的轻重缓急程度和部门性质需要进行分类。例如，属于技术部门的问题，就列入技术部的信息卡，属于生产部的，就列入生产部的信息卡，这样就大大提高了反馈信息的精度，同时避免了后期信息传递的盲目性。

汽车4S店在具体操作时应依据各自的情况对反馈信息进行分类，以免在以后工作中出现部门间相互推诿等不良现象，影响反馈信息的时效性和执行力度。汽车4S店在信息把握上要灵活有序，对反馈信息合理分类是信息反馈执行过程中的重要部分，不可轻视。

(三) 传递反馈信息

反馈信息经整理、分类，其所反映的问题的本质也逐渐明晰，接下来就要对信息进行合理传递，这成为信息执行中的一个关键环节。在传递信息时，汽车4S店既要保证信息的畅通无阻，也要注意信息的保密性。在具体操作时，很多汽车4S店因为信息传递途径过长，而无法将信息执行下去，或者偏离执行方向，这一点是值得注意的。另外，很多汽车4S店的失误之处在于部门间信息根本不流通。本来是销售部门的信息，反映到生产部门，被搁置起来无人问津，本该很好解决的问题，却因销售部门不知道而丧失客户，本应是科研部门的问题，却在生产部门搁浅，失去市场良机。汽车4S店要发展，部门间的精诚合作是前提。如果一个汽车4S店的销售部门与售后服务部门不和，产品出现问题，销售部门推脱，让找售后服务部门，售后服务部门推脱，让找销售部门，两者都不愿承担责任。这样内部不能齐心合力、团结一致，当然也就谈不上更好的发展，这样的汽车4S店终究会被市场淘汰。

一般情形下，部门主管收到信息后就要签字马上执行，不能马上解决或执行难度较大的，就要交给汽车4S店高层进行决策，并制定出解决问题的相关方针政策，与负责人研讨、协商，布置信息处理的指标，并拿出合理的可行性方案交给相关的部门主管。

(四) 执行反馈信息

（1）对反馈信息的执行是整个反馈信息执行过程的中心。部门主管拿到执行方案后就开始贯彻落实，找到相关的工作人员并配备相关的物力、财力等，从事具体操作，按要求完成执行任务。

（2）监督在执行过程中也很重要，工作人员的态度、效率如何，对反馈信息执行的情况是否偏离了预期目标，以及执行中出现了哪些新问题等，这些情况需要管理者认真监督。执行监督的方式通常有制度监督和专职监督两种。制度监督是汽车4S店按照内部章程、工作细则等进行监督。专职监督是汽车4S店组织专门的督察人员进行监督，两者互补长短，其效果更佳。

（3）效果评估是能够显现出执行反馈信息经验教训的方法之一，因此它往往被汽车4S店所采用，成为在整个反馈信息执行过程中必不可少的步骤。进行效果评估需要营销方面的专家，这样才能确保作出专业、客观、合理、科学的评判，使其具有较高的参考价值，汽车4S店可据此自省、总结，使反馈信息的执行更有效。

(五) 信息再反馈

经过整理、分类、传递、执行环节，汽车4S店还需要最后一道工序——信息再反馈。汽车4S店进行信息再反馈，除表示对客户的感谢外，还要征询他们对反馈信息执行过程中的不满之处，鼓励他们对汽车4S店提相关建议，完善汽车4S店的信息执行管理系统。

汽车4S店做好反馈信息的执行，需要全员运作，更需要管理决策层、执行操作层的共同参与。如此，反馈信息经过上述五个步骤，组成反馈与再反馈的链条，构成汽车4S店对反馈信息执行的良性循环，为汽车4S店把握市场瞬息万变的形势提供无限商机。

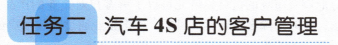

任务二 汽车4S店的客户管理

汽车4S店进行信息反馈的根本目的是了解客户的真实需求,并据此满足客户,提升自身的服务质量。从工作人员第一次接触了解客户开始,客户管理工作就已经启幕。

一、客户管理的对象

客户管理是指对客户的业务往来关系进行管理,并对客户档案资料进行分析和处理,从而与客户保持长久的业务关系。为加强服务与促销,汽车4S店必须对汽车使用者进行有效管理,这不仅可以提升客户的满意度,还可以增加销售机会,提高经营效果。

二、客户管理的内容

客户管理的内容是丰富多彩的,但归纳起来,主要有以下几项:

(一)客户基本资料的管理

客户基本资料的管理涉及客户最基本的原始资料的管理,主要包括客户的名称、地址、电话、兴趣爱好、家庭、学历、年龄、能力等。这些资料是客户管理的起点和基础,它们主要是通过销售员进行客户访问搜集的。

(二)客户关系管理

客户关系管理就是要使客户满意,提高客户忠诚度,在此基础上,最终建立起比较稳定、相互受益的伙伴关系。客户获得了满意的服务,而汽车4S店则获得了利润,销售额增加,销售费用降低,建立自己稳定的客户关系网络。另外,由于工作认真,汽车4S店在很多方面都会相继受益,如缩短决策时间、减少冲突、节省费用,当然获利也可以增加。

三、客户管理的方法

对客户进行管理需要采用科学的管理方法。一般来说,客户管理的方法主要有巡视管理、关系管理与筛选管理。

(一)巡视管理

管理客户,必须首先了解客户。而要了解客户,就要多与客户接触,倾听客户的意见。接触的途径就是实施巡视管理。工作人员在进行巡视时至少要做好三项基本工作。

1. 倾听

倾听可以帮助工作人员了解客户的真实情况,加强与客户的沟通。倾听的方式既可以是拜访客户、开客户会议，也可以是热情接待来访客户，还可以是利用现代通信工具与客户进行沟通交流。倾听，即深入与客户接触，倾听客户想说的事情，了解客户不想说的事情；同时，倾听也是个很好的调查市场的机会，借此可以了解客户对企业的产品是否满意。另外，要认真处理客户来信，及时消除客户疑惑。目前，许多企业通过安装客户免费热线投诉电话处理客户抱怨并倾听客户的心声。

2. 帮助

帮助客户办理各种手续，解决在使用中出现的问题等，为客户提供优质服务。

3. 教育

教育，即引导客户树立正确的消费观念，教会客户如何使用所购买的产品。

（二）关系管理

关系管理能指导销售员如何与客户打交道。销售员与客户搞好关系，那么他就能与客户做成交易，进而培养客户的忠诚，建立长久的业务关系。

1. 为每个大客户选派精干的大客户业务代表

对许多汽车4S店来说，重点客户（大客户）占汽车4S店的大部分销售额，销售人员与重点客户打交道，除了进行业务访问外，还要做其他一些事情，如请客户一起外出共同进餐，或者一起游玩，对他们的业务提供有价值的建议等。因此，有必要为每个重点客户安排一名专职的业务代表。这名业务代表既要承担销售人员的职责，也要充当关系经理的角色。其职责主要包括以下几点：

（1）协调好客户组织机构中所有对购买有影响的人和事，以顺利完成销售任务；

（2）协调好各部门的关系，为客户提供最佳的服务；

（3）为客户的业务提供咨询与帮助。

2. 加强对客户的追踪与服务

对客户的追踪是与客户建立长久关系的有效途径。对客户的追踪主要有以下四种方法：

1) 电话追踪

电话追踪是最常见和成本最低的，同时也是最难将跟踪活动转化为销售和长久关系的追踪方式。客户可能通过自动应答机和语音邮件等设备回复或接听电话。销售人员必须很有创意才能激起客户足够的好奇，使他们希望与你交谈。

2) 邮件追踪

这是一种常见的追踪方法，但是邮件应别具特色。与电话追踪一样，工作人员的计划应个性化，以使客户或潜在客户增加记忆。例如，可以在邮件中包含优惠，即当顾客回信时会得到物质鼓励，也许是特别促销折扣或者优惠券。如果销售人员应用这个方法，让客户知道销售人员将在几天后打电话以求得他的反馈，那么这个电话就会为有效的追踪联系开辟另一扇大门。这是一个良性循环，客户感到自己被尊重，并且在与销售人员联系时，销售人员可以受到热情欢迎。

3) 温情追踪

每个人都喜欢得到别人的感谢，并且人们都知道这个世界上缺乏宝贵的当面激励，因此应利用追踪系统让顾客知道销售人员感谢他们带来的生意。温情追踪应该成为销售过程中的永久部分，一般采取短信致谢、电话道谢等形式。

4）水平追踪

水平追踪是指在不同的时间采用不同的追踪方式对同一客户进行追踪。例如，在下次销售会议上，可以采用另外一种追踪办法；同一级别的其他销售人员也可以对客户进行追踪。

（三）筛选管理

筛选管理是指汽车4S店的销售人员每年年末对手中掌握的客户资料进行筛选并分类管理。筛选的依据包括客户全年购买额、收益性、安全性、未来性和合作性等。筛选是将重点客户保留，而淘汰那些无利润、无发展潜力的客户。

根据具体的筛选依据，对保留下来的客户进行分类整理。

第一类可以分为公务车和私家车。公务车分为政府公务车、企业公务车；私家车分为可以报销费用的私家车和纯粹的私家车。

第二类可以分为重点客户和普通客户，对于年结算总额排名在前20%的客户，可以定为重点客户，其他为普通客户。

第三类是特殊客户和一般客户。对于当地重要部门或特殊车辆的车主，可以定为特殊客户，其他为一般客户。汽车4S店应该建立VIP专用通道，服务重点客户和特殊客户，以满足其更高的需求。

四、客户跟踪服务

在信息反馈管理中除了对客户进行有效管理外，还要对客户进行售后跟踪服务，有效提升客户满意度，稳定客户关系。

（一）跟踪服务的好处

表达对客户惠顾的感谢，增加客户的信任度；确保客户对维修满意，对不满意的采取措施加以解决，保证使客户满意；将跟踪结果反馈给业务接待、车间主管等，找出改进工作的措施，以利于今后的工作。

（二）跟踪的目的

回访客户的目的是征求客户的满意度，表达感谢之意；另外，转达汽车4S店管理者的关心。同时，提高汽车4S店的形象，培养忠实的客户群体；及时掌握客户不满意的情况，并能及时处理、沟通，查出分歧，赢得理解；对出现的问题及时整改，避免由此造成客户的失望和流失，及时挽回声誉；加强与客户间的感情联络，让客户感觉汽车4S店对他负责到底；搜集信息，调整经营策略，使服务更加贴近市场、贴近客户。

（三）准备

准备电话跟踪记录表和电话跟踪处理日报表。充分了解车主的档案信息，如车主的职业、职务、爱好、购车的目的，车辆使用情况、行驶里程和保养、维修情况，车辆维修档案，维修故障记录，以及本次维修故障现象及本次维修时出现的问题。与客户进行沟通，了解车辆的相关信息，同时明确本次维修时出现的问题。

（四）电话跟踪回访

汽车 4S 店进行电话跟踪回访时要注意以下几个方面：

（1）维修工作完成后，定期对客户进行电话回访。

（2）打电话时为避免客户觉得他的车辆有问题，建议使用标准语言，发音要自然友善。

（3）讲话不要太快，一方面给没有准备的客户时间和机会回忆细节，另一方面避免客户觉得电话回访人员很忙。

（4）交车一周内打电话询问客户是否满意。

（5）电话回访时要注意语言技巧。

（6）回访比例不少于二分之一。

（7）对部分具体的抱怨应有快速、简洁的措施。

（8）检查其他客户的愿望，以便知道这些愿望能否实现（有客户提出其愿望、要求，可以将这些愿望、要求通过在其他客户身上做对比，这样可以明确判断其所提出的愿望、要求是否可以得到实现）。

（9）将回访结果定期在会议上讨论。

（五）合适的电话回访时间

电话回访尽量避免给客户带来不便，因此这就意味着每天 9：00 前和 17：00 后不应该给客户打电话，最佳的电话回访时间应是 9：00—11：00 和 15：00—17：00。

如果电话没有成功接通，第二天应继续联系。

（六）如何进行电话谈话

开始介绍的阶段十分重要，如果在这个阶段不能有技巧地进行，毫无准备的客户很容易不信任人，并会怀疑销售人员打电话的其他动机，因此应尽可能严格按照相关的电话流程进行，总结出要点并清晰地写在电话记录中。

（七）电话跟踪不当的具体表现

（1）自我介绍阶段不熟练，客户会怀疑回访另有隐情。

（2）随意说话让客户产生误解，以为他的车辆有问题。

（3）选择打电话的时间只考虑自己方便，不考虑客户是否方便。

（4）电话回访人员不懂维修、不懂沟通技巧、不懂打电话的艺术。

（5）客户表示不满，没人受理。

（6）对客户提出的不合理要求态度暧昧。

（7）电话记录信息不够或记录的内容没有意义。

五、处理客户投诉

根据客户对汽车 4S 店工作的认可、建议、意见，通常将信息反馈的性质分为表扬、建议和意见。表扬是指客户对汽车4S店服务工作表示认可、肯定，并通过当面、电话、信函等方式向汽车4S店表达，此视为表扬；建议是指客户对汽车4S店的服务工作进行善意的提醒并没有因此产生情绪波动，此视为建议；投诉是指客户对汽车4S店的服务工作通过当面、电话、信函等方式反映问题，并产生情绪波动，此视为投诉。

（一）处理客户投诉的目的与效果

1. 处理客户投诉的目的

处理客户投诉的最终目的是要取得客户的满意，与此同时，还要考虑到获取收益。因此，处理客户投诉要达到以下四个目的：

1）消除客户的不满、恢复信誉

从保护、重视消费者的立场来看，处理客户投诉是事关汽车4S店生死存亡的大事。因此，处理客户投诉时最基本的目的就是要消除客户的不满、恢复信誉。汽车4S店理所当然应该真诚、及时地对客户投诉进行处理。

2）确立企业的品质保证体制

利用客户投诉促进自身的改革是企业（既指汽车生产商，也指汽车经销商，如汽车4S店）一项很重要的能力。通过处理客户投诉，可以改进企业的产品质量和服务水平，从而为客户提供更满意的产品和服务。

3）收集客户信息

客户投诉是顾客对产品和服务最真实的检查结果，也是最可靠的市场调查结果。因此，企业要将客户的投诉收集起来，然后对其进行充分分析，妥善保存其结果，并在生产及试验方法的改进方面加以利用。

4）挖掘潜在需求

挖掘市场的潜在需求也是处理客户投诉的重要目的之一。投诉是客户不满意的一大信号，但在实际工作中，人们一般都把注意力集中到追究发生商品缺陷的责任上或对投诉的处理上，却忽略了客户的真正需求。由于客户投诉是与市场紧密相关的，因此在研发新产品时如果考虑到客户投诉的提示作用，那么开发的新产品更容易适销对路，同时其开发成本也将大大降低。要达到上述处理目的，投诉处理应做好三个方面的工作。

（1）为顾客投诉提供便利的渠道。

（2）对客户投诉进行迅速有效的处理。

（3）对投诉原因进行最彻底的分析。

2. 处理客户投诉的效果

处理客户投诉的宗旨就是挽回不满意顾客，具体来说，正确处理客户的投诉可以产生以下几方面的效果：

1）提高企业的品质

一般的品质管理都是以企业内部标准为基准的活动。而处理客户投诉则直接与顾客的需求相关，因此融合了处理客户投诉的品质管理，其范围更广、水准更高，从而能将整个行业的品质标准和客户的品质标准很好地结合起来。

2）强化组织的活动

在处理客户投诉时需要各方面的配合。在调查、分析原因及寻找对策时，必须依靠企业各部门的协助和整个组织的力量。处理客户投诉时各个部门应越过彼此的鸿沟，进行真正的交流，在此基础上讨论实际对策，这对企业内部合作体制的建立能起到一定的促进作用。

3）降低成本

如果由投诉引起的损失赔偿要求不断增加，其补偿额往往也是很多的。因此，减少客户投诉本身就能够降低成本。另外，在处理客户投诉的过程中还有机会寻找能够消除生产过剩和无谓浪费的更有效的生产方法。因此，如果采取了治本的对策，往往能够降低成本。

4）提高设计和生产技术

对于汽车生产商来说，当然应该尽量为满足顾客的需求而不断努力。但是，无论产品的设计、生产技术多么完善，它们总有其自身的局限。因此，企业在处理投诉时，要利用处理投诉达到改进设计、生产技术的目的，否则，如果不作出技术方面的努力，企业是很难生存下去的。另外，投诉、索赔不但能促进产品的改良和技术的进步，还能给企业提供了解顾客潜在需求的机会。因此，企业可以通过客户投诉发现顾客的新需求、开发新产品。

5）确保并扩大销路

投诉、索赔是阻碍顾客与汽车生产商、中间商之间交流的一大因素。在处理客户投诉的过程中，如果能使这条渠道畅通无阻，就能确保产品的销路。另外，这条渠道并不仅限于成为被投诉对象产品的流通渠道，它还是企业很多其他产品的流通渠道。

6）改善方法与保证契约

顾客投诉的对象并不仅限于产品的品质，还包括产品的使用方法、售后服务等。在处理客户投诉的过程中，对客户的综合服务会得到相应的充实，产品责任预防体制也会更加完善。

（二）受理客户投诉案件

客户投诉是客户对商品或服务品质不满的一种具体表现。企业对外应化解客户投诉，并圆满解决；对内应利用客户投诉，充分检讨与改善销售和服务行为，将其转化为提升企业素质的良机。企业经营常常碰到客户投诉，一旦处理不当，会引起不满和纠纷。其实从另一个角度看，客户投诉是最好的产品情报。销售部门不仅要利用客户投诉找出症结所在，弥补客户的不满，同时必须努力恢复客户的信赖；遇到客户投诉的案件，应以机警、诚恳的态度受理；各级人员对客户的投诉案件，应以谦恭礼貌的态度迅速处理，企业内部各经营部门对决定受理的案件，应在做记录后迅速加以处理。客户投诉的处理必须迅速，各部门在处理客户投诉时，应设定处理的时限，以控制时效，不仅要迅速前往处理，还要按照规定填写客户投诉处理表。若受理案件限时结案有困难，在实务上，则可以设定以客户投诉处理表流向各部门的处理期限为控制标的。对超过讨论期尚未结案的客户投诉，主管单位可以开立催办单，督促相关部门加速处理。处理完每件客户投诉后，为求一劳永逸，必须进行统计分析，以利于企业内部检讨、改善销售。

汽车4S店在实际工作中一般将投诉分为三种情况进行处理。

（1）对言辞激烈的客户，其车辆存在严重的质量问题并影响车辆正常使用的客户，应即刻通知主管领导，迅速解决问题，以表示对客户的理解和关注。

（2）如果服务质量有问题，则由责任人或主管领导向客户直接道歉，以求得客户的理解。

（3）对维修质量不太满意又不影响使用的，可以和客户讲好再次来修的日期。如果客户工作忙没有时间过来维修，可以约定等下次维修保养时再解决。

（三）处理客户投诉的程序

凡遇到处理客户投诉的，应填写客户投诉处理表，并注意该表单的流向。此表的联数多少可视企业规模大小、组织结构自行确定，表格必须填写日期；为防止工作漏失，处理表应有流水编号。对处理客户投诉的流程也可加以规定。

（1）客户管理中心接到客户投诉，应立即填写客户投诉处理表。

（2）生产部门接到客户管理中心的客户投诉处理表后，应编号并登记于客户投诉案件记录表和异常调查报告表中，送质量部门追查、分析原因，判定责任归属后，反馈给汽车生产商分析异常原因并批定处理对策。异常情况送研发部，再送回总经理室核查后送回客户管理中心拟定处理意见，再送经理室，最后送回客户管理中心进行处理。

（3）销售人员收到总经理室送回的客户投诉处理表，应立即向客户说明，与其交涉，并将处理结果填入表中，呈主管领导核阅后送回总经理室。

（4）经处理结案的客户投诉处理表由各部门按规定分别留存。

客户的投诉显示了汽车企业和汽车品牌的弱点所在，除了要随时解决问题外，还应注意不要让同样的错误再度发生。

（四）有效处理客户投诉的要点

针对客户的投诉，处理时要注意以下几个问题：

1. 虚心接受投诉

冷静地接受投诉，并且抓住投诉的重点，同时弄清楚客户的需求到底是什么。

2. 追究原因

仔细调查原因，掌握客户心理，真诚地向客户道歉，并且找出客户满意的解决方法。

3. 采取适当的应急措施

应根据客户投诉的重要程度，采取不同的处理方法。为了不使同样的错误再度发生，应当断然采取应变措施。

4. 改正缺点

以客户的不满为参考找出差距，甚至可以成立委员会追查投诉的原因，以期达到改善的目的。

5. 建立客户投诉管理体系

要建立反应快速、处理得当的客户投诉管理体系。为了恢复企业的信用与名誉，除了赔偿客户精神上和物质上的损失之外，还要加强对客户的后续服务，使客户恢复对企业原有的信心。

（五）处理客户索赔

客户提出投诉并要求索赔时，企业内部必须细心应对，避免事件扩大，损害企业的形象。另外，索赔事件若处理得当，不仅可以消除企业危机，还可得到客户长期的支持。

1. 处理客户索赔的方式

（1）与客户接触时，应切记以诚恳、亲切的态度接触。

（2）如果显然是汽车 4S 店的问题，应首先向客户致歉，并迅速处理；如果原因不能确定，应迅速追查原因，当然也应对本公司的产品具备信心，不可在调查阶段就轻易向客户妥协。

（3）对投诉的处理，以不影响一般消费者对本公司的印象为标准，由客户管理中心或公关部致函道歉，并以完好的产品予以调换；如果没有同样的产品，应给予金钱补偿。若赔偿或调查需要耗费较长的时间，应向客户详细说明，并取得谅解（应设法取得凭证）。

（4）责任不在本公司时，应由承办人员召集各有关人员，包括客户及相关部门，共同召开注意加强追踪方面的会议，以查明责任所在，并确定是否应该赔偿以及赔偿的额度。

（5）当赔偿事件发生时，应速与有关部门联络，回报相关情报，并以最快的行动进行处理，以防同一事件再次发生。

（6）发生客户索赔事件时，对客户应给予补偿，如果是汽车生产商的问题，应尽快向其索取补偿。

2. 为应对客户索赔，在汽车 4S 店内部要建立相应的体制

（1）明确划分有关部门、有关人员的职责范围。

（2）培养全体员工共同合作、协力解决索赔问题的精神。

（3）整理有关索赔资料。应利用管理系统和索赔的记录资料，并依照一定的规则，将索赔发生至处理完毕的经过详细记录下来。

（4）汽车 4S 店内有关人员和部门要共同处理索赔问题，并建立相应的索赔处理机制。

六、客户满意分析

（一）客户满意

客户满意是客户对其要求被满足的程度的感受。客户抱怨是一种满足程度低的最常见的表达方式，但是没有抱怨，并不表示客户一定很满意。调查表明，大多数客户在车辆送修之前总是只看到汽车 4S 店的缺点，如工时费用高、配件贵、送车取车费时和维修时无车可开等。所有这一切都是客户满意度的负面条件。因此，维修服务的目的就是增加客户的满意度，赢得客户信任。

（二）客户满意因素

1. 素质

（1）人员素质：包括基本素质、职业道德、工作经验、教育背景、观念、态度、技能等。

（2）设备工具：包括设备工具是否完备、员工会不会用、愿不愿用等。

（3）维修技术：包括一次修复率和维修质量。

（4）任务标准化：包括接待、维修、交车、跟踪服务流程的标准化等。

（5）管理体制：包括质量检验、进度掌控、监督反馈体制。
（6）厂房设施：包括其是否完备、安全、高效。

2. 价格
（1）价格合理：包括工时费、配件价格合理。
（2）品牌价值：包括知名度、忠诚度。
（3）物有所值：包括方便、舒适、安全、高效。
（4）服务差异：包括服务品质与其他企业的差别。
（5）附加价值：包括免费检测、赠送小礼品等。

3. 服务
（1）厂房规划：包括 CI 形象、区域划分、指示牌。
（2）专业作业：包括标准广告牌管理、专业人员负责、5S 管理、专业分工。
（3）价格透明：包括常用零件价格、收费标准。
（4）兑现承诺：包括交车时间、维修时间、配件发货、解决问题。
（5）客户参与：包括寻求客户认同、需求分析、报告维修进度、告知追加维修项目等。

4. 专业化
语言专业、热忱、亲切。

5. 便利性
（1）地点：包括与客户居住地的距离、客户进厂的路线、天然阻隔、接送服务、指示牌。
（2）时间：包括营业时间、假日值班、24 小时紧急救援、等待时间。
（3）付款：包括付款方式、有人指引或陪同、结账时间、单据的整理。
（4）信息查询：包括维修记录、费用、车辆信息、配件、工时等。
（5）商品选购：包括百货等的选购。
（6）功能：包括保险、四位一体、紧急救援、车辆年审、汽车俱乐部、接送车服务。

（三）客户关怀的基本原则

工作人员对客户的关怀要发自内心；把客户当成自己，换位思考；以主动式关怀，在客户困难时伸出援助之手；帮助客户降低成本，取得客户信任；不要表现出明显的商业行为，在客户满意和公司利益之间寻找最佳平衡点。

（四）客户关怀的实施要点

1. 新车提醒
对购买新车的客户，工作人员应做到以下几点：新车交车后的 3～4 周内使用信函或电话询问新车的使用情况；主动告知汽车 4S 店的地点、营业时间、客户需要带的文件，并进行预约；提醒首次保养的里程和日期。

2. 维修回访
事先与客户讨论好回访的方式与时间；维修后三日内进行回访，对客户提出的意见要有反馈。

3. 联系久未回店的客户

对于久未回店的客户要重点联系，联系前应了解客户对前一次维修服务的内容是否满意。若客户不满意，应表示歉意，并征求客户意见，请客户来店或工作人员登门拜访客户。

4. 定期保养通知

定期保养通知应在距客户车辆保养日期前两周发出通知函或一周前打电话通知，主动进行预约，主动告知客户保养的内容与时间。

5. 季节性关怀活动

主动告知客户季节性用车注意事项，提醒客户免费检测的内容。

6. 车主交流会

成立车主交流会，要求客户积极加入。交流会的内容主要包括正确的用车方式、服务流程讲解、简易维修处理程序、紧急事故处理等。交流会以 10～15 人为宜，时间一般不要超过两个小时。交流会可以请客户代表发言，赠送小礼品，对客户满意度进行调研。

7. 信息提供

向客户提供与其利益相关的信息，包括客户从事产业的相关信息、新的汽车或道路法规、路况信息、客户感兴趣的相关信息等。

七、数据统计分析工作

（1）每月月底满意度调查工作完成后，客服部需要对当月的调查结果进行统计分析，并向相关部门和领导出具《售后客户满意度调查分析报告》。

（2）《售后客户满意度调查分析报告》内容分为数据统计和原因分析两大项目。其中，数据统计中需要提供本月调查量统计、满意度统计对比等；原因分析中需要对本月客户反映良好和不足的项目进行分析。

（3）《售后客户满意度调查分析报告》需要在每月 28 日之前提交到各相关部门［遇长假期间和汽车 4S 店特殊情况（如大型活动）除外］。

（4）满意度分数的统计主要有以下三个方面：

①满意度分数从客户处获得，有直接确认和间接确认两种方式。直接确认是指在调查中向客户询问满意度分数，在百分制的情况下由客户直接评出分数；间接确认是指在客户未评出分数的情况下，将客户给出的满意度等级换算成分数。建议在调查中尽可能采用直接确认的方式，此方式最能体现客户对满意度的真实体会。

②每月满意度平均分数即当月满意度，平均分数指当月调查的分数总和除以当月调查基数。如果在回访中采用其他调查方式，客户不评出满意度分数，也不评出满意度等级，则此次调查不作为满意度统计的基数。

③对于不评出满意度的客户需要进行引导，并在《售后客户满意度调查分析报告》中分析具体原因。

八、汽车 4S 店客户服务部的工作职责

客户服务部以下简称客服部。

项目五　汽车 4S 店信息反馈管理

（一）客户资料管理

1. 客户资料收集

在汽车 4S 店的日常营销工作中，收集客户资料是一项非常重要的工作，它直接关系到汽车 4S 店的营销计划是否能够实现。客户资料的收集要求客服专员每日认真提取客户信息档案，以便关注这些客户的发展动态。

2. 客户资料整理

客服专员把提取的客户信息档案递交客服经理，由客服经理安排信息并分类分析，分派专人管理各类资料，并要求每日及时更新，避免遗漏。

3. 客户资料更新备案

客服经理按照负责客户数量均衡、兼顾业务能力的原则，分配给相关的客服专员。客服专员对自己负责的客户应在一周内与客户进行沟通，对客户资料进行更新并做详细备案。

（二）客户投诉处理

（1）客服人员接到客户投诉意见后，应在第一时间向客户致歉并记录投诉的相关内容，如时间、地点、人员、事情经过、其结果如何等问题，了解投诉事件的基本信息，并初步判断客户的投诉性质，在 1 小时之内上报客户经理或客户服务中心，由客户经理或客户服务中心立即填写客户信息反馈处理单和客户投诉登记表。

（2）客户服务中心应立即给客户信息反馈处理单进行编号并简单记录其基本信息，如车牌号、填单人姓名、内容概要等。

（3）对能确定责任的质量问题、服务态度、文明生产、工期延误的投诉，处理如下：

①客户经理在 24 小时内协同被反馈部门完成责任认定并对责任人进行处理后，与客户沟通（如有必要），并将客户信息反馈处理单转给管理部。24 小时内没有联系上的客户，客户经理应在 48 小时内完成上述工作。

②管理部在接到客户信息反馈处理单后，在 4 小时内根据汽车 4S 店的文件对处理意见进行复核，对认可的处理出具过失处理意见；对有异议的，召集客户经理和相关部门进行协商并签署协商意见。在 4 个小时内，将处理结果上报主管总经理，同时将主管总经理的处理意见反馈给客户经理和相关部门执行。

③管理部在 8 小时内根据最终处理意见实施责任追究，进行过失沟通，完成最终的客户信息反馈处理，并于当日转客户服务中心。

（4）对于当时无法确定责任的质量问题、配件延时、客户不在场、客户没有时间的投诉处理主要包括以下几点：

①客户经理通知客户在客户方便时直接找客户经理解决，报主管总经理认可后，按未了事宜进行处理。

②如果属于重大投诉，客户经理应请示主管经理后上门拜访客户。

③未了事宜由客户经理和客户服务中心分别进行记录，并保存在维修接待计算机系统中。

④客户经理每月 4 日完成上个月未了事宜的客户沟通，提醒其及时回汽车 4S 店处理，

并及时掌握未了事宜的变化情况。

（三）与各部门密切沟通、参与营销活动、协助市场销售

汽车4S店实施电话营销对销售成功起着重要作用，这就要求客服专员具有一定的销售业务能力，掌握一定的业务技巧。

（四）投诉处理后的回访

1. 及时回访客户

客户服务中心对处理完毕的客户信息反馈处理单，应有客户经理明确标明需要回访的客户，在24小时内进行回访；对正在处理中的客户信息反馈处理单暂停回访，直至处理完毕后再进行回访。

2. 对不同类型的客户进行不定期回访

客户的需求不断变化，通过回访不但能了解不同客户的需求，而且可以发现自身工作中的不足，及时补救和调整，满足客户需求，提高客户满意度。

1）回访方式

电话沟通、电邮沟通、短信沟通等。

2）回访流程

从客户档案中提取需要统一回访的客户资料，统计整理后分配给各客服专员，通过电话（或电邮等方式）与客户交流沟通，并认真记录每个客户回访的结果，填写记录表（此表为回访活动的信息载体），最后分析结果并撰写回访总结报告，进行最终资料的归档。

3）回访内容

（1）询问客户对汽车4S店的评价，以及对产品和服务的建议和意见。

（2）特定时期内可做特色回访（如节日、店庆日、促销活动期）。

（3）友情提醒客户续卡或升级为其他消费卡。

4）回访规范

"一个避免""三个必保"，即避免在客户休息时打扰客户；必须保证会员客户100%的回访；必须保证回访信息的完整记录；必须保证在三天之内回访（最好与客户在电话中约定一个方便的时间）。

项目小结

信息反馈指的是汽车4S店定期回访客户，倾听客户的意见，了解客户的心理和需求，认真做好记录，建立客户档案。为了更好地开展信息反馈工作，汽车4S店必须实现五大方面的创新，即理念创新、体系创新、方式创新、技术创新和队伍创新。

客户管理是指对客户的业务往来关系进行管理，并对客户档案资料进行分析和处理，从而与客户保持长久业务关系。客户管理的内容主要有客户基本资料的管理和客户关系管理。一般来讲，客户管理的方法主要有巡视管理、关系管理与筛选管理。客户投诉处理要达到消除客户的不满、恢复信誉、确立企业的品质保证体制、收集客户信息、挖掘潜在需求等目

的。客户投诉处理的宗旨就是挽回不满意顾客，具体来说，正确处理客户投诉可以产生以下几方面的效果：提高企业的品质、强化组织的活动、降低成本、提高设计和生产技术、确保并扩大销路、改善方法及保证契约。针对客户的投诉，处理时要注意虚心接受投诉、追究原因、采取适当的应急措施、改正缺点、建立客户投诉管理体系等。

客户满意因素有素质、价格、服务、专业化、便利性等；客户关怀的实施要点包括新车提醒、维修回访、联系久未回店的客户、定期保养通知、季节性关怀活动、车主交流会、信息提供等。汽车4S店客服部的工作职责包括客户资料管理、客户投诉处理、与各部门的密切沟通、参与营销活动、协助市场销售、投诉处理后的回访等。

复习思考题

1. 什么是信息反馈？汽车4S店开展信息反馈的意义是什么？
2. 中国汽车4S店信息反馈工作的不足主要体现在哪几个方面？针对这些不足，应在哪些方面进行创新？
3. 简述汽车4S店跟踪服务的流程。
4. 简述电话回访的基本原则。
5. 对回访问题应如何处理？
6. 影响客户满意的因素有哪些？
7. 简述汽车4S店客户服务部的工作职责和注意事项。
8. 简述客户管理的内容和方法。
9. 简述处理客户投诉的目的和效果。
10. 按照跟踪服务规范，学生两人一组，分别扮演客户和客服专员，模拟汽车4S店跟踪服务业务，并互换角色进行客户投诉处理练习。
11. 实际调查一个汽车4S店的信息反馈岗位的相关情况，分析该岗位对人员能力和业务的要求，并互换角色进行客户投诉处理练习。

知识拓展

日本T牌汽车厂的客户投诉处理过程

世界闻名的日本T牌汽车厂，将客户投诉处理过程分为六个阶段。

第一阶段：听客户投诉。不可以和客户争论，应以诚心诚意的态度倾听客户的投诉。当然，不只是用耳朵听，为了处理上的方便，在听的时候一定要记录，依情况采用变更人员、地点、时间的方法倾听客户投诉，该法可使投诉者恢复冷静，也不会使投诉扩大，这种方法称为"三变法"。

首先是变更人员，将对象换成更高职务的人员，如主管或上司，能达到更好的效果。无论如何，要让对方看出公司的诚意。

其次是变更场所。尤其对感情用事的客户而言，变更场所容易让客户恢复冷静。

最后应注意不要马上回答，要以时间换取冷却冲突的机会，可告诉投诉者："我回去后好好地把原因和内容调查清楚后，一定会以负责的态度处理的。"这种方法是要获得一定的冷却期，尤其客户所投诉的是一个难题时，应尽量利用这种方法。

第二阶段：分析原因。聆听客户的投诉后，必须冷静分析事情发生的原因与重点。经验不丰富的销售人员往往似懂非懂地贸然断定，甚至说些不必要的话而使事情的后果更加严重。在销售过程中发生的拒绝和反驳的原因是千差万别的，而投诉的原因也是不同的，必须对履行约定、态度不诚恳等原因加以分析。其原因主要包括以下几点：

（1）由销售人员的说明不够所引起的投诉、由于工作人员不履行约定和态度不诚恳引起的投诉，很容易损害公司的形象，使公司受到连累；

（2）由客户本身疏忽和误解所引起的投诉、由于商品本身的缺点和设备不良所引起的投诉，这种情形虽然责任不在销售人员，但也不能因此避而不见。

第三阶段：找出解决方案。客户的投诉内容不外乎"刚买不久就这么差"或"仔细一看发现有伤痕"等几种形式。要冷静地判断这件事自己是否可以处理。如果是自己职权之外才能处理的，应马上转移到其他部门处理。此时，销售人员仍然必须负起责任，直到其他部门接手处理。

第四阶段：把解决方案传达给客户。解决方案应马上让客户知道，当然在客户理解前必须下功夫加以说明和说服。

第五阶段：处理。客户同意解决方式后尽快处理，处理得太慢，不仅没有效果，有时可能会使问题恶化。

第六阶段：检讨结果。为了避免同样的事情再度发生，公司必须分析原因，检讨处理结果，吸取教训，使未来同性质的客户投诉减至最少。

项目六
汽车4S店人力资源管理

 **项目导入**

某地一家汽车4S店有80多位员工,该汽车4S店为民营企业。该汽车4S店领导人不重视人力资源管理,搞家族式管理,不重视人才,管理部门用的是自己的亲属,结果该汽车4S店的五六个骨干投奔到竞争对手处,使该汽车4S店基本处于瘫痪状态。

那么,汽车4S店应如何做好人力资源管理呢?

 项目要求

1. 了解汽车4S店的人员配置。
2. 掌握员工培训方法。
3. 掌握激励的相关理论和常用方法。
4. 能够组织员工招聘。
5. 能够对员工进行绩效考评。
6. 能够运用合适的方法激励员工。

 相关知识

在现代企业管理中,人力资源的重要性在不断上升,而人力资源管理工作日趋复杂,人力资源管理不仅是人力资源管理职能部门的工作职责,还是任何一个岗位的职责,即使是普通的工作人员,也要求介入某些人力资源管理工作中。在给予较为充分的决策权的工作小组或团队中,个人行为是由员工自己管理的,员工自身也就是一个管理者。因此,企业有效的人力资源管理,需要各级、各类部门的各类人员共同努力。汽车4S店是劳动密集型服务企业,而汽车又是一种对可靠性、安全性要求较高的现代化交通工具,其结构复杂、技术密集。作为现代企业核心竞争力之一的现代人力资源管理对汽车4S店的建设和发展尤为重要,可以说企业管理决定汽车4S店的命运,而企业建设依赖的是人力资源管理。

任务一 人力资源管理的基本知识

人是生产力中最活跃的要素,是构筑企业核心竞争力的基石,是企业最宝贵、最有价值的资源。企业领导者应充分认识到这一点,从一言一行到企业的各项政策规章制度,都要有利于调动员工的积极性和主动性,使他们自觉地提高维修服务质量,节约维修成本,主动维护企业形象,为企业赢得更多的顾客,实现企业盈利的目标。

员工是在企业生存与发展中起决定性作用的因素。现代汽车企业之间的竞争，很大程度上是人力资源的竞争。因此，人力资源管理是现代汽车企业管理的重要内容。

现代工业企业的人力资源管理虽然起源于传统工业企业中的劳动人事管理，但又不同于传统工业企业中的劳动人事管理。因为传统工业企业中的劳动人事管理重于管理，而现代工业企业中的人力资源管理更重于开发。

一、人力资源管理的基本概念

（一）人力资源的概念

人力资源是指在一定时间、空间条件下，现有的（现实的）和潜在的劳动力数量与素质的总称。人力资源从时间概念上包括现有的和潜在的（转业、再从业、新生劳动力等）两种劳动力；从空间概念上可以区分为某个国家、某个区域、某个产业或某个企业的劳动力。人力资源的总体概念，既包括劳动力的数量，也包括其素质，更包含人的结构。由此可知，人力资源体现在人的体质、知识、智力、经验和技能等诸多方面。

（二）人力资源管理的概念

人力资源管理是指企业为了实现其既定目标，运用现代管理措施和手段，对人力资源的取得、开发、培训、使用和激励等方面进行规划、组织、控制、协调的一系列活动的综合过程。

人力资源管理是从系统的观点出发，通过其组织体系，应用科学的管理方法，对企业中的人力资源进行有效开发（招聘、选拔、培训）、合理利用（组织、调配、激励与考核）的综合性管理。现代企业管理学家认为：处于劳动年龄、具有劳动能力的人力也是一种生产资源，并且是具有能动作用的生产资源。人力资源管理就是为了使企业的人力与物力、财力保持最佳的配合，并恰当地引导、控制和协调人的理想、心理与行为，充分发挥人的主观能动性，使人尽其才、人尽其用、人事相宜，实现企业最终的目标。

二、人力资源的特性

对企业而言，人力资源包括全体员工，即从最高层领导管理者到最基层的实际操作者在内的所有人，是一种既特殊又重要的资源。与其他资源相比，有其鲜明的独特性。

（一）人力资源的生物性

人首先是一种生物。人力资源存在于人体之中，与人的自然生理特征相联系。人最基本的生理需要带有某些生物性的特征。在管理中，首先要了解人的自然属性，根据人的自然属性与生理特征进行符合人性的管理。人力资源属于人类自身所特有的，因此具有不可剥夺性。人力资源的生物性是人力资源最根本的特性。

（二）人力资源的时限性

时限性是指人力资源的形成与作用效率要受其生命周期的限制。作为生物有机体的个人，其生命是有周期的，每个人都要经历幼年期、少年期、青年期、中年期和老年期。其中，具有劳动能力的时间是生命周期中的一部分，其各个时期资源的可利用程度也不相同。无论哪类人，都有其才能发挥的最佳期、最佳年龄段。如果其才能未能在这一时期充分利用开发，就会导致人力资源的浪费。因此，人力资源的开发与管理必须尊重人力资源的时限性特点，做到适时开发、及时利用、讲究时效，最大限度地保证人力资源的产出，延长其发挥作用的时间。

（三）人力资源的再生性

经济资源分为可再生性资源和非再生性资源两大类。非再生性资源最典型的是矿藏，如煤矿、金矿、铁矿、石油等，每开发和使用一批，其总量就减少一批，绝不能凭借自身的机制加以恢复。另一些资源，如森林，在开发和使用过后，只要保持必要的条件，可以再生，保持资源总体的数量。

人力资源也具有再生性，它基于人口的再生产和劳动力的再生产，通过人口总体内个体的不断更替和"劳动力耗费—劳动力生产—劳动力再次耗费—劳动力再次生产"的过程得以实现。同时，人的知识与技能陈旧、老化也可以通过培训和再学习等手段得到更新。当然，人力资源的再生性不同于一般生物资源的再生性，除了遵守一般生物学规律之外，它还受人类意识的支配和人类活动的影响。从这个意义上来说，人力资源要实现自我补偿、自我更新、持续开发，就要求人力资源的开发与管理注重终身教育，加强后期的培训与开发。

（四）人力资源在使用过程中的磨损性

人力资源在使用过程中会出现有形磨损和无形磨损，劳动者自身的疾病和衰老是有形磨损，劳动者知识和技能的老化是无形磨损。

在现代社会，人力资源的这种磨损呈现以下几方面的特点：

（1）与传统的农业社会和工业社会较多地表现为有形磨损不同，现代社会更多地表现为无形磨损。

（2）当今社会的一个重要特征是新技术不断取代旧技术，并且更新周期越来越短，致使员工的知识和技能老化加剧，人力资源的磨损速度越来越快。

（3）人力资源补偿的难度加大，这是因为当今社会的人力资源磨损主要表现为无形磨损，而无形磨损的补偿比有形磨损的补偿要困难得多；同时，由于人力资源磨损速度的加快，补偿的费用也越来越高。

（五）人力资源的社会性

人力资源的社会性，主要表现为人与人之间的交往和由此产生的千丝万缕的联系。人力资源开发的核心在于提高个体的素质，因为每一个个体素质的提高，必将形成高水平的人力资源质量。但是，在现代社会中，在高度社会化大生产的条件下，个体要通过一定的群体发挥作用，合理的群体组织结构有助于个体的成长和高效地发挥作用，不合理的群体组织结构则会对个体造成压抑。群体组织结构在很大程度上取决于社会环境，社会环境构成人力资源的大背景，它通过群体组织直接或间接地影响人力资源开发，这就给人力资源管理提出了要求：既要注重人与人、人与团体、人与社会的关系协调，也要注重组织中团队建设的重要性。

（六）人力资源的能动性

能动性是人力资源区别于其他资源的本质所在。其他资源在被开发的过程中完全处于被动地位；人力资源则不同，它在被开发的过程中有思维与情感，能对自身行为作出抉择，能够主动学习与自主选择职业，更重要的是人力资源能够发挥主观能动性，有目的、有意识地利用其他资源进行生产，推动社会和经济的发展。同时，人力资源具有创造性思维的潜能，能够在人类活动中发挥创造性作用，既能创新观念、革新思想，也能创造新的生产工具、发明新的技术。

（七）人力资源的角色两重性

人力资源既是投资的结果，也能创造财富；或者说，它既是生产者，也是消费者，具有角色两重性。人力资源的投资来源于个人和社会两个方面，包括教育培训、卫生健康等。人力资源的质量完全取决于投资的程度。人力资源投资是一种消费行为，并且这种消费行为是必需的，先于人力资本的收益。研究证明，人力资源的投资具有高增值性，无论从社会还是个人角度看，都远远大于对其他资源投资所产生的收益。

（八）人力资源的增值性

人力资源不但具有再生性特点，而且其再生过程也是一种增值的过程。人力资源在开发和使用过程中，一方面，可以创造财富；另一方面，通过知识经验的积累、更新，提升自身的价值，从而使组织实现价值增值。

三、人力资源管理的发展阶段

人力资源管理活动的发展可以追溯到很久之前，它的理论形成和发展可分为四个阶段。

第一阶段（1930年以前）：当时大机器生产已经是社会生产的主要方式，与之相适应，庞大且复杂的大机器工业工厂应运而生，如何管理好大机器生产企业中的员工，如何提高大机器生产的效率，就成为这一时期人力资源管理研究的中心问题。这时出现了从工作管理角度和从企业角度进行研究的两个代表人物——弗雷德里克·温斯洛·泰勒（Frederick Winslow Taylor）和亨利·法约尔（Henri Fayol）。泰勒的研究形成了工作管理制度：一是对企业中的一些基本生产过程要完成的工作动作和时间进行一系列研究，通过大量的试验确定一项工作所需要的时间，同时研究工人的操作与工具设备，得出最合理的方法，以此作为合理工作量，即生产定额；二是为制定好生产定额挑选并培训合格的工人，按规定的科学动作从事生产；三是实行差别付酬制，按不同的单价计算工人的工资，以此刺激工人劳动的积极性；四是实行管理与执行的明确分工，明确各自的工作范围与职责，以提高管理工作的效率和生产操作的效率。法约尔提出了分工与协作、权利与责任要相适应，命令要统一，指挥要统一，集权分权要恰当，生产经营要有秩序，要注重纪律，以及企业层次要严整等14条原则。他强调在企业要建立一种高效非个人化的行政级别式的企业结构，经过科学设计形成一定的层级关系，每一个岗位都要权责分明，一切均按规章制度办事。这一时期的人力资源管理理论开始在员工管理方面发挥积极的作用。

第二阶段（1930—1960年）：随着企业劳资矛盾的加深，工人开始反对劳动定额，公开与管理部门对抗，这时人力资源管理成为处理劳资关系的工具。随着企业规模的扩张，人力资源管理开始不断开拓其业务领域和研究范围，包括薪酬管理、基本培训和产业关系咨询等，但仍停留在企业管理的战术层次，未能得到企业管理层的高度重视。

第三阶段（1960—1980年）：随着科学技术的迅猛发展，企业管理者开始意识到经济的高速健康发展并不是大量实物资本投资的结果，而是与技术、人才的有效运用密切相关的，人在工作中的能动性对工作效率和质量具有重要意义，不能把人看作机器、工具，也不能把人看作被动接受管理的对象，强调建立从吸引人、留住人、尊重人到用好人的一系列方法和制度。这一时期人力资源管理在企业管理中的地位已变得不可替代。

第四阶段（1980年以后）：20世纪80年代出现了战略人力资源管理理论，把人力资源管理和企业的战略计划作为一个整体加以考虑，这个战略计划的目的是提高企业的绩效。管理重点在于发现人才、留住人才、有效地使用核心员工，通过强化核心员工的归属感激发其优良的工作业绩，管理目标也由单一目标转为实现企业和员工共同利益的双重目标。总体来说，人力资源管理从保护者、甄选者向规划者、变革者转变；从企业战略的反映者向企业战略的制定者、贡献者发展。现代人力资源管理更具有战略性、整体性与发展性，在这种企业结构中，人力资源管理起着核心作用，与其他职能部门充分沟通，帮助企业实现其战略目标。

人力资源管理从早期着眼于物的、硬的管理到后来强调人的、软的管理，再到现在的开发性管理，这是人力资源管理不断走向科学的一个进步过程。

四、人力资源管理的基本原理

合理应用人力资源管理的基本原理，可以有效发挥人力资源管理的作用，实现人力资源管理的目的。

（一）能位匹配原理

根据人的才能和特长，把人安排到相应的职位上，尽量保证岗位要求与人的实际能力相适应、相一致，做到人尽其才，才尽其用，用其所长，扬长避短。

（二）互补优化原理

充分发挥每个员工的特长，助长抑短，采用协调优化的组合，形成整体优势，顺利有效地发挥强大的合力功能。

（三）动态适应原理

在动态下使人的才能与其岗位相适应，以达到充分开发利用人力资源潜能，提高组织效能的目标。

（四）激励强化原理

通过奖励和惩罚，员工可以明辨是非，教育、激发、鼓励人的内在动力、自觉精神和良好动机，朝着期望的目标迈进。

（五）公平竞争原理

对竞争各方从同一起点进行公平、公正、公开考核、录用和奖惩。

五、人力资源管理的目标与任务

明确人力资源管理的目标和任务是做好人力资源管理工作的前提。

（一）人力资源管理的目标

（1）最大限度地满足企业人力资源的需求，保证企业的正常运转。

（2）最大限度地开发与管理企业内外的人力资源，促进企业的持续发展。

（3）最大限度地维护与激励企业内部人力资源，充分发挥员工潜能，使人力资源得到应有的补充和提升。

（4）最大限度地利用人力资源的规律和方法，正确处理和协调生产经营过程中人与人的关系、人与事的关系、人与物的关系，维持人、事、物在时间和空间上的协调，实现最优结合。

（5）最大限度地保障人力资源的环境条件，确保劳动安全，避免生产事故。

（6）最大限度地提高劳动生产效率，尽量以最小、最合理的投入获取最佳的经济效益。

（7）最大限度地遵循价值杠杆原理，发掘人才，使用人才，培养人才，留住人才。

（8）最大限度地研究、分析企业生产目标和规模效益的配比关系，精心进行岗位设计，达到职数、职位的科学与合理配置。

（9）最大限度地从战略高度前瞻企业的发展前景，准确预测人力资源的目标，制订人力资源规划。

（10）最大限度地创造和培育企业人际氛围，塑造良好的企业文化，以利于员工工作、学习和生活。

（二）人力资源管理的任务

1. 规划

人力资源管理部门要认真分析与研究企业的发展战略和发展规划，主动提出相应的人力资源发展规划的建议，积极制定落实。人力资源管理部门要积极配合有关部门做好分析、组织、设计工作，指导基层做好岗位设置、设计工作。

2. 分析

人力资源管理部门要对企业的工作进行分析，全面、正确地把握企业内每个岗位的各项要求与人员素质匹配情况，及时、准确地向有关部门与人员提供相关信息。

3. 配置

人力资源管理部门应该全面掌握企业工作要求与员工素质状况，及时对那些不适应岗位要求的员工进行适当调整，使人适其岗，尽其用，显其效。

4. 招聘

招聘包括吸引与录用两部分工作。对于那些一时缺乏合适人选的空缺岗位，人力资源管理部门要认真分析岗位工作说明书，选择合适的广告媒体积极宣传，吸引那些符合岗位要求的人前来应聘，给每个应聘的人提供均等的就业机会。人力资源管理部门在招聘过程中应充分理解招聘和应聘工作是一个双方权衡的过程，绝非单方面对应聘人条件的衡量，录用时，除考虑人员的应聘条件外，还应考虑企业的承受能力与特点。

5. 维护

在全部岗位人员到位，形成优化配置后，如何维护与维持配置初始的优化状态，是人力资源管理部门的核心任务。这里所指的维护，包括积极性的维护、能力的维护、健康的维护、工作条件与安全的维护等。这些任务主要通过激励机制、制约机制和保障机制的建立与发挥完成，包括薪酬、福利、奖惩、绩效考评和培训等。

6. 开发

人力资源的潜能巨大。有关研究表明，当员工经过一定的努力并适合当前的岗位工作要求后，只要发挥40%左右的能量，就足以保证完成日常任务；换言之，人力资源在维持状态下一般只发挥出40%的作用，尚有60%的潜力有待开发、挖掘。

任务二　汽车 4S 店的人员配置

企业发展以人为本，人才资源作为企业发展最重要的资源，是为企业创造利润的源泉。在竞争激烈的社会，企业的竞争其实就是人才的竞争。没有素质较高的员工队伍和科学的人事安排，汽车 4S 店在激烈竞争的汽车市场中将面临被淘汰的命运。汽车 4S 店能否吸引、保留和激励优秀人才是其能否持续发展与成功的关键。

一、部门设置及其职责

汽车 4S 店从经营的需要出发，根据汽车 4S 店的规模和汽车生产商的要求，一般设置以下几个部门并承担相应的职责。

（一）整车销售部

整车销售部是汽车 4S 店直接与消费者接触的部门，是汽车 4S 店主要的业务部门之一，其业绩决定整个汽车 4S 店的经营业绩。该部门具有以下几方面的职能：

（1）负责车辆的进货渠道、进口报关和车辆的档案管理。

（2）进行售后质量跟踪和客户档案编制。

（3）负责受理并解决客户的投诉。

(4) 负责车辆进货质量、售前检查和售前保管。
(5) 负责整车销售部的管理工作、营销工作，包括员工培训。
(6) 负责车辆的运输。
(7) 负责用户的交货日期。
(8) 负责车辆采购价格信息。
(9) 负责车辆的交货质量。
(10) 负责车辆的交货价格。
(11) 负责展示和推介车辆。
(12) 负责汽车的交易磋商。
(13) 负责解答顾客关于车辆和销售政策的咨询。
(14) 负责汽车消费贷款的办理。
(15) 负责汽车交易中的手续办理。
(16) 负责顾客信息的搜集与管理。
(17) 负责准客户的跟进服务。

（二）售后服务部

售后服务部是汽车销售业务的延伸，在汽车售出之后承担为顾客服务的所有业务，是汽车 4S 店另一个主要的业务部门。售后服务部的业务包括售后跟进、客户跟踪调查和管理、维修保养、精品装饰与服务、路上救援、保险理赔、技术咨询等。售后服务部的职责主要包括以下几个方面：

(1) 负责客户的技术服务与支持。
(2) 负责建立并管理用户车辆档案。
(3) 负责客户抱怨、投诉与纠纷的协调、处理和记录。
(4) 负责产品保修的审查、统计、结算。
(5) 负责收集产品质量信息、产品质量改进建议，并及时反馈到有关部门。
(6) 负责服务网络的布局、规划、建设和发展。
(7) 负责服务站的管理、协调与考评。
(8) 负责服务站维修人员的培训和技术支持。
(9) 负责旧件处理和二次索赔工作。
(10) 负责配件供应体系的规划与实施。
(11) 负责建立健全合理高效的配件运作体系。
(12) 负责售后服务部人员的管理、考评与培训。
(13) 负责车辆的维修与保养。
(14) 负责为顾客提供技术咨询和培训。
(15) 负责协助顾客进行保险索赔。
(16) 负责路上救援。

售后服务部的工作职责范围包括从服务到保修保养的全过程，根据工作需要和汽车生产商的要求，可对不适宜之处进行调整并由售后服务部制定相适应的工作流程和标准。对生产经营存在的问题和人员使用问题提出意见与建议，然后由总经理作出相应决策。售后服务部有权根据工作需要和岗位需要调整维修岗位人员。对进汽车4S店维修的车辆实行全面的生产指挥，统一协调维修车间各工种的衔接，对维修质量全面负责。

（三）备件管理部

备件管理部也称配件管理部，其职能如下：

（1）凡供应商新供货物到达后，必须由保管员验收，验收合格后制作入库验收单，经采购员签字，由部门领导签字认可后方可入库。

（2）配件汇款要由部门领导签字认可，经总经理批示，送达财务部审核后方可付款。

（3）车辆正常维修由配件部经理签字，领料员工签字后方可发料。

（4）新车索赔配件必须经索赔员签字方可办理出库手续，还要由经办人签字。

（5）除配件采购员采购配件外，任何部门不得采购物资。

（6）内部各部门用料由部门领导提出申请，经批准后由配件部采购。

（7）定期对库存进行盘点，及时发现盈亏，做到账物相符。

（8）配件采购一律实行增值税发票入库，特殊情况经各部门负责人确认方可采用普通发票入库。

（四）市场部

（1）深入了解市场，为企业发展寻找最多的用户和发展机会。

（2）掌握汽车4S店内部的优势，从产品和市场结合关系出发，用汽车4S店现有的汽车产品及维修服务和市场结合，扩大市场的占有率。

（3）了解用户对汽车产品与维修服务的需求和期望，搞好信息反馈，便于汽车4S店作出相应的决策。

（4）在开发汽车购买市场和维修服务市场的同时，配合财务部进行维修服务欠款的催缴。

（5）定期进行维修客户走访，确保长期用户不流失，短期用户变成长期用户。

（6）协助整车销售部、售后服务部两部门的各种促销活动，有计划不定期地组织联谊活动，增强与客户的感情交流。对客户反馈的信息要及时整理，提出建设性意见供领导决策。

（五）行政办公室

行政办公室负责研究企业政策，协调各职能部门的工作，贯彻指令、起草文件、制定决策、沟通情况、下达指示、办理文书档案、处理会务工作及其他日常行政事务和领导交办的事项，接待来访客人、安排活动，做好文件登记管理工作，办理文件打印，进行档案管理、网络管理工作，承办领导交办的事务，同时负责企业广告宣传、人事管理、人员使用、招聘管理工作，人员考核、工资管理、统筹保险等工作。

（六）财务部

（1）建立健全财务制度，做好财务基础工作。

(2) 负责财务结算。
(3) 编制各项财务计划，制作财务预算。
(4) 及时处理账务，编制成本明细表，作出成本分析。
(5) 审核财产物资变动和结存情况。
(6) 监督各项财务计划的执行情况，发现问题，找出原因，提出整改意见和建议。
(7) 组织编制月度、季度、年度财务报表，每月正确无误地核算经营成果。
(8) 对内部资产和财务部的工作进行监督。
(9) 以企业财务标准、会计通则为依据进行业务操作。
(10) 参与制订年度经营计划，并负责经营成果的考核工作。

二、汽车 4S 店的人员设置

（一）整车销售部的人员设置与岗位职责

一般的汽车 4S 店整车销售部需要设置销售总监、销售经理、销售顾问、销售计划员、客户服务员、车辆管理员等。

1. 销售总监的任职条件和岗位职责

1）销售总监的任职条件

(1) 必须是销售中心的正式职工。
(2) 具有大专或相当于大专以上的文化程度。
(3) 具有三年以上汽车行业管理经验，掌握区域市场动态和竞争对手的情况，能够根据实际情况及时调整工作计划。
(4) 思想端正，事业心强，服务热情周到，能够严格按照汽车销售工作的有关规定和要求实施各项业务。
(5) 具有丰富的汽车营销知识、管理知识、汽车维修知识和社交常识，能够熟练操作使用微机管理软件。
(6) 具有丰富的管理经验、组织能力和协调能力。
(7) 善于总结，具有创新意识和开拓精神。
(8) 经汽车培训部培训考试合格。

2）销售总监的岗位职责

(1) 对销售部的各项业务负责，及时向上级主管部门汇报销售部的经营工作。
(2) 严格执行汽车生产商和当地政府部门制定的各项管理规定。
(3) 负责制订切实可行的销售工作计划并付诸实施。
(4) 负责开展优质销售服务工作，认真落实各项销售任务和销售活动。
(5) 对销售中出现的重大问题要亲临现场协调解决，并将解决情况及时向汽车 4S 店领导汇报。
(6) 负责制订销售部销售人员的培训计划，同时负责销售部日常工作的协调、监督、指导和考评。
(7) 负责各类销售报表和文件、函电的审核与签发，并将各类信息及时反馈给汽车 4S

店和汽车生产商，同时应将汽车 4S 店的有关文件精神传达给销售部的员工。

2. 销售经理的任职条件和岗位职责

1）销售经理的任职条件

（1）必须是销售部的正式职工。

（2）具有大专或相当于大专的文化程度。

（3）作风正派，事业心强，工作中坚持原则，能够严格遵守汽车 4S 店销售工作的有关规章制度及要求实施销售业务。

（4）全面掌握汽车营销知识、汽车理论知识、汽车维修知识、管理知识和社交常识，能够较熟练地操作微机管理软件。

（5）具有较强的管理经验、组织能力、协调能力和社交能力，并有效地组织销售工作。

（6）经汽车培训部门培训考试合格。

2）销售经理的岗位职责

（1）监督、指导、考评销售顾问的各项工作。

（2）负责销售部的日常工作，定期向销售总监汇报工作。

（3）负责制订销售部有关销售人员的销售培训计划。

（4）亲自参与重大客户投诉的处理，及时向销售总监反馈信息。

（5）认真处理用户来访，做好优质服务工作。

（6）认真落实和执行销售部的有关规定，负责传达有关文件、资料和业务通知，积极组织外出服务及走访用户活动；认真落实各项优质服务活动；积极开拓销售市场。

（7）负责落实完成销售部拟定的各项销售经营目标及计划。

3. 销售顾问的任职条件和岗位职责

1）销售顾问的任职条件

（1）必须是销售部的正式职工。

（2）具有中专或大专及以上文化程度。

（3）思想端正，事业心强，服务热情周到，身体健康。

（4）具有一定的汽车营销知识、汽车理论知识、汽车构造知识、维修常识和计算机使用常识。

（5）具有一定的销售经验、管理经验、组织能力和协调能力。

（6）具有较丰富的社交能力、语言与文字表达能力、分析能力。

（7）经汽车培训部门培训考试合格。

2）销售顾问的岗位职责

（1）负责面向客户的销售工作。

（2）热情接待客户，认真听取和记录客户的有关信息。

（3）为客户提供力所能及的服务项目，做好跟踪服务工作，并建立客户档案。

（4）定期向销售经理汇报工作。

（5）严格执行汽车生产商对汽车 4S 店销售业务的各项规章制度。

（6）积极主动地宣传汽车产品和产品特点，向客户主动发放销售宣传资料。

（7）积极参与对汽车销售市场的调查与开拓，收集其他公司同类型轿车的各种信息，进行市场预测和订货预测，反馈给销售经理，并完成销售经理交代的临时工作任务。

（8）对出现的客户投诉等问题要及时反馈给销售经理，不能推诿客户。

（9）积极参加销售人员的业务培训、业务考核工作，并主动进行服务思想、服务态度和服务作风的自我教育。

（10）经常性地查阅微机，了解汽车的经营情况，了解汽车的储备定额和最低库存量。

4. 销售计划员的任职条件和岗位职责

1）销售计划员的任职条件

（1）必须是销售部的正式职工。

（2）具有中专或大专及以上文化程度。

（3）思想端正，事业心强，服务热情周到，身体健康。

（4）具有一定的汽车营销知识、汽车理论知识、汽车构造知识、维修常识和计算机使用常识。

（5）具有一定的管理经验和协调能力。

（6）具有较丰富的文字表达能力和分析能力。

（7）经汽车培训部门培训考试合格。

2）销售计划员的岗位职责

（1）负责客户的销售计划工作。

（2）定期向销售经理汇报工作。

（3）严格执行汽车生产商对汽车4S店销售业务的各项规章制度。

（4）积极参与对汽车销售市场的调查与开拓及计划工作，收集其他公司同类型轿车的各种信息，进行市场预测和订货预测，并反馈给销售经理。

（5）积极参加销售人员的业务培训、业务考核工作，并主动进行服务思想、服务态度和服务作风的自我教育。

（6）经常查阅微机，了解汽车的经营情况。

（7）完成销售经理交代的临时工作任务。

5. 客户服务员的任职条件和岗位职责

1）客户服务员的任职条件

（1）必须是销售部的正式职工。

（2）具有中专或大专及以上文化程度。

（3）思想端正，事业心强，服务热情周到，身体健康。

（4）具有一定的汽车营销知识、汽车理论知识、汽车构造知识、维修常识和计算机使用常识。

（5）具有正式的驾驶证和驾驶技能。

（6）具有较丰富的社交能力、语言与文字表达能力、分析能力。

（7）经汽车培训部门培训考试合格。

2）客户服务员的岗位职责

（1）负责客户销售一条龙服务工作，包括为客户办理保险和上牌服务，以及接车、跟车、送车、带客户交款等工作。

（2）热情接待客户，全心全意为客户服务。

（3）定期向销售经理汇报工作。

（4）严格执行汽车生产商对汽车 4S 店销售业务的各项规章制度。

（5）积极主动地宣传汽车产品和产品特点。

（6）积极参加销售人员的业务培训、业务考核工作，并主动进行服务思想、服务态度和服务作风的自我教育。

（7）完成销售经理交代的临时工作任务。

6. 车辆管理员的任职条件和岗位职责

1）车辆管理员的任职条件

（1）必须是销售部的正式职工。

（2）具有中专或大专及以上文化程度。

（3）思想端正，事业心强，服务热情周到，身体健康。

（4）具有一定的汽车营销知识、汽车理论知识、汽车构造知识、维修常识及计算机使用常识。

（5）具有正式的驾驶证和驾驶技能。

（6）具有一定的车辆管理经验。

（7）经汽车培训部门培训考试合格。

2）车辆管理员的岗位职责

（1）负责销售部的车辆管理工作。

（2）热情接待用户，认真记录车辆管理的有关信息。

（3）定期向销售经理汇报工作。

（4）严格执行汽车生产商对汽车 4S 店销售业务的各项规章制度。

（5）积极主动地宣传汽车产品和产品特点。

（6）积极参加销售人员的业务培训、业务考核工作，并主动进行服务思想、服务态度和服务作风的自我教育。

（7）完成销售经理交代的临时工作任务。

（二）售后服务部的人员设置

在技术管理人员中，应至少有一名具有本专业知识并取得任职资格证书，被汽车 4S 店正式聘用的工程师或技师以上的技术人员负责技术管理工作；技术人员人数应不少于生产人员人数的 5%。

技术工人工种设置应与其从事的生产范围相适应，各工种技术工人的数量应与其生产规模、生产工艺相适应。各工种技术工人必须经专业培训，取得工人技术等级证书，并经行业培训，取得上岗资格证，持证上岗。各工种均由一名熟练掌握本工种技术的技术工人负责，其技术等级分别为汽车发动机维修工、汽车底盘维修工、汽车维修电工、高级汽车维修钣金工等；其他工种不低于中级。

对维修车辆的进厂检验、过程检验、竣工出厂检验必须由专人负责。专职检验人员必须经过主管部门专业培训、考核并取得质量检验员证，持证上岗。应有一名质量总检验员和至

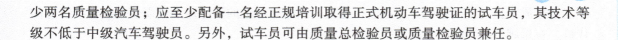

少两名质量检验员；应至少配备一名经正规培训取得正式机动车驾驶证的试车员，其技术等级不低于中级汽车驾驶员。另外，试车员可由质量总检验员或质量检验员兼任。

任务三 汽车 4S 店人员招聘

企业的生存与发展是以人为基础的，企业员工的素质在一定程度上决定企业的命运。员工招聘是指从企业外吸纳对本企业有兴趣的、具有一定业务能力的、适合本企业特点的人员到企业工作的选人过程。人才招聘是人力资源管理的第一个环节，聘用的人才是企业人力资源的基石，因此员工招聘是企业人力资源管理的关键点。

一、员工聘用的基本条件

（一）维修技师聘用的基本条件

（1）符合国家规定的人员招聘基本条件，年龄适当，身体健康。
（2）具有良好的职业道德和政治思想素质。
（3）具有适当的从业年限和本工种工作年限。
（4）具有必要的学历与技术培训经历。
（5）持有相应级别的汽车维修工职业资格证书，或者实际维修能力达到相应的技术等级。
（6）其他特长。

（二）管理人员聘用的基本条件

（1）符合国家规定的人员招聘基本条件，年龄适当，身体健康。
（2）具有良好的职业道德和政治思想素质。
（3）具有适当的从业年限和本岗位工作年限。
（4）持有相应的技术职称，熟悉汽车维修技术和业务，并具有一定年限相应岗位实际经历。
（5）具有相应的学历与继续教育经历。
（6）具有较高的个人素质和较强的组织管理能力。
（7）其他特长。

二、员工聘用的基本原则

在招聘人员时要把握好实际需要人数与招聘人数的比例关系，否则会使企业的人员过剩，人员的解聘和辞退是人力资源管理中最难解决的问题。对一个员工的辞退如果不合理，不但会造成不良的社会影响，而且会引起员工队伍思想上的不稳定，进而使企业付出沉重的代价。在选聘各类人员时，要掌握好以下几个原则：

（一）以岗定员

汽车 4S 店在招聘人员时，应根据生产需要按照事先确定的岗位，并结合人力资源规划，确定汽车 4S 店要招聘员工的人数和素质要求，汽车 4S 店应依据人力资源规划进行招聘，无论是多招、少招，还是错招，都会造成一定程度的负面影响，除了增加人员工资的有形损失外，还会由于人浮于事、办事不力、效率低下、质量下降、待料停工、贻误工期等无形损害，破坏企业文化氛围。

（二）双向选择

招聘与应聘双方处于平等的地位，汽车 4S 店应充分了解应聘者的文化水平、技术技能、社会经历、职业道德，并向应聘者详细介绍企业的生产现状、发展前景、用人要求和员工的福利待遇，做到选择目标明确，为企业选择合适的人。另外，作为应聘者应向企业推荐自己，介绍自己的特长并提供相关证件，还要对企业进行考察，充分了解应聘岗位的职业要求和职业发展前景，做到自愿就业，不盲目就业，从而做到企业与招聘者的双向选择。

（三）公开公正

公开公正地招聘员工会在汽车 4S 店中形成一种公平竞争的文化氛围，公平竞争是人才脱颖而出的基本条件，也是能够吸引真正有才能的人的最重要原则。

公开公正地进行招聘，有以下两层含意：

（1）招聘信息（招聘要求、招聘方式、招聘方法、招聘条件、招聘时间等）应提前公之于众，公开进行。

（2）对应聘者一视同仁，不歧视，不内定，公开竞争。

三、员工招聘的基本程序

员工招聘的基本程序如图 6-1 所示。

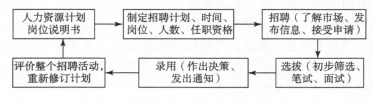

图 6-1 员工招聘的基本程序

（一）列出要求

根据岗位说明书和任职资格，详细列出空缺岗位所要求的知识范围、技术等级和实际操作能力。

（二）确定合适的淘汰率

选择淘汰率的大小，需要考虑劳动力市场供给（包括应往届大中专毕业生数量）、空缺岗位的要求、招聘人员的经验。

（三）招聘预算

招聘预算包括广告预算、招聘测试预算、体格检查预算、其他不可预见预算，是汽车4S店全年人力资源管理预算的一部分。

（四）选择招聘人员

对于一般的维修人员和管理人员的储备，可选择当地高校、中专、技校中相关专业的毕业生；对重要岗位或要求具备一定解决问题能力的岗位，可通过同行中相关人员引荐，以减小汽车4S店的使用风险。

（五）选择招聘地点和时间

招聘地点可结合招聘渠道一起考虑，人才交流会、用人单位招聘会、毕业生就业洽谈会、网上招聘均是近年汽车4S店招聘选用的地点。招聘时间应以不出现空缺为准则。

（六）选择招聘的渠道，并发布相关信息

可供汽车4S店选择的招聘渠道很多，如员工引见、刊登广告、人才市场、校园招聘、内部招聘、网上招聘。汽车4S店可根据空缺岗位的数量和类型选择不同的招聘渠道。

（七）挑选人员

挑选人员分审查申请材料、推荐材料、补充调查、初步接待几个步骤进行。

（八）面试备选人员

重要的岗位需要人力资源管理部门主管和具体用心部门主管亲自面试。

（九）生产实习、试用

安排一定时间的生产实习或试用，让用人部门和初步录用者之间再进行一次双向选择，待实习或试用结束后，进行相应的各项考核。

（十）录用并发放通知

对已通过试用期的人员发放录用通知，对不予录用的求职者发函致歉。

（十一）与录用者签订相应的合同

经过各项考核后择优录取。从保护双方的利益出发，根据工作岗位不同，汽车4S店与录用者需要签订内容不同的劳动合同。

目前，大部分汽车 4S 店在招聘新员工时，非常注重员工试用和试用期的考核工作。一方面，这是因为本行业要求员工具有一定的实际操作技能和相应的理论基础；另一方面，这样也有利于更好地进行双向选择。

四、员工招聘的形式

员工招聘可以有多种形式，但总体上分为内聘和外聘两种，下面主要介绍外聘的几种形式。

（一）广告招聘

广告是外部招聘常用到的补充各种工作岗位的方法，主要通过报纸、刊物、网站等渠道发布人才需求信息，以此达到招聘目的，是目前应用最普遍的一种招聘形式。阅读这些广告的不仅有现实的应聘者，还有潜在的应聘者、客户和一般大众，因此汽车 4S 店的招聘广告代表着企业的形象，需要认真实施。

1. 汽车 4S 店使用广告作为吸引工具有很多优点

（1）工作岗位空缺的信息发布迅速，能够在一两天之内就传达给外界。
（2）与许多其他吸引方式相比，广告渠道的成本比较低。
（3）在广告中可以同时发布多种类型工作岗位的招聘信息。
（4）广告发布方式可以为汽车 4S 店保留许多操作上的优势，这体现在汽车 4S 店可以要求应聘者在特定的时间亲自到汽车 4S 店、打电话或者向人力资源部邮寄自己的简历和工资要求等方面。

2. 运用广告招聘时需要注意的问题

1）媒体的选择

广告媒体的选择取决于招聘工作岗位的类型。一般来说，低层次的职位可以选择地方性报纸，高层次或专业化程度比较高的职位则要选择全国性的专业报刊。

2）广告的结构

广告的结构要遵循 AIDA 原则，即注意（Attention）、兴趣（Interesting）、欲望（Desire）和行动（Action）。总之，好的招聘广告要能够引起读者的注意并使其产生兴趣，继而产生应聘的欲望并采取实际的应征行动。

广告招聘不仅适用于汽车 4S 店在外部劳动力市场进行招聘，还适用于汽车 4S 店在内部进行招聘。因此，招聘宣传应该向合格的员工传达汽车 4S 店的就业信息，提供有关工作岗位足够的信息，以使那些潜在的应聘者能够将工作岗位的需要同自己的资格和兴趣进行比较，并唤起那些最好的求职者的热情，使之前来应聘。

（二）学校招聘

学校是专业人员与技术人员的重要来源。每年学校有几百万名毕业生走出校门、步入社会。汽车 4S 店在设计校园招聘活动时，需要考虑两个问题：一是选择学校；二是吸引应聘者。在选择学校时，汽车 4S 店需要根据自己的财务预算和所需要的员工类型进行决策。如果财务预算比较紧张，汽车 4S 店可能只在当地的学校中进行选择；而实力雄厚的汽车 4S 店通常可以在全国范围内的学校进行选择。

1. 汽车4S店在选择学校时主要考虑的标准

（1）与企业相关的关键技术领域的学术水平。

（2）符合企业技术要求的专业的毕业生人数。

（3）该校以前毕业生在本企业的业绩和表现。

（4）与企业相关的关键技术领域的师资水平。

（5）该校毕业生过去录用数量与实际报到数量的比例。

（6）学生的质量。

（7）学校的地理位置。

2. 为了吸引应聘者，使最好的应聘者加盟，汽车4S店需要精心组织学校招聘活动

（1）要选派能力比较强的工作人员参加学校招聘，因为招聘人员在应聘者面前代表的是汽车4S店的形象。

（2）对应聘者的答复要及时，否则会对应聘者产生消极影响。

（3）新的大学毕业生总是感觉自己的能力强于汽车4S店现有的员工，因此他们希望汽车4S店的各项政策能够体现出公平、诚实和顾及他人的特征。

目前，一些管理规范的汽车4S店为了做好这一工作，他们确定一定数量的重点学校，并委派高水平的经理人员与学校的教师和毕业生就业指导工作部门保持密切联系，使学校方面及时了解汽车4S店存在的空缺、要求以及最适合汽车4S店要求的学生的特征。目前，大部分汽车4S店为学生提供利用假期到汽车4S店实习的机会，这可以使学生对汽车4S店的实际工作、生活有切身的体会，同时使汽车4S店有机会评价学生的潜力。

我国学校招聘最常用的招聘方法是一年一次或一年两次的人才供需洽谈会，供需双方直接见面洽谈，进行双向选择。

另外，汽车4S店也可以通过劳务市场、职业介绍机构、猎头公司、信息网络招聘、员工推荐等方式进行员工招聘。

五、招聘注意的问题

（一）合理选择招聘人员

在招聘过程中，应聘者首先是与汽车4S店的招聘组成员接触而不是与汽车4S店接触。应聘者在对汽车4S店具体情况了解甚少的情况下，一般总是根据汽车4S店在招聘活动中的表现推断汽车4S店其他方面的情况，如办事效率、工作的风格特点等。因此，合理地选择招聘人员是汽车4S店的一项非常关键的人力资源管理决策。

一般来说，组成招聘组的成员中应该包括汽车4S店人力资源部门的代表、经理，还应该包括拟招聘的工作岗位未来的同事和下属。应聘者会将这些招聘组成员作为汽车4S店的一个窗口，由此判断汽车4S店的特征。因此，招聘组成员的表现将直接影响应聘者是否愿意接受汽车4S店提供的工作岗位。那么，这些"窗口人员"什么样的表现能够增加应聘者的求职意愿呢？有研究显示，招聘人员的个人风度是否优雅、知识是否丰富、办事作风是否干练等因素都直接影响应聘者对汽车4S店的感受和评价。

(二)招聘筛选金字塔

就我国目前劳动力市场的现状来看,每年大学毕业生就达到500多万人,就业形势非常严峻,劳动力过剩将是一个长期存在的现象。那些经营业绩出众、效益好的大公司,如电信公司、移动公司等在招聘中面对的将是应聘者的"汪洋大海"。汽车4S店的招聘是一个过滤器,它影响什么样的员工能成为汽车4S店的一员。一个理想的录用过程的重要特征是,被录用的人数相对于最初申请者的人数少得多。这种大浪淘沙式的录用可以保证录用到能力比较强的员工。招聘筛选金字塔可以帮助汽车4S店确定为招聘一定数量的员工需要吸引多少数量的工作岗位申请人。

(三)开展真实工作预览

如果汽车4S店急需补充人员,在招聘过程中,汽车4S店总是会使用各种办法吸引应聘者。汽车4S店常用的项目包括待遇、保险、工作条件、职业前景、工作的挑战性等。但是需要注意的是,汽车4S店在想方设法地吸引外部人才加盟时,不能顾此失彼,导致新员工与原有的员工之间产生不公平。汽车4S店在吸引应聘者时,不应该只暴露汽车4S店好的一面,同时应该让应聘者了解汽车4S店不好的一面,以便使应聘者对汽车4S店的真实情况有一个全面的了解。

汽车4S店应从以下五个方面准备实际工作预览的内容:

1. 真实性

应客观真实地反映未来的工作情景,否则会使被录用者产生误解,失去对汽车4S店的信任。

2. 全面性

应该对员工的晋升机会、工作过程中的监控程度和各个部门的情况逐一介绍。

3. 可信性

汽车4S店所反映的预览内容与实际的吻合度要高,使应聘者感到是符合情理的。

4. 详细性

汽车4S店不应该仅仅给出一些宽泛的信息,如工资待遇政策和汽车4S店的总体特征等,还应该对日常的工作环境等细节问题作出详细介绍。

5. 突出重点

应聘者可以从公开渠道(如宣传材料、报刊等)了解的信息,不应该成为真实工作预览的重点。真实工作预览应该着重说明那些应聘者关心的但是又很难从其他渠道获得的信息。

由此形成的真实工作预览具有以下几方面的优点:

(1)展示真实的未来工作情景可以使应聘者首先进行一次自我筛选,判断自己与汽车4S店的要求是否匹配。另外,还可以进一步决定自己可以申请哪些职位,不能申请哪些职位,这就为日后减少离职奠定了良好的基础。

(2)真实工作预览可以使应聘者清楚什么是可以在汽车4S店中期望的,什么是不可以期望的。这样,一旦他们加入汽车4S店以后,就不会产生强烈的失望感,而会增加他们工作的满意程度、投入程度和长期服务的可能性。

（3）这些真实的未来工作情景可以使应聘者及早做好思想准备，一旦日后的工作中出现困难，他们也不会回避难题，而是积极地解决难题。

（4）汽车 4S 店向应聘者全面展示未来的工作情景会使应聘者感到汽车 4S 店是真诚的，是值得信赖的。

任务四 汽车 4S 店人员培训

通过招聘被录用的员工进入汽车 4S 店工作前要经历汽车 4S 店的培训过程。汽车 4S 店录用员工的基本原则是因事择人，知事识人；任人唯贤，知人善用；用人不疑，疑人不用；严爱相济，指导帮助。因此，对录用的员工进行培训意义重大。员工培训是指汽车 4S 店为实现自身的目标和员工个人发展的目标，采用一定的方式，有计划、系统地对全体人员进行培养和训练，使其提高与工作相关的知识、技能等素质，以适应并胜任职位工作。

一、员工培训的必要性

从根本上说，人是生产力诸要素中最活跃、最重要的因素。实践表明，小到家庭、企事业单位，大到国家，其命运如何，归根到底取决于人员素质的高低。现代意义上的竞争主要依靠人，并最终决定于人。因此，从战略的高度认识培训的意义，加强员工培训势在必行。进一步讲，技术进步和员工发展是汽车 4S 店开展培训工作的动力。技术的不断进步使员工的知识技能逐渐老化；同时员工也对自身的成长发展提出了更高的要求，这些都促使汽车 4S 店对员工进行培训。

汽车 4S 店中的人才流动是必然现象，这是不以某个管理者的意志为转移的。管理者采取各种措施与机制，只能做到人才的相对稳定。充分认识市场经济下人才流动的特点，会使管理者在实施人才政策时心态趋于平衡，这样做的结果往往会事半功倍，千万不可因为人才的流动而不对员工进行培训，这样会造成汽车 4S 店的恶性循环，得不偿失。

汽车 4S 店建立对内部员工的培训机制是稳定人才的主要手段和汽车 4S 店发展的必然措施与动力。制约汽车 4S 店成长的重要因素是其内部人力资本的供给，汽车 4S 店能扩张多快，在很大程度上取决于内部管理人员的培养速度。员工培训的意义主要体现在以下几个方面：

（一）员工培训是提高汽车 4S 店人员整体素质的主要途径

美国《管理新闻简报》发表的一项调查表明：68% 的管理者认为员工培训不够会导致企业整体素质下降，失去竞争力。所以，员工培训可以提高汽车 4S 店员工的工作和管理水平。因为每一个人的整体素质提高了，由人组成的企业整体素质也可以相应提高。

（二）员工培训是保证高质量维修的基础

通过培训，员工可以掌握新知识、新技术，正确理解新技术的要求。随着人们需求的增加，汽车生产商每年都会推出新车型，应用新技术提高市场占有率，这就要求汽车 4S 店维修服务人员也能够很快掌握这些新技术。

（三）可以提高员工工作的能动性

随着新技术的引进、新车型的推出，如果相应提供培训，就能满足汽车 4S 店维修服务人员追求自身发展的愿望，同时调动他们的能动性。

（四）可以促使员工认同汽车 4S 店的文化，做到与汽车 4S 店荣辱与共

韩国企业家郑周永说："一个人、一个团体或一个企业，它克服内外困难的力量来自它本身，来自它的信念。没有这种精神力量和信念，它就会被社会淘汰。"这里谈到的精神力量和信念就是企业文化，它是企业发展的动力源泉。所以，对于汽车 4S 店来说，通过培训，员工可以接受汽车 4S 店的文化、理解汽车 4S 店的文化、执行汽车 4S 店的文化。

二、员工培训的形式

员工培训的形式多种多样，汽车 4S 店可以根据自己的特点采取不同的形式。

（一）按照员工在培训时的工作状态分类

按照员工在培训时的工作状态可以把员工培训分为在职培训、脱产培训、半脱产培训。

1. 在职培训

在职培训就是员工利用工作时间或就某个问题，在实际工作中进行的短期培训。它的特点主要表现在以下几个方面：培训时间灵活，不影响正常的维修任务；边学边干，学以致用，易掌握知识要点，实践性强；利用本单位技术骨干而不需要聘专职教师，有利于员工之间的交流；不需要添置设备场所；所培训的知识不系统、不规范；受训的人数受培训场地所限。在汽车 4S 店中，对新进设备、工具的使用、某一种新车型新总成的维修方法、安全培训等均可采用在职培训。

2. 脱产培训

脱产培训就是在一定的时间内，受训者（员工）离开工作岗位接受专门、系统的知识培训。它的特点主要表现在以下几个方面：培训的知识系统化、理论化、专业化，受训者可以得到全面提高；受训者可能来自不同的地区、行业，可以进行相互交流、学习；学习更专心，不受工作的干扰。

3. 半脱产培训

半脱产培训是指员工在上班期间每天或每周抽出一部分时间参加培训的形式。

（二）按照培训目的分类

按照培训目的不同可分为文化技术培训、学历培训、岗位（职务）培训。

1. 文化技术培训

文化技术培训的目的是提高员工的文化素质和维修技术，如某车型的结构特点培训、管理培训等。它的特点是针对性强，短期内可提高员工的维修技术。

2. 学历培训

员工可以利用业余时间接受更高一层的培训，以便全方位地提高自己。例如，现在各个行业内普遍流行的专升本培训、自学考试培训等，在一些高校中针对中高级管理人员开设的 MBA 和 MPA 培训也是学历培训的一种。有时员工选择的专业与工作岗位不一致。从汽车 4S 店的角度出发，对员工的这种自我培训应当鼓励，在条件允许的情况下，应给予支持。

3. 岗位培训

这是从工作的实际需要出发，针对某些岗位的特殊要求而进行的培训。其目的是传授对于个人行使职位职责、推动工作方面的特殊技能，偏重于专门知识的灌输；使受训人在担任更高职务之前，能够充分了解和掌握未来职位的职责、权利、知识和技能等。例如，对汽车 4S 店的高层管理人员进行的财务培训和人力资源培训，对服务总监进行的服务理念更新、市场开拓培训，对维修电工进行的计算机基础控制的培训，等等。

（三）按照培训对象不同分类

按照培训对象不同可分为新员工培训和在职员工培训。

（1）新员工培训主要是指职前培训。其目的是让新员工对汽车 4S 店的工作岗位、工作环境有全面的认识，领会汽车 4S 店的文化，熟悉汽车 4S 店的规章制度，能够很快进入状态。

（2）在职员工培训主要是指员工的继续培训。其目的是全方位地提高素质。

三、汽车 4S 店员工培训的内容

（一）对销售人员的培训

1. 销售业务对人员的要求

1）能进行良好的心理调节

（1）培养积极的人生观，反对消极的人生观。

（2）要乐观，乐观是积极人生观的表现。

（3）要坚韧，坚信事业必定成功，这是销售人员的精神支柱。

（4）要善于调剂，单调乏味的工作确实会令人生厌，因此应适当地变换工作内容，保持旺盛的精力。

（5）能自励，无论是谁，受到小鼓励都会拿出精神做事。自己鼓励自己也是必不可少的，自励的原则是目标的实现。

2）有良好的言谈举止

（1）适应性强，具有良好的判断力和常识。

（2）有良好的记忆力，能记住当事人的面貌和名字。

（3）具有广泛的知识、幽默感、敏锐的观察力和独到的见解。

（4）行为高雅，性格优良。
（5）有坚强的忍耐力。
（6）严谨、礼貌，给人良好的印象。
（7）机警，可随机应变。
（8）谈吐有分寸，说话流利动听。

2. 汽车销售人员的训练内容

1）职业道德培训

由于汽车是高价消费品，并且涉及的问题较多，若车主对车型或行情不清楚，则会百般挑剔，同时，因为有售后服务制度，销售人员便需要应客户之请，随时待命效劳，整个销售过程烦琐，因此要求销售人员有强烈的敬业精神和良好的职业道德。

2）专业知识培训

关于汽车内部机械的结构与保养方法，以及各类竞争车型的行情，均在培训之内。销售人员的汽车知识要先求宽、再求精，要适应各种不同爱好及不同兴趣的客户的需要，但注意，千万不要以此炫耀自己。

3）态度培训

能买得起价格高达十几万元的汽车的客户绝不在乎多付点儿钱，但他们却很在乎销售人员的礼貌周到。因此，销售人员的服务态度培训至关重要。

4）敏锐的观察力培训

每笔生意金额都很庞大，成交过程也比较费时，要培养正确认识客户的眼光，以便全程追踪有购买能力且有兴趣的客户。

5）身体和礼仪培训

身体和礼仪的培训包括以下几点：内心有希望健康的念头，经常放松自己，养成微笑的习惯，不要用紧张的话语，每天至少放松一次，每天坚持运动，吃七分饱，要有充足的睡眠。

6）观念培训

观念培训的内容主要包括以下几点：向内行请教或参加强化训练；销售者应勤奋；如果能对客户了解80％，那付出20％的努力就可能有80％成功的把握；真正接受销售的只有20％；用80％的耳朵去听，用20％的嘴巴去说服；永无机会改变自己的第一形象；成功的80％来自交流与建立感情，20％来自产品本身；销售从被客户拒绝开始；80％的客户都会说销售的产品价格高；只要决心成功，就能战胜失败。

7）自我激励培训

成功的销售人员都具有15条"心"，即爱心、信心、耐心、良心、恒心、决心、虚心、真心、热心、关心、专心、安心、诚心、小心和留心。

8）销售语言培训

销售语言是一种说话艺术，是一门堂堂正正的学问，虽说比较深奥复杂，但只要用心，谁都能学会。

（1）说话不单纯是为了表达。不管是谁，不管他买与不买，客户都是上帝，销售人员必须用对待上司的语言和礼节对待客户。即使与客户已交往得很深、很密切或已成为知己朋友，也要铭记此细则。从"您好"到"再见"，自始至终都要用明快的口气接待所有的客户。有诚意又热情地与客户说话，回答肯定的问题时，要充满诚意地说"是"，愉快的声音，客户一定会受用。作为销售人员，要学会不说则已，说就要活灵活现，对专业人员来讲是"内行"，对非专业人员来讲是"专家"。

（2）说的时候要听。会说话的人，都是会听的人。日常生活是提高讲话艺术水准的舞台。身为销售人员，要有耐心听客户的长篇大论，这是博得客户好感的一个秘诀。同客户讲话时，一定要注视对方的眼睛。要用好像听得很入神的样子倾听对方的谈话。洗耳恭听后，当客户关住话匣子时，紧接着可以说："就这么决定了，我们订合同吧！"即使没有达成交易，他也会成为推广者，或下次再来光临。

（3）恭维的艺术。有时恭维别人算是一种美德，但不要说一些言不由衷的话，用词得体的或是发自内心的赞美，客户一定会非常高兴。人都是有自尊心的，都希望别人肯定自己的长处。

对客户可以大胆地说措辞得体的恭维话，可从容貌、健康、性格、人品、兴趣等方面恭维，还可以恭维客户的家人。

（4）不要使用难懂的语言。与客户谈话时，一般应尽可能使用忠实本意且通俗易懂的语言，只有这样，才能使客户感到亲切，方言的应用有时会起到意想不到的效果。

（5）语言的选择。在与客户说话之前，一定要自始至终做好应对的准备，谈话要注意措辞，选择合适的语言，千万不要伤害客户。

（6）必须克服语病。作为汽车销售人员，说话啰唆或没有条理、口齿不清楚是不合格的，必须彻底纠正过来。

（二）对维修人员的培训

维修工人分为初级工、中级工、高级工和学徒工四个级别。

1. 初级工

对初级工的培训内容包括汽车结构原理、汽车维修的能力要求、常用原材料和零部件的分类、通用工具的使用与保管、维修的安全操作规程等。通过培训，可以使初级工胜任车辆一级维护的工作，满足一般工人的技术要求。

2. 中级工

对中级工的培训是在初级工培训考核合格的基础上进行的。其基本内容主要包括以下几点：深入学习汽车结构原理，汽车性能，汽车故障与排除，汽车技术使用，零部件的配合要求，常修车型的技术参数，汽车维修的质量要求，汽车维修所用原材料的规格、性能、正确保管和使用方法，常用标准件的合格性鉴别，维修专用工具的保管和使用，常用机械的正确操作方法，以及安全生产规程等，并掌握金属加工一个工种的操作技能，如车、铣、刨、磨、焊等。通过中级工的培训，可以使中级工胜任汽车二级维护和一般小修理的工作，并能在工程技术人员的指导下承担某一总成的大修工作。

3. 高级工

对高级工的培训是在中级工培训合格，并经过一定时期的实践锻炼后，在技术上进一步深造的培训。其主要内容包括以下几点：常用汽车型号的构造原理、技术使用与维修要求，汽车故障原因和预防，公差与技术测量，金属磨损原理，汽车零部件质量鉴定，维修质量检验，汽车维修所用原材料的质量、性能的鉴定，维修专用工具、卡具、器具的正确使用和保管，以及维修加工机具的操作与维护等，能绘制简单的零件图和阅读较复杂的装配图，并能指导他人从事维修和金属加工工作。另外，高级工还应掌握维修作业流程、有关定额的考核与计算等。通过高级工的培训，可以使高级工胜任汽车大修工作和一般汽车零件的制造和配制工作，成为企业维修的技术骨干力量。

4. 学徒工

对学徒工采取以适应性教育内容为主、操作技能为辅的培训计划，要坚持德、智、体全面发展的原则。学徒工在参加劳动生产时，要安排老工人当师傅，签订师徒合同，做到包教包会。虽然汽修业发展到今天已可以利用高新技术设备进行检测、诊断、维修，但由于汽车修理是一个对实践经验要求非常强的行业，因此目前汽车维修还是以经验为主，尤其是对故障的判断。因此，善于学习有实践经验的员工的经验是非常必要的。学徒工应该是经过中、高等专业教育的初到汽车4S店的员工，而不是以往意义上的学徒工。学徒期满，要经过考核合格后才能转正，对学习努力、成绩优秀、确实已达到本工作应知应会的学徒工，可以提前转正。

（三）对管理人员的培训

1. 汽车4S店领导人员

汽车4S店领导人员的培训是重点学习企业管理、政策法规、市场动向和发展趋势，以及先进企业的管理经验等，必要时汽车4S店会派他们在国内外进行参观考察，使其成为既懂政治也懂经济，既懂管理也懂经营，会按经济规律办事的专业人才。

2. 汽车4S店管理人员

对汽车4S店管理人员应按人事、秘书、财会、统计、物资等不同的专业，有计划、有目标地培训，使其成为不仅能胜任本职工作，还能不断为汽车4S店管理提出好的改进意见的好管家，领导的好助手、好参谋。

3. 汽车4S店的工程技术人员

汽车4S店的工程技术人员在新技术、新设备、新材料、新工艺的引进和应用，生产问题解决，以及经营管理的改善等方面都具有重要作用。因此，应着重加强对他们的再教育，尤其要抓紧对质管人员、检验人员的培训。

（1）要普遍加强理论技术教育，使其在两三年内可以在技术水平上提高一个等级；

（2）对没有受过专业教育的人员，要有计划地进行本专业中专、大专课程的理论教育；

（3）对质检人员，要能及时进行新工艺、新标准、新车型及检测设备运用的培训，使其做到熟练掌握、运用自如。

在对员工进行培训的内容中，还必须加入态度的培训。员工的工作态度是影响员工士气和汽车4S店绩效的重要因素。一般而言，每个企业都有自身特定的文化氛围以及与之相适应的行为方式，如价值观、企业精神和企业风貌等。必须使全体员工认同并自觉融入这一氛围中，建立起企业与员工之间的相互信任关系，培养员工对企业的忠诚度和积极的工作态度，增强其企业观念和团队意识。

任务五 汽车 4S 店的绩效考评

绩效考评就是根据一整套的标准收集、分析、考核一个员工或一个组织一段时间内在工作岗位上的表现和工作结果。它作为一种衡量、评价员工工作表现的测评体系，可以起到鼓励先进、鞭策后进的作用，从而激发员工的潜能，使企业和员工同时受益。通常从企业组织的最基层做起，上一层的主管考评所管辖的每一个员工，层层对应，最高层领导评估整个企业的工作绩效。

一、绩效考评的作用

绩效考评最显而易见的用途是为员工的工资调整、职务变更提供依据。但它的用途不仅仅是这些，通过绩效考评还可以让员工明白汽车 4S 店对自己的评价，自己的优势、不足和以后努力的方向，这对员工改进自己的工作有很大的好处。另外，绩效考评还可以在管理者和员工之间建立起一个正式的沟通桥梁，促进管理者和员工的理解与协作。

具体而言，绩效考评主要有以下几方面的作用：

（一）绩效考评是建立薪酬制度的基础

按劳分配、奖勤罚懒是制定薪酬制度的一贯原则。绩效考评可以提供量化数据，真实、可靠的数据是建立薪酬制度的基础。

（二）绩效考评是决定人员任用、调遣、培训的主要依据

在一群年龄、学历相当的员工中，只有进行科学的绩效考评，才能找到工作业绩出色者，才能为人员的任用、调遣提供可靠的依据。同时，针对工作业绩出现问题的员工，可以分析问题所在，发现另有所长的，可横向调动；发现工作中员工需要帮助的，可考虑进行相应内容的培训。

（三）绩效考评是激励员工的根本

在工作中，每个员工都希望得到肯定或褒奖。通过绩效考评，可以肯定成绩，肯定努力，鼓舞士气，增强信心；同时使一些人看到不足。通过比较，先进的更努力，后进的变压力为动力，工作可良性循环。

（四）绩效考评是体现公平竞争的前提

提倡公平竞争、展开公平竞争的前提是有一个科学、良好的工作业绩考评体系。

（五）绩效考评有助于实现员工的自我价值，提高企业效益

绩效考评细化了工作要求，使员工的工作责任心增强，同时可以让员工明确努力方向，满足员工渴望成功的愿望，从而提高企业效益。

二、绩效考评的内容

绩效考评是一项综合性很强的工作，需要多个部门共同协作完成。

（一）绩效考评的组织实施步骤

（1）员工、主管领导、人事管理人员、汽车4S店领导共同商议绩效考评内容，并组成相应的办事机构或考核领导小组（以下简称领导小组）。

（2）领导小组通知有关人员准备考评，并下发相关文件和考核表。

（3）参评人员在规定的时间内完成考评内容，并上报领导小组。

（4）将考核结果通知被考核的人员，如有异议，可与主管领导或领导小组共同商议解决办法。

（5）根据考核结果，进行奖惩，并将结果纳入员工档案，交人力资源管理部门存档。

（二）绩效考评的内容

在绩效考评工作中，首先考虑内容的科学性、合理性。绩效考评的内容，根据考评对象的不同而不同，考评的对象是岗位个体，如汽车维修机工、配件库管理人员、前台接待人员。岗位不同，要求不同。汽车维修机工岗位，首先考评维修量的多少，其次考评服务质量。配件库管理人员岗位，首先考评的指标应为服务质量，其次是配件利润的多少。前台接待人员岗位，首先考评的是工作方式，其次是解决和处理问题的能力。

【案例6—1】某汽车4S店对一般员工的考核结构由四部分组成，即工作数量、工作质量、合作意识、赢得及保持客户，考核具体内容如表6—1所示。

表6—1 考核具体内容

考核项目	考核具体内容
工作数量	（1）完成工作是否落后。 （2）在一天结束时是否能完成手头的工作。 （3）在短时间内能否完成一定的工作量。 （4）是否能够超额完成规定的工作量。 （5）工作时精力是否集中
工作质量	（1）工作是否认真，是否需要重复工作，纠正错误。 （2）是否能够系统工作，并总揽全局。 （3）是否利用有价值的辅助工具。 （4）工作是否能够达到规定的质量标准。 （5）工作质量是否有利于工作流程的顺利进行。 （6）是否能够在规定的最后期限及时完成任务。 （7）是否主动提出过合理化建议

续表

考核项目	考核具体内容
合作意识	（1）是否向同事传达重要的工作信息。 （2）是否与他人一起协助分担小组的工作量。 （3）是否对同事的处境漠不关心。 （4）是否避免与他人接触，是否促进同事与上司的合作。 （5）是否能够处理小组中出现的矛盾
赢得及保持客户	（1）是否主动接近客户，并尽量满足他们的合理要求。 （2）是否保持本人与客户已建立的工作联系。 （3）是否遵守约定的时间。 （4）通过个人的咨询服务，客户是否与汽车4S店紧密联系起来

三、绩效考评的方法

绩效考评的方法多种多样，它们都是人们在实践中积累起来的。常用的方法有民意测验法、共同确定法、配对比较法、等差图表法、要素评定法、欧德伟法和情景模拟法。

（一）民意测验法

民意测验法，就是让汽车4S店的所有人员或与之有工作联系的人评价被考评者，然后得出结果。这种方法的优点是评价的人员多，民主性强，可以看到大家的实际看法；缺点是最后的评价结果往往受被考评者的人缘影响，并不代表实际的工作业绩。

（二）共同确定法

共同确定法是一种层层确定的方法，就是先由最基层小组提出意见，进行上一级专业小组评定，再上报总的评定委员会评议，得出结果。共同确定法的优点是层层评议，最后由专家确定，可以保证被考评者的水平、能力等方面确实与实际相符；缺点是当某些业绩不能很好地量化时，结果受考评者的主观因素影响大。

（三）配对比较法

配对比较法，就是将被考评者进行两两逐对比较，成绩较好的可加1分，成绩相对不好的为0；然后统计大家的加分，可以得出被考评者的优劣次序。配对比较法的优点是两两比较，相比而言，最后结果的准确度较高；缺点是这样比较的工作量较大，也可能有循环的结果。例如，A比B好，B比C好，C比A好。如果现有五位员工进行比较，其结果如表6-2所示。

表6-2 五位员工对比结果

被比较者	员工一	员工二	员工三	员工四	员工五	被比较者的得分/分
员工一		1	1	0	0	2
员工二	0		0	0	0	0

续表

被比较者	员工一	员工二	员工三	员工四	员工五	被比较者的得分/分
员工三	0	1		0	0	1
员工四	1	1	1		1	4
员工五	1	1	1	0		3
考评结果	从优到次的顺序为员工四、员工五、员工一、员工三、员工二					

(四) 等差图表法

等差图表法，也称图解式评定量表。首先确定考评项目，确定评定等级和分值，然后根据这个表格由考评者给出被考评人的分数。它的优点是考评内容全面，打分档次可以因岗而定，灵活方便；缺点是在一些不能量化的考评项目上受考评者主观因素影响过大，另一个缺点是考评项目每一项内容的地位都是等同的，不能突出主要考评内容。表 6-3 是一个汽车 4S 店利用等差图表法对配件库管理人员的考评。

表 6-3　利用等差图表法对配件库管理人员的考评

考评项目	评定等级	总分/分	得分/分
配件销售数量	超过规定额 30% 以上 超过 10%~30% 等于规定额 低于规定额 10%~30% 低于规定额 30%	30 25 15 10 5	
服务质量	配件供应充足 配件供应及时 配件供应不及时	15 10 5	
相关配件知识	十分了解配件知识 比较了解配件知识 不了解	15 10 5	
资金使用	资金使用合理 资金使用不合理	10 5	
备注			

(五) 要素评定法

要素评定法，又称点因素法。这是在等差图表法的基础上，考虑到不同考评项目的侧重性，考虑到加权的因素，通过不同的分值进行考评。它的优点是考评要素全面，并且考虑了要素的侧重性，符合岗位的实际要求；缺点是比较烦琐，费时费力。表 6-4 是利用要素评定法对一个员工的考评内容。

表6-4 利用要素评定法对一个员工的考评内容

因素	1级	2级	3级	4级
知识	14	28	42	56
经验	12	24	36	48
创造力	14	28	42	56
数量	20	40	60	80
质量	20	40	60	80
特殊贡献	10	20	30	40
责任感	10	20	30	40
协作态度	10	20	30	40

（六）欧德伟法

欧德伟法，就是首先给每个人规定一个基础分，根据主管人员在考评时间内记录的每个下属员工在工作活动中所表现出来的关键事件（好行为或不良行为）加减分，然后计算出总得分。最后，汽车4S店根据总得分进行奖惩。它的优点是以在考评期间内的员工表现为依据，在一定程度上排除了主观因素的干扰，较为准确。缺点是较为烦琐。使用欧德伟法可以让员工清楚地了解自己工作的不足和今后需要改善的方向。

（七）情景模拟法

此处不详述。

以上列举了一些考评员工的方法，这些方法各有优缺点，汽车4S店在使用时可斟酌考虑，找出适合自己的方法。

四、绩效考评的程序和步骤

（一）绩效考评的程序

绩效考评一般先从基层员工开始，进而针对中层人员，形成由下而上的过程。

1. 以基层为起点，由基层部门的领导对其直属下级进行考评

考评分析的单元包括员工个人的工作行为（如是否按规定的工艺和操作规程进行工作，或一名主管领导在管理其下级时是如何管理的）、员工个人的工作效果（如汽车销售数量、接待客户的数量、投诉率、汽车维修数量、出勤率等），以及影响其行为的个人特征和品质（如工作态度、对企业的忠诚度、信念、技能、期望与需要等）。

2. 在基层考评的基础上进行中层部门的考评

中层考评的内容既包括中层负责人的个人工作行为与绩效，也包括该部门总体的工作绩效（如任务完成率、劳动生产率、顾客满意率等）。

3. 最后进行高层考评

完成逐级考评之后，由汽车4S店的领导对高层人员进行考评，其内容主要是经营效果方面硬指标的完成情况，如利润率、市场占有率等。

（二）绩效考评的步骤

绩效考评是一项非常细致的工作，必须按步骤进行。

1. 科学地确定考评基础

1) 确定考评要项

考评要项（工作要项）是指工作结果对汽车 4S 店有重大影响的活动或大量不可缺少的重复性活动。一项工作往往由许多活动构成，但考评不可能针对每一个工作活动进行。一个岗位的考评要项一般不应超过 4~8 个，抓住了考评要项，就等于抓住了关键环节，也就能够有效地进行考评。

2) 确定绩效标准

绩效应以完成工作所达到的可接受的条件为标准，不宜定得过高。由于绩效标准是考评的基础，因此必须客观化、定量化，具体的做法是将考评要项逐一分解，形成考评标准。没有明确标准的考评不是真正意义上的绩效考评。标准的设定应分出层次，如可以将标准分为优秀、良好、合格、需改进和不合格五个标准。将合格作为绩效考核的基准水平，它的作用在于判断被考评者的绩效是否能够满足基本的要求。另外，在制定标准时一定要注意与员工沟通，即绩效考评标准的确定应由主管与员工共同确定完成。

2. 评价实施

评价实施的具体做法是将工作的实际情况与考评标准逐一对照，评价绩效的等级。在进行绩效评价时，很多汽车 4S 店首先要求员工对本人的业绩完成状况进行自评，员工自评后由主管对照期初与员工共同确定的绩效目标和绩效标准对员工进行评价。

这里应注意的是，主管应首先汇总检查员工的相关绩效数据是否准确、完整，如果发现有不符的数据，还应加以证实，或与通过另一种渠道收集的数据进行对比，以判断原始信息的可信度。在确认数据充分且没有错误后，可以依据这些数据对员工的绩效进行评价。

常见的评价方式包括工作标准法、叙述评价法、量表评测法、每日评价记录法、关键事件记录评价法、目标管理法、强制比例分布法、配对比较法等。以上方法在具体操作过程中往往不是单独使用的，而是几种方式混合在一起使用。任何一家汽车 4S 店的绩效评价方式都不是十全十美的，没有最好的绩效评价工具，只有最适合本企业实际情况的工具。有效的绩效评价依靠两方面因素：一是评价制度要合理；二是评价人要有评估技巧，并能保证绩效面谈的准确性，而后者尤为重要。

3. 绩效面谈

绩效面谈是绩效管理极为重要的环节，但常常被忽略，通过面谈，员工可以提高成绩，纠正错误，以积极的态度对待过去，满怀信心地面对未来，努力工作。

1) 面谈准备

面谈准备主要包括相关的数据和分析的准备，也就是要求主管在绩效面谈前一定要进行绩效诊断，主管不仅要告诉员工考评结果，还要告诉员工为什么会产生这样的绩效，应该如何避免出现低的绩效。

2) 面谈过程控制

（1）主管应当在开始时花一点时间讲清楚面谈的目的和具体议程，这样会有助于消除

双方的紧张情绪，同时便于双方控制面谈的进程。

（2）在面谈过程中，主管一定要注意平衡讲与问，注意倾听被考评者的意见，充分调动对方讨论的积极性，赢得他们的合作，避免对抗与冲突的发生。主管应当只谈员工的工作表现，而不要对员工本人作出评论。负面性的评价是不可避免的，但为了使员工保持正面性的自我印象，可以先说好的评价。如果主管和员工的看法有较大的差异，双方应先认清差异所在。

4. 制订绩效改进计划

双方在讨论绩效产生的原因时，对达成的共识应当及时记录下来，这些问题可能就是员工在下一期需要重点关注和提高的地方，并对下一阶段绩效重点和目标进行计划。面谈结束后，双方要将达成共识的结论性意见或经双方确认的关键事件或数据及时予以记录、整理，填写在考评表中。对达成共识的下期绩效目标也要进行整理，形成下期的考评指标和考评标准。改进绩效的计划应当切实可行、由易到难，要有明确的时间性，计划要具体，要得到上下级的认同。改进绩效的计划是绩效管理的最终落脚点。

5. 改进绩效的指导

切实保证本岗位工作的有效性，应当是考评者与被考评者讨论的核心问题，主管应经常对下属工作绩效的改进作出正确指导，并在精神上、物质上予以必要的支持。绩效改进指导阶段在绩效管理过程中处于中间环节，也是耗时最长、最关键的一个环节，这个过程的好坏直接影响绩效管理的成败。具体来讲，绩效改进指导阶段主要的工作就是持续不断地进行沟通、收集数据，形成考评依据。沟通的目的主要体现在以下两方面：一是员工汇报工作与进展情况，或就工作中遇到的障碍向主管求助，寻求帮助；二是主管对员工的工作与目标计划之间出现的偏差及时纠正。对主管而言，及时有效的沟通有助于全面了解员工的工作情况，掌握工作的进展信息，并有针对性地提供相应的辅导和资源，有助于提升下属的工作能力，达到激励的目的；同时，主管可以掌握绩效评价的依据，以便对下属作出公正客观的评价。对员工而言，员工可以得到关于自己工作绩效的反馈信息，以便尽快改进绩效、提高技能。同时，员工可以及时得到主管相应的支持和帮助，以便更好地达到目标；以有效沟通为基础进行绩效考评辅导也是双方共同解决问题的机会，这也是员工参与管理的一种形式。最后，在绩效改进指导过程中，对员工的突出贡献和绩优行为，主管给予适时的赞扬，这将极大地调动员工的工作热情，使好的行为得以强化和继续，有利于提高绩效。

任务六　报酬与激励

报酬是指完成某项工作应得到的回报；激励就是通过高水平的努力实现汽车4S店目标的意愿，而这种努力以能够满足员工个体的某些需要为条件。

一、报酬

报酬包括精神上和物质上两方面的回报。精神上的报酬主要是指满足个人成就感、心理满足感的报酬,如个人获得升迁、进一步进修培训的机会,更多地参与汽车4S店的管理,赋予更大的工作责任,以及获得较大的工作自由度等;物质上的报酬主要是指得到了满足个人物质生活需要的报酬,如基本工资、各种津贴、绩效工资、股票期权、企业提供的保健计划、企业提供的舒适办公环境、带薪旅游等福利待遇。在员工报酬中,基本工资、绩效工资及各种津贴是大多数员工物质生活的基本保障。

(一)工资制度

工资,是根据员工的工作数量和质量,按照一定的制度付给他的工作报酬。工资的形式因使用制度的不同而不同。

工资制度,就是指在一定原则的指导下,分析、计算员工的实际劳动成果,并支付相应报酬的准则、标准或办法。基本工资、各种津贴和绩效工资通过工资制度得到确定。

常见的工资制度有岗位技能工资制、结构工资制、提成工资制、计件或计时工资制。

1. 岗位技能工资制

岗位技能工资制是按照工人实际操作岗位的技术水平、工作的复杂程度制定工资标准,主要由岗位工资、技能工资两部分组成。岗位工资就现有的工作岗位进行科学的岗位评价,将岗位划分成不同的档次或等级,并制定相对应的工资标准。其中,岗位评价的内容主要从劳动条件的好坏、劳动强度的大小、工作责任的轻重三方面考虑。技能工资应根据员工具备的工作技能、劳动技术技能水平确定不同的等级,并制定相应的工资标准。

2. 结构工资制

结构工资制就是根据决定工资的不同因素,将工资划分为几个部分,根据这些因素的不同作用,确定所占的份额,构成员工的工资。一般由基础工资、职务工资、工龄工资、业绩工资等几部分组成。

结构工资制是一种比较好的工资制度,较全面地考虑了员工的需要。它的优点如下:一方面,确定基础工资,保证员工的最低生活水平,解除员工的后顾之忧;另一方面,不同比例的业绩工资可激发员工的工作热情,较好地体现按劳分配的原则。

3. 提成工资制

提成工资制就是根据完成业绩的多少提取一定的百分比作为工资的主体部分,加上规定的基本工资构成提成工资总额。这种工资制度适用于工作业绩完全能够量化的岗位,如汽车销售人员、汽车维修人员,可以根据他们销售或维修数量的多少提取一定的比例作为提成工资。

4. 计件或计时工资制

计件工资制和计时工资制大体结构是一样的,由计件工资(或计时工资)、企业利润分成、奖金、津贴四部分加在一起构成员工工资总额。

1)计件工资

就是根据员工在规定的劳动时间内完成的作业量与事先规定的计件单价结合计算的

结果。

2）计时工资

就是直接以员工工作的时间计量报酬，可分为小时工资制、日工资制、月工资制三种。天数和一天工作的小时数可以由企业在符合国家有关规定的前提下根据自身的工作特点而定。

（二）企业利润分成

这是根据企业利润的一定比例分配报酬，这种工资制将员工和企业紧密结合在一起，使员工成为企业真正的主人，有利于调动员工的工作积极性，能够提高企业的生产效率。这些报酬可以直接以现金的方式支付，也可以以股权的方式支付。后一种方式在股份制企业中可以使用。

（三）奖金

这是根据企业的整体经济效益（超额利润），结合个人的工作业绩用现金的形式发给员工的一种物质奖励，主要有年终奖、月奖、季度奖、质量奖、安全奖、全勤奖、合理化建议奖、超额奖等。

（四）津贴

津贴主要是指针对员工在一些特殊的岗位、特殊的工作条件下工作的一种补偿。其作用主要是保护员工的身心健康，稳定部分岗位，主要有夜班补贴、加班补贴、高温（取暖）补贴、保健补贴等。

二、激励

激励就是调动员工的积极性和创造性，使他们始终保持高昂的工作热情，奋发向上，努力工作，进而实现事先规定的目标和任务。员工内在的动力和要求就是员工的动机。当企业能够提供合适的工作环境、条件，找到具有相应能力的员工时，最重要的就是让他有工作的动力。

（一）激励的过程

员工的需要、动机、期望通过他在工作中的行为表现为完成相应的任务与目标，如果员工感到满意，就会继续努力，进一步实现新的需要、动机、期望，形成一个持续循环。这种持续循环过程就是激励过程，如图 6-2 所示。

图 6-2　激励过程

（二）有关激励的理论

1. 马斯洛的需要层次理论

著名的心理学家马斯洛（A. H. Maslow）在总结前人经验的基础上提出了著名的需要层次理论。他认为人类都是有需要的动物，人类的需要产生了他们的目的和工作动机，并且这些需要是激励员工的关键所在。人类的需要层次如图 6-3 所示。

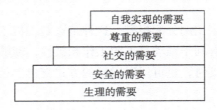

图 6-3 人类的需要层次

1）生理的需要

这是人类维持自身生存的最基本要求，包括饥、渴、衣、住、性方面的要求。如果这些需要得不到满足，人类的生存就成了问题。从这个意义上说，生理需要是推动人们行动的最强大的动力。马斯洛认为，只有这些最基本的需要得到满足，其他的需要才能成为新的激励因素，而此时这些已相对满足的需要也就不再成为激励因素。

2）安全的需要

这是人类要求保障自身安全、摆脱丧失财产的威胁、避免职业病的侵袭、避免接触严酷的监督等方面的需要。马斯洛认为，整个有机体是一个追求安全的机制，人的感受器官、效应器官、智能和其他能量主要是寻求安全的工具，甚至可以把科学和人生观都看成满足安全需要的一部分。当这种需要满足后，也就不再成为激励因素。

3）社交的需要

这一层次的需要包括两个方面的内容：一是友爱的需要，即人人都需要伙伴之间、同事之间的关系融洽或保持友谊和忠诚；人人都希望得到爱情，希望爱别人，也渴望接受别人的爱。二是归属的需要，即人都有一种归属于一个群体的感情，希望成为群体中的一员，并相互关心和照顾。感情上的需要比生理上的需要更加细致，它和一个人的生理特性、经历、教育、宗教信仰都有关系。

4）尊重的需要

人人都希望自己有稳定的社会地位，要求个人的能力和成就得到社会的承认。尊重的需要又可分为内部尊重和外部尊重。内部尊重是指一个人希望在各种不同情境中有实力、能胜任、充满信心、能独立自主。总之，内部尊重就是人的自尊；外部尊重是指一个人希望有地位、有威信，受到别人的尊重、信赖和高度评价。马斯洛认为，尊重需要得到满足，能使人对自己充满信心，对社会满腔热情，体验到自己活着的用处和价值。

5）自我实现的需要

这是最高层次的需要，是指实现个人理想、抱负，发挥个人的能力到最大限度，完成与自己的能力相称的一切事情的需要。也就是说，人必须干称职的工作，这样才会使他们感到最大的快乐。马斯洛提出,为满足自我实现需要所采取的途径是因人而异的。自我实现的需要是努力挖掘自己的潜力,使自己逐渐成为自己所期望的人物。

由图 6-3 可知,人的需要是以层次出现并逐层上升的。当较低层次的需要得到满足时,它就失去了对行为的激励作用,而追求更高层次需要的满足就成为激励其行为的驱动力。需强调的是,从第一层到第五层,人数越来越少,即人的需要结构是不同的,具体到个人,应当因人而异。

2. 赫兹伯格的双因素理论(激励—保健理论)

通过调查访问,心理学家赫兹伯格发现了两种因素对人的作用不同。保健因素——类似于卫生保健对身体所起的作用,低于员工可以接受的程度时会引起员工的不满,改善后,可以消除不满,但不会产生积极的后果;只有那些激励因素——成绩、工作本身、责任,才能使员工产生满意的积极效果。

3. 期望理论

期望理论是心理学家和行为学家维克托·弗鲁姆提出来的一种激励理论。他认为,某一种活动对某人的激励力量取决于他所得到结果的全部预期价值乘以达成该结果的期望概率。

期望理论用公式可以表示为

$$M = V \times E$$

其中,M 表示激励力量,是指调动一个人的积极性,激发出人的潜力的强度。

V 表示目标效价,是指达成目标后对满足个人需要其价值的大小。

E 表示期望值,是指根据以往的经验进行的主观判断,达成目标并能导致某种结果的概率。

弗鲁姆的期望理论辩证地提出了在进行激励时需要处理好三方面的关系,这也是调动人们工作积极性的三个条件。

1)努力与绩效的关系

人们总是希望通过一定的努力达到预期的目标,如果个人主观认为达到目标的概率很高,就会有信心,并激发出很强的工作力量。反之,如果他认为目标太高,通过努力也不会有很好的成绩,就失去内在动力,导致工作消极。

2)绩效与奖励的关系

人总是希望取得成绩后能够得到奖励,当然这个奖励也是综合的,既包括物质上的也包括精神上的。如果他认为取得绩效后能得到合理的奖励,就可能产生工作热情,否则就可能没有积极性。

3)奖励与满足个人需要的关系

人总是希望自己所获得的奖励能满足自己某方面的需要。然而由于人们在年龄、性别、资历、社会地位和经济条件等方面都存在差异,他们对各种需要要求得到满足的程度就不同。因此,对于不同的人采用同一种奖励办法能满足的需要程度不同,能激发的工作动力也就不同。

4. 公平理论

亚当斯提出的公平理论也称为社会比较理论。他认为员工之间经常会自觉不自觉地把他在工作中的付出和报酬与相类似的别人进行权衡比较,比较之后,可能会有三种结果:认为自己的报酬与别人比是公平的,他感到满意,随之工作积极性高;认为自己的报酬太低,与别人比太不公平,他就不满意,无法调动积极性;认为自己的报酬与别人相比太高,有受之有愧感,也不利于积极性的发挥。

(三)激励的方法

上文介绍了一些有关激励的理论,每一种理论都有它的关注点,汽车4S店的管理者可以针对企业自身的特点、员工的特点斟酌选用。

1. 物质报酬

物质报酬是指员工获得的工资、奖金和其他的物质享受,其实就是金钱。毋庸置疑,这是一种非常有效的激励方法。从前面提到的激励理论可以知道,满足人们第一层需要的就是保证足够的生活费用,对一般人来说,这一点非常重要。对那些已经功成名就的人来说,只用物质报酬这种方式进行激励显然作用不大。如果想使物质报酬成为一种有效的激励手段,对那些职位相对高的员工,给出的薪水或奖金必须与他们的工作业绩相对应。否则,即使增加了工资和奖金,也会有人不满意。

2. 参与式管理

参与式管理就是领导者和员工共同决策。它的优点如下:让了解工作的员工参与管理,调动员工的能动性,可以得到更完善的决策;当把参与作为一种内部奖励的手段时,可以满足归属感和成就感的需要与受人赞赏的需要。

项目小结

人力资源是指在一定的时间、空间条件下,现有的和潜在的劳动力的数量与素质的总称。人力资源体现在人的体质、知识、智力、经验和技能等方面。人力资源管理是指企业为了实现其既定目标,运用现代管理措施和手段,对人力资源的取得、开发、培训、使用和激励等方面进行规划、组织、控制、协调的一系列活动的综合过程。

人力资源的特性是生物性、时限性、再生性、磨损性、社会性、能动性、角色两重性、增值性。能位匹配原理、互补优化原理、动态适应原理、激励强化原理和公平竞争原理是人力资源管理的基本原理。

人力资源管理的基本功能是选择人、培育人、使用人、激励人;人力资源管理的任务是进行人力资源的规划、分析、配置、招聘、维护和开发。现代人力资源管理和传统的人员管理具有明显的区别。

组织的设计、岗位的开发、人力资源的规划、员工的招聘、员工的培训、员工的绩效考评等都是人力资源开发的重要内容,做好这些工作,能够使汽车4S店充分利用人才为企业创造效益,同时使人的价值得以实现。

复习思考题

一、判断题

1. 我国有13亿人口,是世界上人力资源最丰富的国家。　　　　　　　　(　　)

2. 员工招聘要把握以岗定员、双向选择、公开公正的原则。（   ）
3. 绩效考评是指企业领导对员工工作的考核。（   ）
4. 报酬就是工资。（   ）
5. 报酬越高，激励效果越好。（   ）

二、单项选择题

1. 人力资源区别于其他资源的根本特征是（   ）。
   A. 自有性　　　　B. 再生性　　　　C. 磨损性　　　　D. 时限性
2. 根据马斯洛的需要层次理论，（   ）能够最直接有效地激励刚刚进入公司的年轻人。
   A. 领导的赞许　　B. 工作的挑战性　C. 高工资　　　　D. 丰厚的福利
3. （   ）不属于结构工资制的组成部分。
   A. 绩效工资　　　B. 职务工资　　　C. 工龄工资　　　D. 基础工资

三、多项选择题

1. 下列属于现有人力资源的人是（   ）。
   A. 勤工俭学的在校大学生　　　　　B. 已退休但在公司任顾问的科技专家
   C. 15岁的省体操队运动员　　　　　D. 正在寻找新工作的失业者
2. 组织设计的具体内容包括（   ）。
   A. 按照专业性质进行分工，赋予各部门、各人员的职责范围
   B. 按照规定的责任，赋予各部门、人员以相应的职权
   C. 为各岗位分配、选用适合岗位要求的人员
   D. 对各类人员进行培训，建立奖惩办法，激励其工作的积极性，使组织正常运行，并发挥预定的效能
3. 员工培训的必要性包括（   ）。
   A. 可以提高企业的整体素质
   B. 是保证高质量维修的基础
   C. 可以提高员工工作的能动性
   D. 可以促使员工认同企业文化，做到与企业荣辱与共
4. 美国人克莱顿提出的 ERG 理论认为人们共同存有三种核心需要，（   ）不被包括在内。
   A. 生存需要　　　B. 关系需要　　　C. 关心需要　　　D. 成长需要
5. （   ）属于物质报酬。
   A. 保健计划　　　B. 舒适的办公环境　C. 带薪旅游　　　D. 进修培训的机会

四、简答题

1. 人力资源有哪些特性？
2. 人力资源管理常用的基本原理有哪些？
3. 人力资源管理的任务是什么？
4. 组织设计的步骤包括哪些？
5. 组织设计的具体内容有哪些？

6. 人力资源规划在汽车4S店中的作用有哪些?
7. 人力资源需求常用的预测方法有哪几种?
8. 汽车4S店专业培训有什么特点?
9. 常见的工资制度有哪些?

知识拓展

日本的人力资源管理模式简介

目前,在日本社会居于主流的人力资源管理模式是在第二次世界大战以后日本经济恢复和高速发展的时期形成的。对于日本企业来讲,公司的不断发展壮大被视为其最重要的短期和长期目标,公司短期利润的增加和公司股东的利益属于第二位的事情,因此日本公司的人事政策注重员工的长期发展,这与日本公司的长期发展战略相辅相成。

1. 终身雇用制

所谓终身雇用制,是指公司从大学毕业生或其他年轻人中雇用基本核心员工,规划员工的持续培训和发展计划,在公司集团内部的员工可以供职到55岁或60岁。除非发生极其特殊的情况,一般不解雇员工。日本的终身雇用制是日本企业管理中最突出、最具有争议的政策。终身制最大的特点是有助于工作稳定,促进职工长期发展,稳定就业政策。特别对采用全面质量管理的日本制造业来说,有助于公司对员工的长期培训,发展公司独特的企业文化,减少不必要的人员流动,提高员工对企业的忠诚度,提高劳动生产率。目前,大部分日本制造业企业仍然保持稳定的就业政策,但是这种稳定的就业政策由于日本经济的衰退、企业利润的下降而受到挑战。

2. 年功序列工资制

年功序列工资制就是员工的工资随着年龄的增长和在同一个企业连续工作时间的延长而逐年增加。同时,连续工龄还是决定职务晋升的重要依据。日本企业有新的工作需要时,会尽量通过重新培训已有的职工进行内部调节满足需要。

3. 企业内工会与合作性劳资关系

企业内工会指的是按特定企业成立工会的制度。企业内工会和终身雇用制、年功序列工资制被认为是日本企业人力资源管理的三大支柱。由于日本一般都采用终身雇用制,因此职工的利益和企业完全拴在一起。职工个人利益和企业利益的紧密相连,既使职工关心企业的发展成长,也使职工非常关心企业内部的分配关系。

企业为了保证职工的忠诚度,保护自己在职工身上所做的人力资本投资,调动职工的劳动积极性,也希望职工相信企业的利益分配是公平的。因此,企业吸取职工参加管理,使职工不但对企业的经营状况能够及时了解和掌握,而且能对影响自身利益的重大问题和决策发表意见。在日本企业中,重要问题一般需要经过全体职工反复讨论，形成一致意见后方能最后决策并付诸实施。企业内工会化解大量的职工不满情绪，渲染劳资双方家庭式的情感气氛，劳资双方的矛盾很难僵持到底，多以谅解和妥协加以解决。终身雇用制、年功序列工资制和企业内工会使日本的企业产生了一种短期雇用实现的安定感，从而有利于积蓄人力资源，有助于培养雇员对企业的忠心，有助于人才的培养，形成一种强烈的一体感。

4. 重通才、轻专家

日本经营者认为，过细的分工只能增长员工的狭隘心理、小团体意识，只能看到树木而看不到森林。这与日本企业重视团队精神背道而驰。因此，日本员工往往接受很多方面的知识，并在企业内部不同部门轮班训练。日本企业认为通才管理方式的优点是能够发挥全部员工在企业中的创造力和凝聚作用，使企业整体发挥出更大的利益。日本企业重通才、轻专家的做法与其强烈的集团主义以及习惯于团体进行工作是一脉相承的。但是亚洲金融危机之后，许多日本银行发现在金融领域这种重通才、轻专家的倾向直接影响银行效率，因此受到质疑。

5. 注重精神激励的薪酬制度

由于日本企业重视长期的增长，而不是以短期利润为主，加之日本文化传统中平均主义的历史背景以及日本民族中地少人多的现实，日本企业工资政策中最重视公平和合理的原则，而不是强调人与人之间的差异。因此，日本企业工资政策不把奖励个人放在首位，认为过分奖励高层经理会给企业员工之间的和睦相处带来麻烦。与这种薪酬制度相适应，日本企业忽视对员工的短期评估。

日本人认为，企业经营的核心是长期、稳定地发展壮大企业的规模和效益。短期评估员工成绩会影响员工在公司长久工作的积极性。公司的长期发展目标将会与企业对员工进行短期评估发生冲突，影响员工在公司的长远发展和个人事业计划。在人员评估上，日本企业还表现出很强的平均主义，不得罪任何一方，并多以集体为单位进行考核，重视公司或集体的业绩，否定或低估特定个人的成绩，并且把态度列为考核的重要内容。亚洲金融危机爆发后，日本的银行业蒙受了巨大的损失。这些损失不但与银行内部治理结构不健全、内部管理不完善有直接关系，而且与公司忽视对员工的工作进行客观定期评估检查也有关系。

6. 温情主义的管理方式

日本企业中的温情气氛是建立在人有被尊重的需要的基础上的。因此，日本的企业重视员工的工作条件、环境气氛等。企业的管理者十分注意热情而有礼貌地对待职工，上班时，他们往往早早地站在厂门口迎候职工，认真地向每位上班的职工招呼问好。即使是对迟到的职工，也不是声色俱厉地进行批评或训斥，而是说："今天早晨一定是家里有什么紧要的事吧，没关系，有什么不方便尽管说出来！"简单的一声寒暄，使职工感受到了企业的温暖。当职工生日、结婚、生子或有丧事时，总能得到企业送的一份礼物和企业主要领导签名的慰问信。职工作出成绩，企业除了表扬奖励其本人外，还要向其家人表示祝贺、致谢。另外，在日本企业中，实行自上而下的传达意见的禀议制，重视反馈和横向的精神沟通。在会议取得一致意见之前，可以长时间激烈争论，付诸实施后则人人有责。在日本企业看来，职工受到这样的重视和关心，就会忠诚于企业。因此。日本的企业管理者认为，大凡有成就的企业必须做到两点：一是要在全体员工中建立起命运共同体的意识；二是要极力发展公司人员之间亲如一家的温情气氛。

　　国外一些学者把在企业管理中讲人性、人情、尊重、信任、关心等看作软件，而把严格要求的规章制度、标准规范、创造优质等看作硬件。日本企业管理者的观念是，通过软件管理可以得到发展。规章制度等因素，管理者可以作为手段，强迫工人工作，但绝不能强迫职工表现出色，作出成就。只有职工心甘情愿、心情愉快时，才能产生工作的积极性和创新精神。

项目七
汽车 4S 店财务管理

项目导入

小王投资 15 万元开了一家汽车美容店,刚开业的几天生意火爆,小王乐得嘴都闭不上。某日收益为 800 元,拿出 400 元请员工吃饭庆祝。某日收益为 1 000 元,拿出 500 元和朋友唱歌。到月底发现还赔了 1 000 元。最后了解到企业成本还有折旧、税收等,小王一下子慌了神……

思考:

一个企业的资产、负债、成本、收入、费用和利润是怎么回事呢?

 项目要求

1. 了解汽车 4S 店资金运动的含义与财务关系。
2. 熟悉存货的 ABC 分类管理方法。
3. 熟悉汽车 4S 店固定资产的类别与管理方法。
4. 了解汽车 4S 店应收账款的管理方法。
5. 掌握汽车 4S 店成本管理的内容和方法。
6. 掌握汽车 4S 店利润管理的内容和方法。
7. 能够运用相关财务数据进行财务分析。

 相关知识

任务一　汽车 4S 店财务管理概述

财务管理是基于企业再生产过程中客观存在的财务活动和财务关系而产生的,是组织企业资金活动、处理企业同各方面财务关系的一项经济管理工作,是企业管理的重要组成部分。

一、汽车 4S 店的资金运动

汽车 4S 店的生产经营过程,从价值形态来看表现为资金运动。这种资金运动包括资金的筹集、使用、耗费、收入和分配等内容。资金筹集是资金运动的起点;资金使用是指将筹集的资金通过购买、建造等过程形成各种生产资料;资金耗费是指在生产经营过程中所耗费的各种材料、燃料、固定资产损耗、支付工资和其他费用等;资金收入是指通过销售产品和

194

提供服务所取得的收入；资金分配是指对所取得的收入进行分配，其中一部分用于弥补生产经营耗费，其余为企业纯收入。企业纯收入首先以税金的形式按规定的税率上缴国家，其余为企业留利。企业资金的筹集和使用以价值形式反映企业对生产资料的取得与占用；企业资金的耗费以价值形式反映企业的物化劳动和劳动力的消耗；企业资金的收入和分配则以价值形式反映企业生产成果的实现与分配。企业财务即企业的资金运动，它是企业再生产过程的价值体现。

二、汽车 4S 店的财务关系

汽车 4S 店在资金运动中与有关方面发生的经济关系即为财务关系。企业资金的筹集、使用、耗费、收入和分配与企业各方面都有广泛联系，概括起来主要包括六方面的财务关系。

（一）企业与国家之间的财务关系

企业与国家之间的财务关系，即企业应按照国家税法的规定交纳各种税款，在应交税款的计算和交纳等方面体现国家与企业之间的分配关系。

（二）企业与投资者和受资者之间的财务关系

企业与投资者和受资者之间的财务关系，是投资与分享投资收益的关系。

（三）企业与债权人、债务人及往来客户之间的财务关系

企业与债权人、债务人及往来客户之间的财务关系，主要是指企业和债权人的资金借入与归还及利息支付等方面的财务关系、企业之间的资金结算关系和资金融通关系，包括债权关系和合同义务关系。

（四）企业与其他企业之间的财务关系

在市场经济中，各企业之间存在分工协作关系，因此它们之间存在由于相互提供产品或劳务而形成的资金结算关系。

（五）企业内部各单位之间的财务关系

企业内部各单位之间的财务关系，主要是指企业财务部门与企业内各部门、各单位之间发生的资金结算关系。

（六）企业与职工之间的财务关系

企业与职工之间的财务关系，主要是指企业与职工之间的结算关系，体现职工个人和集体在劳动成果方面的分配关系。

三、汽车 4S 店财务管理的内容、特点

财务管理通过财务预测、财务计划、财务控制和财务分析等环节的相互配合、紧密联

系，形成周而复始的财务管理循环过程，构成完整的财务管理工作体系。它以最经济的方式筹措资金、以最合理的标准运用资金、以最快的速度回收资金、以最佳的比例分配资金、以最严格的制度进行财务监督，从而促进企业提高经营管理水平，获得最佳经济效益。

（一）财务管理

财务管理的内容包括筹资管理、投资管理、资产管理、成本费用管理、营运资金管理、收益和利润分配等。汽车4S店财务管理的内容不仅包括筹资管理、投资管理、资产管理、收入管理和分配管理，还包括企业设立、合并、分立、改组、解散、破产的财务处理，它们构成了汽车4S店财务管理不可分割的统一体。

（二）特点

汽车4S店的财务管理区别于其他管理的特点在于它是一种价值管理，即对企业再生产过程中价值运动所进行的管理。财务管理利用资金、成本、收入等价值指标组织企业中价值的形成、实现和分配，并处理这种价值运动中的经济关系。其目的是千方百计地使资金释放出最大的能量，实现价值增值，提高资金效益。

财务管理是企业管理中一个独立的方面，也是一项综合性的管理工作。企业各方面生产经营活动的质量和效果大都可从资金活动中综合反映出来，通过合理地组织资金活动，可有效地促进企业的生产经营活动。财务管理的各项价值指标是企业经营决策的重要依据。及时组织资金供应、节约使用资金、控制消耗、大力增加收入以及适时合理分配收益，会促使企业增产节约、增收节支、提高经济效益。

四、汽车4S店财务管理的目标

明确财务管理的目标，既是有效组织财务管理工作的前提，也是合理评价财务管理工作质量的客观标准。财务管理的目标不会脱离汽车4S店的目标而独立存在。

汽车4S店的目标是生存、发展、获利。为了永久存续，企业必须创造利润，掌握现金流量，保持偿债能力。这些财务目标的实现有赖于其他的管理功能都能维持良好的状态。企业付薪给管理者，便是希望他们能创造新产品和提供服务，扩大市场，改善生产力，预测变迁，运用新科技提供明确的战略、雇用及激励员工、处理困难的抉择、解决问题、协调业务上的各种利益冲突（例如，顾客要求低价，而员工要求高薪）；同时，企业也期待管理者能依道德行事，遵守各项法律，对社会大众负责，同时还要能创造利润，活用现金，避免财务危机。

汽车4S店的基本财务信息可由财务报表体现。财务报表是依据会计资料和业务记录做成的，这些资料来自会计系统。会计资料必须完备、正确和及时，要有良好的会计系统支持。

汽车4S店财务管理的目标是企业价值最大化，汽车4S店在追求自身的目标时，不仅要看企业未来收益的大小，还要看收益取得的时间，同时要看收益与风险的配合情况。一般来说，收益越高，风险越大。因此，财务管理在追求企业价值最大化目标的过程中，要综合考虑收益的资金时间价值和风险价值。

任务二 汽车 4S 店的资金筹集和营运资金管理

资金是企业进行生产经营活动的必要条件。企业开展日常生产经营活动，购置设备、原材料等生产要素，不能没有生产经营资金；扩大生产规模，开发新产品，提高技术水平，更要追加投资。筹集资金是企业资金运动的起点，是决定资金运动规模和生产经营发展程度的重要环节。企业通过一定的筹资渠道和资金市场，运用一定的筹资方式，经济有效地筹措和集中资金，保证企业生产经营活动的需要，是企业财务管理的一项重要内容。

一、汽车 4S 店的筹资动机

汽车 4S 店筹资主要是为了自身的生存与发展。企业具体的筹资活动通常受特定目的的驱使。例如，为了购置设备、引进新技术和开发新产品而筹资；为了对外投资、兼并其他企业而筹资；为了资金周转和临时需要而筹资；为了偿付债务和调整资本结构而筹资；等等。在实际工作中，这些筹资目的有时是单一的，有时是相互结合的，归纳起来主要有三类，即扩张筹资动机、偿债筹资动机和混合筹资动机等。筹资动机对筹资行为和结果产生直接影响。

（一）扩张筹资动机

扩张筹资动机是汽车 4S 店因扩大生产经营规模或追加对外投资的需要而产生的筹资动机。例如，汽车 4S 店销售的品牌汽车销售量和保养数量在本地区名列前茅，为稳定市场占有率，不仅需要扩大汽车产品销售和服务规模，还需要扩建店面、增加库存、采购更多的车辆、增加人员等活动，所产生的直接结果是企业资产总额和筹资总额增加。

（二）偿债筹资动机

偿债筹资动机是汽车 4S 店为了偿债而形成的借款动机，即借新债还旧债。通常，偿债筹资有两种情形：一是调整性偿债筹资，即企业虽有偿还到期旧债的能力，但为了调整原有的资本结构，使企业资本结构更趋合理，仍需举债；二是恶化性偿债筹资，即企业财务状况已恶化，其现有的支付能力已不足以偿付到期债务，从而被迫举新债还旧债。偿债筹资动机只改变企业的债务结构。

（三）混合筹资动机

汽车 4S 店因同时需要扩张筹资和偿债筹资而形成的筹资动机，即为混合筹资动机。通过混合筹资，企业既可扩大资产规模，也可偿还部分旧债。筹资动机直接影响筹资行为，并产生不同的筹资结果。

二、汽车4S店的筹资渠道和筹资方式

（一）汽车4S店的筹资渠道

1. 银行信贷资金

银行贷款是汽车4S店重要的资金来源。银行一般分为商业性银行和政策性银行。商业性银行为各类企业提供商业性贷款，政策性银行主要为特定的企业提供政策性贷款。银行信贷资金有居民储蓄、单位存款等经常性的资金源泉，财力雄厚，贷款方式多种多样，可以适应各类企业的多种资金需要。

2. 非银行金融机构资金

非银行金融机构主要有依托投资公司、租赁公司、保险公司、证券公司、企业集团的财务公司等。非银行金融机构除了专门经营存贷款业务、承担证券的推销或包销工作以外，有些机构还为了一定的目的而聚集资金，为一些企业直接提供部分资金或为企业筹资提供服务。这种渠道筹资的力量比商业银行小，但这些金融机构的资金供应比较灵活方便，因此具有广阔的发展前景。

3. 其他企业资金

企业在生产经营过程中，往往有部分暂时闲置的资金，甚至有可以在较长的时期内腾出的资金为企业所用。例如，已提取而尚未使用的折旧和未动用的企业公积金等，可在企业之间相互调剂使用。随着横向经济联合的开展，企业与企业之间的经济联合和资金融通日益广泛，既有长期稳定的资金联合，也有短期临时的资金融通。这种企业间资金的联合和融通也已经成为企业筹集资金的一个渠道，并得到广泛利用。

4. 职工和民间资金

职工和民间资金是指本企业职工与城乡居民手中暂时或较长时期内闲置的资金，通过投资的渠道成为企业资金的一项来源。这种筹资渠道已逐渐为企业利用，并使个人和企业的资金得以充分融通。

5. 企业自留资金

企业自留资金即企业内部形成的资金，主要是指企业盈利所形成的资本积累，如提取公积金、未分配利润等，此外还有企业内部形成的折旧准备金。企业自留资金是生产经营资金的重要补充来源。

6. 外商资金

外商资金是外国投资者以及我国香港、澳门和台湾地区投资者投入的资金，是外商投资企业的重要资金来源。吸收外资不仅可以满足企业对资金的需要，还能够引进先进技术和管理经验，促进企业的技术进步和管理水平的提高。

（二）汽车4S店的筹资方式

认识筹资方式的种类和每种筹资方式的属性，有利于汽车4S店选择适宜的筹资方式和进行筹资组合。目前，汽车4S店的筹资方式一般有以下七种：

1. 吸收直接投资

吸收直接投资简称吸收投资,是指企业按照共同投资、共同经营、共担风险、共享利润的原则吸收国家、企业、单位、个人、外商投入资金的一种筹资方式,可以直接形成生产能力。在吸收投资中的出资者是企业的所有者,可通过一定的方式参与企业的经营决策,有关各方按出资额的比例分享利润、承担损失。

2. 发行股票筹资

股票是股份公司为筹集资金而发行的有价证券,是持股人拥有公司股份的入股凭证。股票持有者为企业的股东,股票可证明持股人在股份公司中拥有的所有权。发行股票可使大量社会游资得到集中和运用,并把一部分消费资金转化为生产资金,它既是企业筹集长期资金的一个重要途径,也是股份制企业筹集权益资本最重要的方式。

3. 银行借款

银行借款是指企业根据借款合同向银行和其他金融机构借入的需要还本付息的款项。利用银行的长期借款和短期借款是企业筹集资金的一种重要方式。

4. 商业信用

商业信用是指商品交易中以延期付款或预收货款的方式进行销售活动而形成的借贷关系,是企业之间的直接信用行为。随着市场经济的发展,我国商业信用正日益广泛地推行,成为企业筹集短期资金的一种重要方式。

5. 发行债券

债券是企业依照法定程序发行的,约定在一定期限内还本付息的有价证券,是持券人拥有公司债权的债权证书。发行债券是企业筹集负债资金的一种重要方式。

6. 发行短期融资券

短期融资券又称商业票据、短期债券,是由大型企业发行的短期无担保本票,是西方各类公司融通短期资金的重要方式。

7. 租赁筹资

租赁是出租人以收取租金为条件,在契约或合同规定的期限内将资产租让给承租人使用的一种交易行为。租赁活动由来已久,现代租赁已成为解决企业资金来源的一种筹资方式。

(三) 筹资方式与筹资渠道的配合

一定的筹资方式可能只适用于某一特定的筹资渠道,但是同一渠道的资金可以采取不同的方式取得,而同一筹资方式又往往适用于不同的筹资渠道。筹资方式和筹资渠道具有密切关系,必须实现两者的合理配合。

三、营运资金的概念与特点

(一) 营运资金的概念

营运资金可以从广义和狭义两个方面理解。广义的营运资金又称毛营运资金,是指一个企业流动资产的总额;狭义的营运资金又称净营运资金,是指一个企业流动资金减去流动负债后的金额,即企业在生产经营中的可用流动资产的净额。

流动资产是指在一年或超过一年的一个营业周期内变现或者耗用的资产,包括货币资金、短期投资、应收预付款项和存货等。

流动负债是指在一年或超过一年的一个营业周期内偿还的债务,包括短期借款、应付预收款项、应交税费等。

根据资产与所有者权益平衡的公式,从来源的角度看,营运资金实际上等于企业的长期负债和以主权资本为来源的那部分流动资产之和,即只能来源于流动负债外的项目,包括企业利润、长期负债、权益资本、长期投资收回及其他非流动资金减少所获得的收入等。因此,对营运资金的管理,需要从企业资金运营的全过程进行系统把握。本书只从狭义概念的角度介绍营运资金管理。

(二)营运资金的特点

营运资金作为流动资金的一个有机组成部分,主要包括以下几方面的显著特点:

1. 周转短期性

营运资金在生产过程中虽然需要经历供、产、销的循环过程,但周转期较短,一般不超过一年。在整个营运资金的投资中,各环节都需要一定数额的资金,必须有多种融资途径,以解决和满足流动资金的需要数额。

2. 高度变换性

营运资金变换能力较强,正因为这个特点,才能使企业拥有足够的能力维持和运作,获得高度的经营能力。在营运资金的形态转换过程中,转换为货币资金的时间越短,或转换为货币资金的数额越接近于原有价值,其变换性也就越高。

3. 形态并存性

由于生产经营是连续不断的,营运资金的占用形态从空间上看是并存的,各种占用形态同时分布在供、产、销的各个过程中,但从时间上看又是变动的,经常处于货币资金、存货、应收账款、货币资金的变化之中。

4. 投入补偿性

营运资金的投入回收期短,它的耗费能较快地从产品销售收入中得到补偿。一般来说,它的实物耗费与价值补偿在一个生产经营周期内同时完成。

四、营运资金管理的基本要求

营运资金的管理就是对企业流动资产和流动负债的管理,主要是处理好流动资产与流动负债的关系。控制营运资金的数额,既要保证有足够的资金满足生产经营的需要,也要保证能按时、按量偿还各种到期债务。汽车4S店营运资金管理的基本要求主要包括以下几点:

(一)认真分析生产经营状况,合理确定营运资金的需求量

企业流动资金的需求量与企业生产经营活动密切相关,取决于生产经营规模和流动资金的周转速度,同时受市场及供、产、销情况的影响。因此,企业财务管理人员应认真分析生产经营状况,综合考虑各种因素,合理预测流动资金的需求量,既要保证企业生产经营的要求,也不能因安排过量而造成浪费。

（二）做好日常管理工作，尽量控制流动资产的占用量

企业在日常管理工作中，要建立有效的管理和控制系统，营运资金的利用在保证生产经营需求的前提下，要恪守勤俭节约的原则，充分挖掘资金潜力，精打细算地使用资金，科学地控制流动资金的占用量，提高企业的经济效益。

（三）提高资金的使用效益，加速流动资金的周转

企业占用资金都要为之付出相应的取得或使用成本。当企业的生产经营规模及其耗费水平一定时，流动资产的周转速度与流动资金的占有数量成反比，因此周转速度越快，所占用的流动资金就越少，使用成本就越低，加速资金的周转也就相应提高了资金的利用效果。因此，企业需要加强内部经营管理，适度加速存货周转，缩短应收账款的收款周期，以改进资金的利用效果。

（四）合理安排流动资产与流动负债的比例，保证较高的资产获利水平

营运资金是流动资产减去流动负债后的金额，一般来说，营运资金数额相对较大，也就是企业流动资产较多，流动负债较少，企业短期偿债能力较强，反之则较弱。但如果企业营运资金过大，即企业流动资产过多，流动负债过少，企业必须有更多的长期资金来源用于短期流动资产，即流动资产被占用，会加大企业的资产成本，影响获利能力的提高。因此，要合理安排流动资产和负债的比例，既要保证企业有足够的偿债能力，也要保证企业有较高的资产获利水平。

任务三　汽车 4S 店货币资金和应收账款管理

货币资金是指企业在生产经营过程中暂时停留在货币形态的资金，包括库存现金、银行存款和其他货币资金。

在资产中，货币资金的流动性和变现性能力最强，企业在生产经营中，因供、产、销各环节的种种需要，必须置存货币资金，但应合理安排货币资金的持有量，减少货币资金的闲置，并提高货币资金的使用效率。因此，货币资金管理是汽车 4S 店财务管理的重要组成部分。

一、置存货币资金的原因

通常情况下，汽车 4S 店都要持有一定数量的货币资金，置存货币资金的原因大致有以下几个。

(一) 交易性需求

这是为了满足企业在生产经营中货币资金支付的需求,如购买销售用的汽车、维修材料、支付工人工资、偿还债务、交纳税金等。尽管企业每天都会有一定的货币资金收入和支出,但收入与支出很少同时发生,即使同时发生,收支额也难以相等。如果不置存适当的货币现金,企业的交易活动就很难正常进行下去。另外,这种需求发生频繁,金额较大,也是企业置存货币资金的重要原因。

(二) 预防性需求

这是企业为了应付意外的紧急情况而需要置存的货币资金,如生产事故、自然灾害、客户违约等打破原来的货币资金收支平衡。企业为预防性需求而置存的货币资金的多少取决于以下几点:
(1) 企业的举债能力。
(2) 企业其他流动资产的变现能力。
(3) 企业对货币资金预测的可靠程度。
(4) 企业愿意承担风险的程度。

(三) 投资性需求

这是企业为了抓住稍纵即逝的市场机会,投资获利而置存的货币资金,如捕捉机会超低价购入有价证券、原材料、商品等,意在短期内抛售获利。

根据货币资金的特点和置存原因,货币资金管理的目标就是要在货币资金的收益性和流动性之间作出权衡,要求既要保证生产经营对现金的需求,也要提高资金的使用效率。企业库存现金没有收益,银行存款的利息率也远远低于资金利润率,因此置存货币资金过多,会使资金的收益率下降;但货币资金又有普遍的接受性,能满足企业各种支付的需要,如果企业不能满足各种货币资金支付的需求,便会影响企业生产经营的正常进行,降低企业的信用。

二、货币资金管理

货币资金管理的目的是在保证企业生产经营所需资金的同时,节约使用资金,并从暂时闲置的货币资金中获得最多的利息收入。货币资金结余过多,会降低企业的收益;但货币资金太少,则可能会出现现金短缺,影响生产经营活动。货币资金管理应力求做到既保证企业日常所需资金,降低风险,也可以避免企业有过多的闲置资金,以增加收益。

货币资金管理的内容主要包括以下几点:编制现金收支计划,以便合理地估算未来的现金需求;对日常的现金收支进行控制,力求加速收款,延缓付款;用特定方法确定理想的现金余额,即当企业实际的现金余额与最佳的现金余额不一致时,采用短期融资或归还借款和投资于有价证券等策略达到比较理想的状况。

现金收支计划是在预定的时期内,企业针对现金的收支状况对现金进行平衡的一种打算,它是企业财务管理的一项重要内容。企业可通过现金周转模式、存货模式和因素分析模式等方法确定最佳现金余额，并作为企业实际应持有现金的标准，从而进行现金的日常控制。其内容主要包括以下几点：

（1）加速收款，尽可能加快现金的收回；

（2）控制支出，尽量延缓现金支出的时间；

（3）进行现金收支的综合控制。

因此，要实施现金流入与流出的同步管理；要实行内部牵制制度，即在现金管理中，要实行管钱的不管账、管账的不管钱，使出纳人员和会计人员相互牵制、相互监督；要及时进行现金的清理，库存现金的收支应做到日清月结，确保库存现金的账面金额与银行对账单余额相互符合；要使现金、银行存款日记账款额分别与现金、银行存款总账款额相互符合，做好银行存款的管理，对超过库存限额的现金应存入银行统一管理，并按期进行清查，保证存款安全完整。当企业有较多闲置不用的现金时，可投资于国库券、企业股票等，以获得较多的利息收入；当企业现金短缺时，再出售各种有价证券获取现金，这样既可保证企业有较多的利息收入，也能增强企业的变现能力。

三、应收账款管理

应收及预付款是指一个企业对其他单位或个人有关支付货币、销售产品或提供劳务而引起的索款债权。它主要包括应收账款、应收票据、其他应收款和预付账款等。

汽车4S店所涉及的有关应收及预付款的业务主要包括以下几点：企业提供汽车服务的劳务性作业而发生的非商品交易的应收款项；企业向外地购买设备或材料配件等所发生的预付款项；其他业务往来及费用的发生涉及的其他应收款项。

应收账款是企业因销售产品、材料、提供劳务等业务，应向购货单位或接受劳务单位收取的款项。汽车4S店因销售产品、提供汽车服务等发生的收入，在款项尚未收到时属于应收账款。

近年来，由于市场竞争的日益激烈，汽车4S店应收账款数额明显增多，已成为流动资产管理中一个日益重要的问题。应收账款的功能在于增加销售、减少存货，同时要付出管理成本，甚至可能发生坏账。因此，要加强对应收账款的日常控制，做好企业的信用调查和信用评价，以确定是否同意顾客赊欠款。当客户违反信用条件时，还要做好账款催收工作，确定合理的收账程序和讨债方法，使应收账款政策在企业经营中发挥积极作用。

（一）应收账款的作用

1. 增加销售

应收账款是在对客户销售产品以后，允许客户暂不付款而形成的，也就是对客户赊销产品而形成的资金占用。采用赊销的方式对客户销售产品比现销更能刺激客户的购买欲望，已经成为汽车4S店推销产品的一种重要手段，并被广泛使用。

2. 减少存货

应收账款不仅可以帮助汽车4S店扩大销售，占有市场，开拓新市场，还可以减少积压的存货，从而减少存货资金的占用。

（二）应收账款的成本

应收账款的成本包括机会成本、管理成本、坏账成本和短缺成本等。

（1）机会成本是指因资金占用在应收账款上而不能用于其他投资而减少的收益。这种成本一般按有价证券的利息率进行计算。

（2）管理成本是指进行客户信用调查、收集各种信用资料的费用和收账费用等。

（3）坏账成本是指因发生坏账而造成的损失。

（4）短缺成本是指不向客户提供商业信用而减少的销售收益。

（三）应收账款的管理目标

既然汽车4S店发生应收账款的主要原因是扩大销售、增强竞争，那么其管理目标就是求得利润。应收账款是企业的一项资金投放，是为了扩大销售和盈利而进行的投资。而投资肯定要发生成本，这就需要在应收账款信用政策增加的盈利和这种政策的成本之间作出权衡。只有当应收账款所增加的盈利超过增加的成本时，才应当实施应收账款赊销；如果应收账款赊销有良好的盈利前景，就应当放宽信用条件以增加销量。

（四）应收账款的日常管理

应收账款发生后，汽车4S店应加强管理，尽量争取按期收回款项，否则会因拖欠时间过长而发生坏账，使企业遭受损失。应收账款的日常管理包括对应收账款回收情况的监督、收账政策的制定等。

1. 对应收账款回收情况的监督

汽车4S店发生应收账款的时间有长有短，有的尚未超过收款期，有的超过了收款期。一般来讲，拖欠时间越长，款项收回的可能性越小，形成坏账的可能性越大。因此，汽车4S店应实施严密的监督，随时掌握回收情况。实施对应收账款回收情况的监督，可以通过编制账龄分析表进行。

账龄分析表是一份能显示应收账款在外天数长短的报告，如表7－1所示。

表7－1 账龄分析表

应收账款账龄	账户数目	金额/万元	百分比/%
信用期内	200	80	40
超过信用期1~20天	100	50	25
超过信用期21~40天	50	30	15
超过信用期41~60天	30	20	10
超过信用期61~80天	10	10	5
超过信用期81~100天	5	5	2.5
超过信用期100天以上	5	5	2.5
合计	400	200	100

利用账龄分析表，汽车4S店可以了解到以下几种情况：

（1）有多少欠款在信用期内。如表7-1所示，有80万元的应收账款在信用期内，占全部应收账款的40%，这些欠款未到偿付期，欠款是正常的；但到期后能否收回，还需要到时再定。

（2）有多少欠款超过了信用期，超过时间长或短的款项各占多少，有多少欠款会因拖欠时间太久而可能形成坏账。表7-1中显示，有价值120万元的应收账款已超过信用期，占全部欠款的60%。其中，拖欠时间较短的（1~20天）有50万元，占全部欠款的25%，这部分欠款的回收有一定的难度；而拖欠时间超过20天的欠款，随着时间的增加，回收的难度增大；拖欠时间超过100天以上的有5万元，占全部欠款的2.5%，这部分欠款可能成为坏账。

2. 收账政策的制定

汽车4S店对各种不同的过期账款的催收方式，包括准备为此付出的代价，就是它的收账政策。例如，对过期较短的客户，不过多地打扰，以免将来失去这一市场；对过期稍长的客户，可措辞婉转地催款；对过期较长的客户，可频繁地以信件或电话催询；对过期很长的客户，可在催款时措辞严厉，必要时提请有关部门仲裁或提请诉讼。

任务四 汽车4S店存货与固定资产管理

一、存货管理

（一）存货的含义

存货是指企业在生产经营过程中为销售或耗用而储备的各种物质。汽车4S店的存货包括汽车、汽车配件、汽车保养和维修用材料、汽车装饰品、低值易耗品等。在企业的流动资产中存货占很大的比重，特别是汽车4S店的存货比重更大，占流动资产的80%以上。因此，加强存货的管理，对汽车4S店的财务状况将产生极大的影响。

汽车4S店存货的功能主要包括以下几点：储存必要的汽车商品以利于扩大销售；储存必要的汽车配件和维修材料，保证汽车售后服务的需要；留有保险储备，以防不测事件的发生；有利于降低成本和费用。

（二）存货成本

保持一定的存货就必然产生一定的成本，存货的成本包括取得成本、储存成本和短缺成本。

1. 取得成本

取得成本是指为取得某种存货而支出的成本，可分为订货成本和购置成本。

(1) 订货成本是指订购商品而发生的成本，如采购人员的差旅费、电话费、办理结算的手续费等。

(2) 购置成本是指存货本身的价值，经常用数量与单价的乘积确定。在无商业折扣的情况下，购置成本是不随采购次数的变动而变动的，是一项与决策无关的成本。

2. 储存成本

储存成本是指为了保持存货而发生的成本，包括存货占用资金应计的利息、仓库费用、保险费用、存货破损和变质损失等。

3. 短缺成本

短缺成本是指由于存货供应中断而造成的损失，包括由于材料供应中断而造成的停工损失、由于产品库存缺货而造成的销售数量的流失，即丧失销售机会的损失。如果企业以紧急采购等方式解决库存短缺之急，那么短缺成本表现为紧急额外购入成本。

（三）存货的 ABC 分类管理

1. ABC 分类管理的概念

ABC 分类管理法就是依据事物的特征，按照一定的标准对事物进行排队分类，找出重点和一般，区别对待，分类管理，是一种现代化管理的基本方法。

2. ABC 分类管理的程序

1) 编制品种序列表

编制品种序列表就是对库存物资品种按库存额或耗用额大小进行自大到小的排列，并计算出品种比重和金额比重。

2) 进行 ABC 分类

具体分类的方法是要在品种序列表中自上而下依次找出 A、B、C 三类存货。A 类存货占品种数的 5%～10%，金额比重占 70%～80%；B 类存货占品种数的 10%～20%，金额比重占 10%～20%；C 类存货占品种数的 70%～75%，而金额比重占 5%～10%。但上述标准是有一定的灵活性的，分类时主要掌握金额比重这一标准。总的原则是 A 类存货应体现关键少数，C 类存货要体现次要多数。

3) 建立管理标准

通过上述分类找出 A、B、C 三类存货后，要确定各类存货管理的不同标准。对 A 类存货要重点管理，严格执行计划，按经济订货量组织进货，实行经常检查的方法，按品种、花色、数量和金额记录，要将其数额压缩到最低限度；对 B 类存货可以一般对待，有时可宽一些，有时可严一些，可以按大类金额控制，采用定期检查的方式，有的可以按经济订货量订货，有的则可根据需要订货；对 C 类存货应采取宽松的方法管理，可以按总金额控制，进一次货可以保证较长时间的需要，存货数量高一些也没有关系。

（四）仓库管理

仓库是企业各种材料物资周转和储存的场所，做好仓库管理工作，对保证按时、按量供应企业生产经营活动所需要的各种材料物资，合理储存，加速物资周转，清除积压，降低物资保管费用，减少存货资金占用等都具有重要作用。

1. 仓库验收的管理

仓库验收的管理即按一定的程序和手续，对入库商品和物资进行检查与核对，这是合理管理和有效使用各项存货的前提。入库材料物资的验收包括规格品种的验收、质量的验收和数量的验收。

规格品种的验收就是要依据供货合同、采购计划或随货凭证所规定或证明的规格品种对入库物资进行核对，要求与材料物资相符；数量的验收是对入库材料物资进行数量的点收，一般情况下，要根据随货凭证所标明的数量对入库材料物资全部进行点收，但对供货关系比较稳定、证件齐全、运转情况正常、数量大、包装完好的材料物资，可以采用抽点的办法；质量的验收要求对材料进行质量技术鉴定和化学成分的分析检查，应由质量检查部门负责进行。

入库材料物资验收工作必须做到及时、准确、认真。要按规定的期限进行验收，要严格按验收的操作规程办事，防止照抄发货票作为验收入库依据的做法，不能马虎从事。不经过认真验收的材料物资不能入库。

2. 仓库保管的管理

验收入库的物资必须进行妥善保管，加强库存材料物资的合理存放和科学养护。合理存放就是要根据各种材料物资的物理、化学特性，进行分类保管、集中存货，做到分区分类、四号定位、五五摆放。科学养护就是要根据库存材料物资的特点、储存的自然条件和储存期限，对不同种类的物资进行相应的养护，做好防锈、防腐、防潮、防尘、防虫、防盗等工作。

3. 仓库发货的管理

仓库发货的管理要求按时、按质、按量供应物资，服务于企业的生产经营活动。在材料物资出库管理中，必须严格执行材料物资出库手续和材料物资领用方法，凡是有消耗定额的材料物资，应根据消耗定额限额发放，没有消耗定额的物资发放，应从实际出发，精打细算，杜绝不合理领用。发放材料物资要根据材料物资入库的顺序，先进先出、后进后出，防止超期储存造成损失。

4. 仓库盘点的管理

库存材料物资随着进货和领用，流动性很大。对库存材料物资要按规定进行经常的和定期的清查盘点，对账、卡、物不符和损坏、变质的材料物资，应核定盘亏数量和查清损坏变质的程度，查明原因、分清责任、加以处理，对超储物资也必须及时采取措施，以防积压。

二、固定资产管理

（一）固定资产的概念

固定资产是指使用年限超过一年的房屋、建筑物、机械、运输工具以及其他与生产经营有关的设备、器具、工具等。不属于生产经营主要设备的物资，单位价值在2 000元以上，且使用年限超过两年的，也应当作为固定资产。具体来讲，固定资产是指那些单位价值较高、使用期限较长、在使用的过程中不改变其原有实物形态、其价值随磨损而逐渐减少的资产。企业投放在固定资产上的资金，称为固定资金。在汽车4S店中，汽车展厅、维修车间、存储仓库、办公场所和设施、机械设备等固定资产占企业全部资产的比例较高，一般为90%左右。

（二）固定资产的特点

企业固定资产是沿着固定资产的购建、价值转移与价值补偿、实物更新的顺序周而复始地循环和周转的，其基本特点如下：

1. 单位价值较高，一次性投资较大，投资时间长，技术含量高

固定资产是企业生产经营的主要劳动资料，是企业创造财富的主要手段，其单位价值较高，使用时间长，它和无形资产一起被称为长期资产，并成为企业技术实力的主要载体。这些资产不易改变用途，因此变现能力较差。也可以说，固定资产的投资具有不可逆转性，这就要求固定资产投资决策必须科学谨慎，否则当资产闲置时，由于盘活困难，会增加企业整体资金运营的难度。

2. 收益能力高，风险较大

固定资产具有其他资产不可比拟的创造财富的能力。固定资产的固定性不仅表现为其实物形态的长期不变，还表现为它所内含的技术形态的相对固定，进而使其用途也较为固定。在科学技术迅速发展和市场需求不断变化的时代，固定资产的这些固定性也会与市场的多变性产生矛盾，在以技术为竞争焦点的市场经济环境中遭到淘汰的可能性也会相应增大，企业必然会经常出现一些不再需要的闲置资产，加上固定资产自身价值较大的特点，一旦潜在的风险转变为现实，企业受到的损失将是巨大的。

3. 价值双重存在

在企业生产经营过程中，随着固定资产价值的转移，其价值的一部分脱离实物形态，转化为进入营运资金的货币准备金，而其余部分则继续存在于实物形态之中，直到固定资产丧失其全部功能。固定资产在全部使用年限内，束缚在实物形态上的价值逐渐减少，而脱离实物形态转化为货币准备金积存的价值逐年增加，直到固定资产报废时，垫支在固定资产上的资金才实现全部价值的补偿，需要在实物形态上进行全部更新。此时，货币资金又与固定资产完全统一起来，重新开始另一个周期的循环。

4. 投资的集中性和回收的分散性

固定资产的价值补偿和实物更新在时间上是分别进行的，不像流动资产，在取得价值补偿以后就要随即重新购买。企业购建固定资产需要一次全部垫支资金，由于其价值是逐渐转移的，因此固定资产的回收是分次逐步实现的。

（三）固定资产的分类

汽车4S店的固定资产可以按性能属性划分为以下几个方面：

1. 房屋、建筑物

房屋、建筑物具体是指汽车4S店的营业用房、非营业用房、简易建筑物等。

2. 机器设备

机器设备是指供电系统设备、供热系统设备、中央空调、通信设备、洗涤设备、维修设备、电子计算机和其他机器设备等。

3. 交通运输工具

交通运输工具是指大型客车、中型客车、小轿车、货车、摩托车等。

4. 家具设备

家具设备是指营业用家具设备、办公设备、地毯等。

5. 电器及影视设备

电器及影视设备具体是指闭路电视播放设备、音响设备、电视机、电冰箱、空调和其他电器设备等。

6. 文体娱乐设备

文体娱乐设备是指高级乐器、健身设备等。

7. 其他设备

其他设备包括工艺摆设、消防设备等。

汽车4S店的固定资产按性能属性分类，可以反映固定资产不同的类别，从而为确定不同类别固定资产的折旧年限、确定分类折旧率奠定基础。

（四）固定资产管理要求

根据固定资产的经济性质和周转的特点，固定资产管理的基本要求如下：

1. 保证固定资产的完整无缺

保证固定资产的完整无缺是管好、用好固定资产的基础，是企业生产经营正常进行的客观要求。因此，要严密组织固定资产的收入、发出、保管工作，正确、全面、及时地反映固定资产的增减变化，定期对固定资产进行清查，做到卡卡、卡账、账账、账实相符，保证固定资产的完整无缺。

2. 提高固定资产的完好程度和利用效果

应加强固定资产的保管、维护和修理工作，使之保持良好的技术状态并充分合理利用，提高固定资产的完好率和利用率，减少固定资产资金的占用，节省固定资产寿命周期内的费用支出。

3. 正确核定固定资产需用量

正确核定固定资产需用量，对固定资产需用量做到心中有数，固定资产管理的各个环节才有可靠的根据，各类固定资产的配置才能合理，形成生产能力，才有可能提高固定资产的利用效率。

4. 正确计算固定资产折旧额，有计划地计提固定资产折旧

企业必须根据实际情况选择合适的固定资产折旧方法，正确计算固定资产折旧额，编制固定资产折旧计划，按规定有计划地计提固定资产折旧，保证固定资产更新的资金供应。

5. 进行固定资产投资预测

企业在进行固定资产投资时，既要研究投资项目的必要性，也要分析技术上的可行性，还要分析经济上的效益性，为进行投资决策提供依据。科学地进行固定资产的投资预测是固定资金管理的一项重要要求。

（五）固定资产日常管理

固定资产日常管理是汽车4S店对固定资产的投资、使用、保管、维护、修理等各个环

节和使用固定资产的各个部门所进行的管理。其基本目标如下：保证固定资产正常运转，完整无缺；充分发挥固定资产的效能，提高固定资产的利用效果，其具体内容主要包括以下几个方面：

1. 固定资产归口分级管理

固定资产归口分级管理就是在企业经营者的统一领导下，按照固定资产的类别，指定有关职能部门负责归口管理，然后，根据固定资产的使用情况，由各级使用单位具体负责，进一步落实到班组或个人，并同岗位责任制结合起来。

固定资产归口分级管理，包括以下两方面的内容：

（1）固定资产归口管理。

它是在经理的领导下，按照固定资产的类别归口给有关职能部门负责管理。例如，房屋建筑物、管理用具归口给行政事务部门负责管理，汽车维修设备归口给维修部门管理，等等。各归口部门负责对固定资产进行合理使用、维护和管理，定期对固定资产的使用保管情况进行检查，并经常与财务部门保持密切的联系。

（2）在归口管理的基础上，按照固定资产的使用情况将管理的责任落实到各部门、各班组，乃至职工个人，由他们负责固定资产的日常管理工作，做到权责分明，层层负责。为了进一步健全固定资产的责任制，还必须明确规定各有关方面的权、责、利关系，并加以具体化，形成相应的规章制度，做到使用有权限，管理有责任，考核有尺度，奖惩有标准。

2. 固定资产的制度管理

汽车 4S 店的财务部门是固定资产管理的综合部门，它应全面组织和切实保证固定资产的安全保管与有效使用。财务部门应会同各有关职能部门制定固定资产管理制度和财务管理办法，具体包括以下一些活动：

（1）按现行制度规定执行规定资产的标准。凡是符合固定资产标准的都应及时入账，并按照规定提取折旧，不允许存在账外的固定资产。

（2）建立健全固定资产账卡和记录，为管好、用好固定资产提供准确、详细的资料，应加强与财产管理和使用部门的协作，设置各项固定资产的总账、明细账和台账，详细记载固定资产的编号、类别、名称、规格、使用单位等情况。固定资产购建、调入、内部转移、出租、调出和清理报废等变化都必须经过审批程序，即准确记入固定资产卡片、总账和明细账。任何单位和个人，未经批准不得擅自拆除、调出、挪用、外借、变卖固定资产。

（3）定期清查盘点固定资产。企业应定期对固定资产进行盘点，至少每年盘点一次，并应形成制度。对于盘点情况以及盘点中发现的问题，应由负责保管和使用的部门查明具体原因，并出具书面报告，经企业主管人员或有关部门批准后及时进行处理。对没有估价入账的固定资产，应按新旧程度、质量，参考同类固定资产价格估价入账。对已满使用年限不能继续使用的固定资产或技术性能落后、消耗高、效益低的固定资产，应经审批后及时处理；对因责任事故造成的财产损失，要追究经济责任。

3. 固定资产报废与清理管理

固定资产报废是指固定资产退出使用范围而丧失使用价值，造成固定资产价值的减少。财务部门要严格掌握固定资产的报废，认真履行固定资产报废的审批手续，分析固定资产报废的原因，了解报废的固定资产是否需要报废清理、是否还有继续使用的可能。判明报废的原因是属于正常损耗造成的，还是由于保管、使用、维修不善而造成的提前报废。对报废的固定资产，要把好审批关。固定资产已超过规定的使用年限，或者因火灾、水灾、地震等遭受严重损坏而无法修复使用等情况，方可申请对固定资产进行清理和报废。财务部门根据报废固定资产的实际情况与原因，确认符合报废的规定之后，提出处理意见，报请领导审批。必须经领导批准以后，方可进行固定资产清理。对确已丧失使用价值的固定资产的报废，必须经过审查鉴定。对专业性较强的专用设备报废，必须由专业技术人员审查、鉴定，取得技术鉴定书，申明详细理由，按规定程序报上级主管部门和领导批准。

在对被批准的固定资产进行清理之后，财务部门配合有关部门正确估计报废固定资产的残值，监督清理费用的开支，并将变价收入及时入账，并入营业外收入，由企业安排使用。

任务五　汽车 4S 店营业收入管理

一、营业收入的含义

营业收入是指企业销售商品、提供劳务及转让资产使用权等日常活动中形成的经济利益的总收入。企业取得的收入，要在补偿各种成本费用，并按规定交纳各种税金之后有剩余，才能形成营业利润，扩大销售收入是企业获取利润的主要途径。因此，营业收入是评价企业生产经营活动的重要财务指标之一。

企业营业收入包括基本业务收入和其他业务收入。

（一）基本业务收入

基本业务收入又称主营业务收入，不同行业的主营业务收入包括的内容不同。汽车 4S 店的主营业务收入主要包括销售汽车商品、提供汽车维修服务、销售汽车配件和精品等所取得的收入。

（二）其他业务收入

其他业务收入是指基本业务之外的收入，即副营业务的收入，如汽车 4S 店的保险代理收入、维修材料销售、技术转让、固定资产出租收入等。其他业务收入一般不是特别稳定，占营业收入的比重较低。

二、营业收入管理的要求

企业作为独立的经营者，必须加强经营管理工作，提高经济效益，以使企业在激烈的市场竞争中立于不败之地。为了增加销售收入，必须加强生产经营各环节的管理，做好预测、决策、计划和控制工作。

（1）市场的预测分析，调整企业的经营策略。企业应密切观察了解市场变化，适时调整经营活动，做好市场预测，为经营决策提供充分的依据。

（2）根据市场预测，制订生产经营计划，以销定购，保证销售收入的实现。因此，必须加强生产经营管理，改进技术；提高产品和服务质量，以增加企业的信誉，这样才能使企业占有更多的市场，拥有更多的客户。

（3）企业在生产经营业务过程中，因为预测偏差、计划失误、管理不善或市场环境发生变化等原因，可能会出现许多问题，如供应失调、汽车产品品种结构不合理、存货积压等，这些问题都会影响企业收入的正常实现。因此，企业必须适应客观环境的变化，协调好供、销、服务等各个经营环节，妥善处理各种问题，以增加销售收入，提高企业的经济效益。

（4）销售收入的实现，需要良好的营销策略和积极的促销方法，企业应制定合理的销售价格，采用多种销售方式，扩大售后服务范围、提高服务质量，以保证销售计划的完成。

三、利润预测方法

利润预测是企业经营预测的一个重要方面，它是在销售预测的基础上，通过对影响利润高低的各种因素分析测算，预测出企业未来一定时期的利润水平及其变动趋势，为企业确定最优利润目标提供依据。同时，进行利润预测，可以发现生产经营中存在的问题，以便充分调动企业各方面的积极性，不断改善经营管理，提高企业经济效益。

利润预测要在了解企业过去和现在的生产经营状况及所处的经济环境的基础上，运用一定的科学方法，对影响利润的各种因素进行分析，作出判断。一般可以从利润计算的基本公式分析影响利润的因素。

$$利润 = 销售收入 - 销售成本$$

在利润总额计算公式中，营业利润占比最大，是通过预测、编制计划进行管理的重点。上式也可写为

$$利润 = 销售收入 - （变动成本 + 固定成本）$$
$$= 销售单价 \times 销售量 - 单位变动成本 \times 销售量 - 固定成本$$

上述公式中含有五个相互联系的变量，给定其中四个，便可求出另一个变量的值。影响利润的因素归结起来实际上只是成本和业务量。对成本、业务量和利润三者之间变量关系的研究，称为本量利分析。

例如，某汽车4S店每月固定成本为20万元，销售一个品牌的汽车产品，单价为10万元，单位变动成本为9万元，某月实际销售100辆，则预期利润为

$$利润 = 销售单价 \times 销售量 - 单位变动成本 \times 销售量 - 固定成本$$
$$= 10 \times 100 - 9 \times 100 - 10$$
$$= 90（万元）$$

上述公式也称损益方程式，是进行利润预测的基本公式。在进行利润预测时，人们总是希望知道企业在什么销售水平下才可以达到不亏不盈，这样就可以进行保本预测，在此基础上进行目标利润的预测。

（一）保本点预测

保本点也称盈亏平衡点、盈亏临界点，是指当企业的销售量达到某一点时，销售收入

恰好等于销售成本,在这一点上企业正好不亏不盈,处于保本状态,故将这个点称为保本点。保本点一般有两种表现形式:一是实物量形式,称保本销售量;二是价值量形式,称保本销售额。保本是获利的基础,是企业得以继续经营的条件。企业只有扩大超过保本点以上的销售量,并提供优质服务,才能获得最大的利润。保本点预测主要有以下三种方法:

1. 方程式法

根据成本、业务量与利润三者之间的依存关系,保本点用方程式表达为

利润 = 销售收入 − 变动成本总额 − 固定成本总额

= 销售单价 × 销量 − 单位变动成本 × 销量 − 固定成本

那么,当利润等于零时,这时的业务量就是保本点,将上述方程式移项、整理,可得

保本销售量 = 固定成本 ÷(销售单价 − 单位变动成本)

保本销售额 = 固定成本 ÷(销售单价 − 单位变动成本)× 销售单价

例如,某汽车 4S 店,每车消费额为 600 元,每车变动成本为 370 元,固定成本总额为 23 万元,则保本进厂车辆数是多少?

根据上述公式可得

保本进厂车辆数 = 230 000/(600 − 370) = 1 000(辆)

2. 边际贡献法

边际贡献又称边际收益、贡献毛益、边际利润。边际贡献法是根据边际贡献对固定成本之间的补偿关系确定保本点的一种本量利分析法。

边际贡献总额是指产品销售收入总额减去变动成本总额。它首先要用于补偿固定成本,如果补偿后尚有多余,才是利润;否则,就为亏损。因此,只有当产品提供的边际利润总额正好等于固定成本总额时,企业就处于不亏不盈的状态,即达到保本点,可用公式表示为

边际利润总额 = 固定成本总额

边际利润总额 = 销售收入总额 − 变动成本总额

单位产品边际利润 = 销售单价 − 单位变动成本

保本销售量 = 固定成本 ÷ 单位产品边际利润

保本销售额 = 固定成本 ÷ 单位产品边际利润 × 销售单价

边际贡献法最大的优点是可以预测多种产品的保本点。在大多数企业中往往不是销售或生产一种产品,而是同时销售或生产几种产品。在这种情况下,总的产品保本销售量就无法用实物数量进行计算,而只能用金额表示。根据边际贡献法的基本原理,首先应求出综合边际利润率,然后计算综合保本点,最后计算出各种产品的保本点。

综合保本点 = 固定成本总额 ÷ 综合边际利润率

综合边际利润率 = $\sum$(某产品的边际利润率 × 该产品销售收入占总销售收入的比重)

某产品保本点 = 综合保本点 × 该产品销售收入占总销售收入的比重

3. 图示法

保本点的预测可用绘制盈亏平衡分析图的方式进行,以横轴表示销售量,以纵轴表示销售收入和成本金额,具体如图 7 − 1 所示。

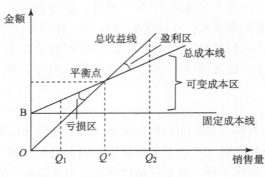

图 7-1 盈亏平衡图

通过对盈亏平衡图进行分析，可以清楚地了解到以下几点：

（1）在保本点不变的情况下，产品销售每超过保本点一个单位的业务量，即可获得一个单位贡献毛益的盈利，销售量越大，能实现的盈利额就越多；反之，产品销售低于保本点一个单位的业务量，即亏损一个单位贡献毛益，销售量越小，亏损额就越大。

（2）在销售量不变的情况下，保本点越低，产品的营利能力越大，亏损额就越小；反之，保本点越高，产品营利能力就越小，亏损额就越大。

（3）在销售收入不变的情况下，单位变动成本或固定成本总额越小，则保本点越低；反之，则保本点越高。

（二）目标利润预测

企业在预测保本点后，就可以根据估计的销售量或销售额进行利润预测，并在利润预测的基础上，再根据市场需求情况和企业所具备的条件确定最优的目标利润。目标管理是现代企业管理的一种重要的方法，目标利润更是企业目标管理一个重要的综合性指标。企业可以通过本量利分析，预测出在一定销售水平下的利润，也可以预测出为了达到一定的目标利润所需要实现的销售额。通过分析，企业可以比较现有的销售水平与实现目标利润销售水平的差距，以研究提高利润的各种方案，如降低售价、薄利多销，或压缩固定成本等。

四、汽车 4S 店需要缴纳的税金

税金是国家为了实现其职能，凭借政治权力按照法律预先规定的标准，强制参与社会产品和国民收入分配与再分配的一种形式，是取得财政收入的主要手段。汽车 4S 店按照税法的规定，需要缴纳的税种包括增值税、城市维护建设税、教育费附加、企业所得税、土地使用税、房产税、车船使用税等。

（一）增值税

增值税是以流转额为计税依据，运用税收抵扣的原则计算征收的一种流转税。《中华人民共和国增值税暂行条例》规定的增值税纳税人如下：在我国境内销售货物或者提供加工、修理修配劳务以及进口货物的单位和个人，为增值税的纳税人。增值税的原理是依据增值额进行征税。增值额是指纳税人在销售货物或者提供加工、修理修配劳务以及进口货物时新增的价值额。

增值税实行价外税，税率分为两档，即基本税率为17%，低税率为13%。在具体操作上实行逐环节征收，逐环节按发货票抵扣税款的制度，即以专用发票作为扣税的法定凭证，按其所注明的税额扣税。这样做既可以简化计税手续，也可以使企业之间相互牵制，有利于提高税收的透明度。

实行增值税，按企业产品销售额中的增值部分计税可以排除重复征税因素，消除税负不平衡的现象。同一种产品，只要其售价相同，其税收负担是一致的，这就鲜明地体现了增值税所具有的公平、中性、简化、规范的特征。

增值税应纳税额的计算公式为

$$应纳税额 = 当期销项税额 - 当期进项税额$$

$$当期销项税额 = 销售额 \times 适用税率$$

$$当期进项税额 = 购进货物或应税劳务已缴纳的增值税$$

当期销项税额是指纳税人销售货物或提供应税劳务，按照销售额和规定的税率计算并向购买方收取的增值税税额。当期进项税额是指纳税人从销售方取得的增值税专用发票上注明的增值税税额。小规模纳税人不实行税款抵扣制，而按简易办法纳税，即按销售额的6%征税。汽车4S店属于一般纳税人，适用基本税率为17%。

（二）城市维护建设税

城市维护建设税是为了适应城乡建设的需要，扩大和稳定城乡维护建设资金的来源而开征的一种税，它属于地方附加税。它是以实际缴纳的营业税、消费税、增值税税额为课税对象的一种税，属于"三税"的附加。其计算公式为

$$应纳城市维护建设税 = （营业税税额 + 消费税税额 + 增值税税额） \times 适用税率$$

城市维护建设税的税率由纳税人所在地区确定，因此各地是不同的，如果纳税人所在地为市区，则税率为7%；如果纳税人所在地为县城、建制镇，则税率为5%；不在以上这些地区的，则税率为1%。

（三）教育费附加

教育费附加是国家为发展教育事业而征收的一种费用，是按汽车4S店缴纳的增值税的一定比例计算的，其附加率为3%。

（四）企业所得税

企业所得税是对汽车4S店从事经营活动所得和其他所得利润征收的一种税。它是国家直接参与企业利润分配的一种形式。

按照相关规定，企业所得税征税对象是其经营活动所得和其他所得，其计税依据是应纳税所得额。纳税人在计算应纳税所得额时，其财务、会计处理办法与国家有关税收的规定是有抵触的，应当依照国家有关税收的规定计算应纳税所得额。

企业计算应纳税所得额时，依照下列公式进行，即

应纳税所得额 = 利润总额 − 允许扣除项目的金额

允许扣除项目的金额是指经国家批准的可在纳税前从利润总额中扣除的项目，如分给其他单位的利润、抵补以前年度亏损（五年内）等。不允许扣除的项目，如资本性支出、违法经营的罚款和被没收财物的损失、各项税收的滞纳金、罚金和罚款、自然灾害或意外事故损失有赔偿的部分、各种赞助支出等。

计算出应纳税所得额后乘以适用的企业所得税税率，便是企业应纳的所得税税额。

除以上主要税种外，企业还需要缴纳房产税、车船使用税、土地使用税、印花税等，这些税金将纳入企业的管理费用。企业还要根据相关税法规定的标准，代职工缴纳应由职工个人承担的个人收入调节税。

任务六 汽车 4S 店成本和费用管理

成本在企业财务活动中占有十分重要的地位，它是补偿企业生产经营耗费的最低尺度，是衡量企业工作业绩与效率的基础，是制定和修订产品价格的主要参数。因此，企业必须加强成本管理。

一、成本、费用及其分类

汽车 4S 店在销售、服务的过程中，必然随着一系列人、财、物的消耗，构成汽车 4S 店经营活动的成本与费用。因此，分析成本、费用的含义与关系，明确各类费用的经济内容、消耗特性与开销方式，对强化成本费用的控制、考核与管理具有十分重要的意义。

（一）成本、费用的含义

汽车 4S 店的成本、费用即经营费用，是指企业进行的一系列经营活动所发生的各种费用消耗，是企业在获取收入的过程中付出的经济代价。在成本管理活动中，把汽车 4S 店在经营活动中耗费的费用分为经营成本和期间费用两部分，使成本与费用相互区分开来。

1. 成本

成本即经营成本，是指企业在经营过程中实际发生的与销售、服务、维修等生产经营活动直接有关的各项支出，包括在此过程中支出的人工费、材料费和其他费用。成本的支出具有明确的针对性，以特定的产品或劳务为归集基础和核算对象，能较好地体现企业在经营活动中所支出的物质消耗、劳动报酬及有关费用支出。成本的各项费用要素均直接或按一定的标准分配计入经营成本。

2. 费用

费用即期间费用，是指企业（不含企业基层生产组织管理部门）为组织、管理、销售和服务活动而发生的管理费用与财务费用。此类费用的发生是间接为经营生产活动服务的，

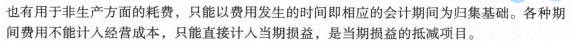

也有用于非生产方面的耗费，只能以费用发生的时间即相应的会计期间为归集基础。各种期间费用不能计入经营成本，只能直接计入当期损益，是当期损益的抵减项目。

3. 不得列入成本、费用的支出

下列支出是既不能列入经营成本，也不能列入当期费用的：为购建和建造固定资产、无形资产和其他资产的支出；对外投资的支出；被没收财物的损失；支付的滞纳金、罚款、违约金、赔偿金；企业赞助和捐赠支出；国家法律、法规规定以外的各种付费；国家规定的不得列入成本、费用的其他支出。

（二）成本、费用的分类

汽车 4S 店的成本、费用即经营成本、费用，按照不同的分类目的及标准，可做如下分类：

1. 按经济内容分

汽车 4S 店的生产经营过程也是物化劳动与活化劳动消耗的过程，故经营费用按其经济内容的不同，可以分为物化劳动费用和活化劳动费用两大类，在此基础上可进一步划分出若干费用要素。如此分类可以较明确地反映汽车服务经营活动所耗资源的种类、数量，从而分析各个时期营运费用的支出水平。

2. 按经济用途分

按各类营运费用在汽车销售和服务活动中的不同用途，可以分为经营成本和期间费用两大类。前者又可分为人工费、材料费和其他费用三部分；后者又可分为管理费用和财务费用两部分。经营成本按经济用途还可进一步划分出若干成本项目。如此分类有利于划清成本与费用的界限，便于计算经营成本。

3. 按计入成本对象的方法分

经营费用依其计入成本的方法不同，可分为直接费用和间接费用两类。直接费用是指在维修、销售或其他业务活动中发生的能直接计入某成本计算对象的费用，如汽车进货成本、维修材料费等；间接费用则是指无法根据其原始凭证确认成本计算对象的费用，如行政经费等，只能通过分配计入成本。如此分类有利于正确、准确地计算经营成本。

4. 按费用与业务量的关系分

经营费用按其与销售和服务工作量的变化关系，可分为固定费用与变动费用。随着服务工作量的变化而变动的费用为变动费用，如进货费用、维修材料费、维修工时费用等；否则为固定费用，如管理人员的工资等。如此分类有利于分析成本习性，寻求降低成本的途径。

二、经营成本

（一）经营成本的内容

经营成本是指企业在经营过程中实际发生的与维修、销售和其他业务等直接有关的各项支出，包括人工费、材料费和其他费用。

1. 人工费

人工费是指企业直接从事汽车销售和服务活动的人员工资、福利费、奖金、津贴与补贴等。

2. 材料费

材料费是指企业在汽车维修服务活动中实际消耗的各种材料、备品、配件、轮胎、专有工器具、动力照明、低值易耗品等支出。

3. 其他费用

其他费用是指除人工费和材料费以外的、应直接或间接计入经营成本的各项费用。对于汽车4S店，它主要包括企业在经营活动中发生的一系列费用，如固定资产折旧费、修理费、租赁费（不含融资租赁的固定资产）、水电费、办公费、差旅费、保险费、劳动保护费、职工福利费、事故净损失等。

（二）经营成本的要素

汽车4S店经营费用在按其经济内容进行分类的基础上可进一步划分出若干费用要素。

1. 工资

支付给职工的基本工资、工资性津贴。

2. 职工福利

按规定的工资总额和标准计提的职工福利费。

3. 进货费用

包括进车、购入维修材料、购入汽车配件和各种消耗性材料等。

4. 外购低值易耗品

外购的各种用具物品，如维修工具等不在固定资产范围的有关劳动资料。

5. 折旧

按规定提取的固定资产折旧。

6. 修理费

企业修理固定资产而发生的修理费用。

7. 其他费用

根据其使用特性不能明确地归类到上述各项费用要素之中的一系列费用。

三、期间费用

汽车4S店的期间费用是指企业为组织生产经营活动而发生在会计期间的管理费用和财务费用。期间费用不能计入成本，而应直接计入当期损益，以利于及时结算各期损益。

（一）管理费用

管理费用是指企业行政管理部门为管理和组织经营活动而发生的各项费用，如公司经费、职工教育和培训经费、职工保险费、董事会费、咨询费、诉讼费、税金、土地使用费、无形资产摊销、开办费摊销、广告费、展览费、坏账损失、存货盘亏（减盘盈）和其他不属于以上范围的管理费用。

（二）财务费用

财务费用是指企业为筹集资金而发生的各项费用，包括汽车4S店在经营期间发生的各项费用，如借款利息、汇兑损益、金融机构手续费和筹集资金发生的其他财务费用。

四、成本、费用管理

汽车 4S 店对其经营活动中发生的成本、费用，进行有组织、系统性的预测、计划、控制等工作的总和，即为成本、费用管理。汽车 4S 店加强成本、费用管理，应以提高企业经济效益为中心，建立健全成本、费用管理责任制，认真做好各项原始记录，积极开展全员性、全面性和预防性的成本、费用管理工作。

（一）成本、费用预测

所谓成本、费用预测，就是指根据成本、费用的特性及有关信息资料，运用科学的分析方法对未来的成本、费用水平及变动趋势作出测算与推断的过程。进行成本、费用预测，主要是为了掌握市场变化趋势及各成本、费用影响因素，预测出计划期内成本降低率、成本影响因素变动对经营成本的影响和目标成本等，以便编制成本计划与费用预算。

（二）成本计划与费用预算

成本计划与费用预算是企业生产经营活动计划的重要组成部分，是进行成本控制、考核及分析的依据。成本计划与费用预算的内容一般包括以下几个方面：

1. 成本项目的计划耗费额

即企业计划期内各种费用耗费目标，这是进行其他各方面成本计划工作及分析成本变化情况的基础。

2. 计划单位成本和计划总成本

计划单位成本就是计划生产单位产品而平均耗费的成本，是将计划总成本按不同消耗水平摊给单位产品的费用；计划总成本就是各成本项目计划耗费额之和，即计划期内经营成本应达到的水平。

3. 成本降低额与成本降低率计划

成本降低额是计划单位成本较之基期实际单位成本节约而导致的经营总成本节约额；成本降低率是指在计划期内应达到的成本降低目标，即总成本节约额与基期总成本的比率。

4. 期间费用预算

期间费用是企业在生产经营过程中消耗费用重要的一个部分，必须本着节省开支、提高效率的原则，科学合理地编制期间费用预算，以便加强管理与控制。编制期间费用预算，可参照上一年度各费用项目的实际耗费，考虑计划本年度内生产经营情况变化对费用开支的影响，逐项列出计划耗费额。

（三）成本、费用的控制

成本、费用控制是指企业在生产经营活动中，用一定的标准对成本、费用的形成进行监测、调整，保证企业达到成本、费用目标的过程。汽车 4S 店进行成本、费用控制，其基本任务是通过建立健全成本、费用控制系统，运用各种控制手段与方法，对成本、费用的形成进行适时、全面、有效的控制，防止运输、生产经营活动中的损失浪费，避免成本偏差的发生，保证企业成本、费用目标的实现。

成本、费用控制的一般程序如下：确定成本费用控制标准；监督成本、费用的形成，检测与搜集成本、费用信息，衡量成本、费用绩效；寻找偏差，分析原因，采取措施，纠正偏差。

成本、费用控制的种类有以下三种：

1. 反馈控制

反馈控制是指以既定的成本、费用目标为依据（控制标准），对成本、费用的实际结果进行对比分析，即肯定成绩，找出差距，严格奖惩，并从中总结经验，供下一次控制活动参考。反馈控制是一种事后控制。

2. 现场控制

现场控制是指汽车4S店在生产经营过程中，对各成本、费用的形成和差异纠正等进行的控制。这种控制又称日常控制、过程控制或事中控制，它主要包括以下几点：劳动资料使用的控制，对基层管理人员工资、津贴等人工费的控制，以及对各种期间费用开支的控制等。

3. 事前控制

事前控制是指在生产经营活动开始之前，通过对成本、费用进行计划、预测等所进行的控制，又称超前控制。事前控制的内容主要包括以下几点：预测成本趋势，确定目标成本，制订成本计划，编制费用预算，规定成本、费用限额，制定各种成本控制制度，建立健全经济责任制，实行成本归口分级管理。

项目小结

财务管理是基于企业再生产过程中客观存在的财务活动和财务关系而产生的，是组织企业资金活动、处理企业与各方面财务关系的一项经济管理工作，是企业管理的重要组成部分。汽车4S店财务管理的内容不仅包括筹资管理、投资管理、资产管理、收入管理和分配管理，还包括企业设立、合并、分立、改组、解散、破产的财务处理，它们构成了汽车4S店财务管理不可分割的统一体。筹资目的主要有扩张筹资动机、偿债筹资动机和混合筹资动机；企业筹资渠道包括银行信贷资金、非银行金融机构资金、其他企业资金、职工和民间的资金、企业自留资金、外商资金。企业筹资方式有吸收直接投资、发行股票筹资、银行借款、商业信用、发行债券、发行短期融资券、租赁筹资。企业营运资金管理的基本要求是认真分析生产经营状况，合理确定营运资金的需求量；做好日常管理工作，尽量控制流动资产的占用量；提高资金的使用效益，加速流动资金的周转；合理安排流动资产与流动负债的比例，保证较高的资产获利水平等。

货币资金是指企业在生产经营过程中暂时停留在货币形态的资金，包括库存现金、银行存款、其他货币资金。置存货币资金的原因大致有交易性需要、预防性需要、投资性需要。货币资金管理的内容主要包括以下几点：编制现金收支计划，以便合理地估算未来的现金需求；对日常的现金收支进行控制，力求加速收款，延缓付款；用特定的方法确定理想的现金余额，即当企业实际的现金余额与最佳的现金余额不一致时，采用短期融资或归还借款和投资有价证券等策略达到比较理想的状况。应收及预付款是企业对其他单位或个人有关支付货币、销售产品或提供劳务而引起的索款债权，主要包括应收账款、应收票据、其他应收款、预付账款等，其管理目标就是求得利润。

存货是企业在生产经营过程中为销售或耗用而储备的各种物质。汽车 4S 店的存货包括汽车、汽车配件、汽车保养和维修用材料、汽车装饰品、低值易耗品等。

存货的成本包括取得成本、储存成本和短缺成本。

固定资产是指使用年限超过一年的房屋、建筑物、机器、运输工具以及其他与生产经营有关的设备、器具、工具等。企业固定资产管理的基本要求是保证固定资产的完整无缺、提高固定资产的完好程度和利用效果、正确核定固定资产需用量、正确计算固定资产折旧额、有计划地计提固定资产折旧、进行固定资产投资预测等。固定资产日常管理是企业对固定资产的投资、使用、保管、维护、修理等各个环节和使用固定资产的各个部门所进行的管理，其基本目标包括以下几点：保证固定资产正常运转、完整无缺；充分发挥固定资产的效能，提高固定资产的利用效果。其具体内容包括固定资产归口分级管理、固定资产的制度管理、固定资产报废与清理管理。

营业收入是指企业销售商品、提供劳务及转让资产使用权等日常活动中形成的经济利益的总收入。企业营业收入包括基本业务收入和其他业务收入。营业收入管理的要求就是加强生产经营各环节的管理工作，做好预测、决策、计划和控制工作，以增加销售收入。按照税法的规定，汽车 4S 店需要缴纳的税种包括增值税、城市维护建设税、教育费附加、所得税、土地使用税、房产税和车船使用税等。

汽车 4S 店的成本、费用即经营费用，是指企业进行的一系列经营活动所发生的各种费用消耗，是企业在获取收入的过程中付出的经济代价。成本是企业在经营过程中实际发生的与销售、服务、维修等生产经营活动直接有关的各项支出，包括在此过程中支出的人工费、材料费和其他费用；费用即期间费用，是指企业（不含企业基层生产组织管理部门）为组织、管理、销售和服务活动而发生的管理费用与财务费用。

复习思考题

1. 简述汽车 4S 店财务管理的内容。
2. 简述企业筹资的动机。
3. 简述汽车 4S 店筹资的渠道和方式。
4. 什么是营运资金？营运资金有什么特点？
5. 简述汽车 4S 店营运资金管理的基本要求。
6. 企业置存货币资金的原因有哪些？
7. 汽车 4S 店的存货包括哪些？
8. 简述存货的 ABC 分类管理方法。
9. 简述固定资产的特点和分类。
10. 固定资产管理有哪些基本要求？
11. 汽车 4S 店应缴纳哪些税金？
12. 什么是成本和费用？汽车 4S 店的经营成本包括哪些内容？
13. 搜集一家汽车 4S 店固定资产的有关情况，分析其用途。

知识拓展

财务管理中的税票知识

一、支票

支票，是指由开票人或者付款人开出支票，银行在见票时无条件支付给持票人或收款人的票据。

（一）支票的结构
(1) 长方形的形状。
(2) 黄金分割点附近靠左以一条虚线分两栏。
(3) 虚线以左是存根联，留企业做账用。
(4) 虚线以右是支票正联，交对方单位收款人员到银行办理收款手续。

（二）支票的分类
(1) 现金支票：银行见票支付现金给收款人。
(2) 转账支票：银行见票进行转账处理。
(3) 普通支票：可以分为现金支票和转账支票，以支票联左上角有无"//"为判断标准。

（三）几个重要问题
(1) 空头支票：企业账户钱不够或没钱。
(2) 支票要用黑色墨水（碳素）填写。
(3) 不能有错别字，不能涂改。
(4) 企业得在银行先预留签章，开出支票不得与银行预留的签章不同。
(5) 如果有企业预留密码的，开出支票必须与预留密码一致。

（四）收取支票的注意事项
收取支票必须记载下列事项：
(1) 表明"支票"的字样。
(2) 无条件支付的委托。
(3) 确定的金额。
(4) 付款人名称。
(5) 出票日期。
(6) 出票人签章。

支票必须要素齐全、数字正确、字迹清晰、不错漏、不潦草、防止涂改。支票上未记载以上规定事项之一的，支票无效。

（五）支票的金额和收款人名称
支票的金额和收款人名称是可以不用先记载的，可以由出票人授权补记，未补记前的支票是不能使用的。一般情况下支票的金额是出票人已经先行记载的。

（六）出票人的签章

（1）出票人为单位的，是该单位的财务专用章，再加上其法定代表人或者其授权的代理人的签名或者盖章（即法人名章）。

（2）出票人为个人的（即通常所说的个人支票），为该个人在银行预留签章一致的签名或盖章。应注意签章不得模糊不清、不得有重影、不得移位（如不得盖在支票下方的密码区域内）。

二、银行汇票

（一）银行汇票的概念与适用范围

银行汇票是出票银行签发的，由其在见票时按照实际结算金额无条件支付给收款人或者持票人的票据。

单位和个人在异地、同城或统一票据交换区域的各种款项结算，均可使用银行汇票。

（二）银行汇票的基本规定

（1）银行汇票可以用于转账，填明"现金"字样的银行汇票也可以用于支取现金。

（2）银行汇票的出票银行为银行汇票的付款人，银行汇票的付款地为代理付款人或出票人所在地。

（3）银行汇票的出票人在票据上的签章，应为经中国人民银行批准使用的该银行汇票专用章加其法定代表人或者授权经办人的签名或盖章。

（4）银行汇票的绝对记载事项：表明"银行汇票"的字样；无条件支付的承诺；出票金额；付款人名称；收款人名称；出票日期；出票人签章。欠缺上述记载事项之一的，银行汇票无效。

（5）银行汇票的提示付款期限——自出票日起1个月。

（6）银行汇票可以背书转让，但填明"现金"字样的银行汇票不得背书转让。

（7）填明"现金"字样和代理付款人的银行汇票丧失，可以挂失止付。

（8）银行汇票丧失，失票人可以凭人民法院出具的其享有票据权利的证明，向出票银行请求付款或退款。

（三）申办银行汇票的基本程序和规定

（1）向出票银行填写银行汇票申请书。申请人或收款人为单位的，不得在银行汇票申请书上填明"现金"字样。

（2）银行汇票的签发。出票银行受理银行汇票申请书，收妥款项后签发银行汇票，并用压数机压印出票金额，将银行汇票和解讫通知一并交给申请人。

（3）签发转账银行汇票，不得填写代理付款人名称，但由中国人民银行代理兑付银行汇票的商业银行，向设有分支机构地区签发转账银行汇票的除外。

（4）申请人应将银行汇票和解讫通知一并交付给汇票上记明的收款人。

（5）银行汇票的实际结算金额低于出票金额的，其多余金额由出票银行退交申请人。

（6）申请人因银行汇票超过提示期限或其他原因要求退款时，应将银行汇票和解讫通知同时提交出票银行，并提供本人身份证件或单位证明。

三、发票

（一）发票的定义

发票是指在购销商品、提供或者接受服务以及从事其他经营活动中，开具、收取的收付款凭证。它是消费者的购物凭证，是纳税人经济活动的重要商事凭证，也是财政、税收、审计等部门进行财务税收检查的重要依据。

（二）发票的分类

（1）按行业分类，可分为工业发票、商业发票、饮食业发票、运输业发票、服务业发票等。

（2）按票面金额分类，可分为定额发票、限额发票和非限额发票三类；按发票版面设计分类，可分为表格式、定额式、阶梯式和剪贴式四类；按印制发票所用的纸质分类，可分为普通纸、压感纸、拷贝纸、打字纸、薄页纸、防伪水纹纸六类。

（3）按管理方式分类，可分为专业发票和非专业发票。

（4）按发票开具后取得发票的对象所在地分类，可分为出口专用发票和内销发票。

（5）按发票是否印有单位名称划分，可分为企业衔头发票和统一发票。

（6）按发票用途分类，可分为增值税专用发票、普通发票、专业发票、特种发票。普通发票根据行业的不同，一般可分为工业发票、商业发票、加工修理修配业发票、收购业发票、交通运输业发票、建筑安装业发票、金融保险业发票、邮电通信业发票、娱乐业发票、服务业发票、转让无形资产发票和销售不动产类发票等。普通发票的基本联次为三联：第一联为存根联，开票方留存备查用；第二联为发票联，收执方作为付款或收款原始凭证；第三联为记账联，开票方作为记账原始凭证。

增值税专用发票是我国实施新税制的产物，是国家税务部门根据增值税征收管理需要而设定的，专用于纳税人销售或者提供增值税应税项目的一种发票。专用发票既具有普通发票所具有的内涵，也具有比普通发票更特殊的作用。它不但是记载商品销售额和增值税税额的财务收支凭证，而且是兼记销货方纳税义务和购货方进项税额的合法证明，是购货方据以抵扣税款的法定凭证，对增值税的计算起关键性作用。

税务机关是发票的主管机关，负责发票印制、领购、开具、取得、保管、缴销的管理和监督。

参 考 文 献

[1] 姚凤莉. 汽车4S店经营管理 [M]. 北京：清华大学出版社，2014.
[2] 倪勇，吴汶芪. 汽车4S企业管理制度与前台接待 [M]. 北京：机械工业出版社，2011.
[3] 段钟礼，张摺挑. 汽车服务接待实用教程 [M]. 北京：机械工业出版社，2012.
[4] 朱刚，王海林. 汽车服务企业管理 [M]. 北京：北京理工大学出版社，2008.
[5] 解莉，郭碧宝，陈小旺. 汽车4S店经营管理 [M]. 沈阳：东北大学出版社，2013.
[6] 张国方. 汽车服务工程 [M]. 北京：电子工业出版社，2004.
[7] 刘亚杰. 汽车4S店经营管理 [M]. 吉林：吉林教育出版社，2009.
[8] 高玉民. 汽车特约销售服务站营销策略 [M]. 北京：机械工业出版社，2005.
[9] 刘同福. 汽车4S店管理全攻略 [M]. 北京：机械工业出版社，2006.
[10] 宋润生. 汽车营销基础与实务 [M]. 广州：华南理工大学出版社，2006.
[11] 李葆文. 现代设备资产管理 [M]. 北京：机械工业出版社，2006.
[12] ［日］大西农夫明. 图解5S管理实务 [M]. 北京：机械工业出版社，2009.
[13] ［美］米奇·施奈德. 汽车维修企业管理指南 [M]. 北京：机械工业出版社，2006.
[14] 吴崑. 管理学基础 [M]. 北京：高等教育出版社，2012.
[15] 加里·德斯勒. 人力资源管理 [M]. 北京：中国人民大学出版社，1999.
[16] 梁军. 汽车保险与理赔 [M]. 北京：人民交通出版社，2004.
[17] 李恒宾，张锐. 汽车4S店经营管理 [M]. 北京：北京交通大学出版社，2010.
[18] 叶东明. 如何经营好4S店 [M]. 北京：化学工业出版社，2012.
[19] 刘军. 汽车4S店管理全程指导 [M]. 北京：化学工业出版社，2011.
[20] 栾琪文. 现代汽车维修企业管理实务 [M]. 北京：机械工业出版社，2011.
[21] 房红霞. 汽车维修财务管理 [M]. 北京：人民交通出版社，2005.
[22] 宓亚光. 汽车售后服务管理 [M]. 北京：机械工业出版社，2006.